Lynne Henderson

Finde den Mut, du selbst zu sein

Lynne Henderson

Finde den Mut, du selbst zu sein

Wie die Compassion Focused Therapy dabei helfen kann, Schüchternheit zu überwinden und soziales Vertrauen zu stärken

Übersetzt von Peter Brandenburg

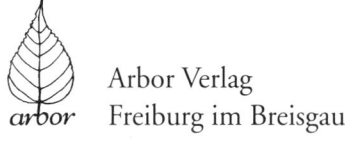
Arbor Verlag
Freiburg im Breisgau

© 2010 Lynne Henderson
© 2012 der deutschen Ausgabe: Arbor Verlag GmbH, Freiburg
by arrangement with Constable & Robinson Ltd, London

Die Originalausgabe erschien unter dem Titel:
Improving Social Confidence and Reducing Shyness – Using Compassion Focused Therapie

Alle Rechte vorbehalten

1. Auflage 2012

Titelfoto: © 2012 earthlinge/photocase.com
Lektorat: Lothar Scholl-Röse
Fachlektorat: Christine Brähler
Druck und Bindung: Kösel, Krugzell
Hergestellt von mediengenossen.de

Dieses Buch wurde auf 100 % Altpapier gedruckt und ist alterungsbeständig.
Weitere Informationen über unser Umweltengagement
finden Sie unter www.arbor-verlag.de/umwelt.

www.arbor-verlag.de

ISBN 978-3-86781-057-9

Die Ratschläge zur Selbstbehandlung in diesem Buch sind von der Autorin und vom Verlag sorgfältig erwogen und geprüft worden. Dennoch kann eine Garantie nicht übernommen werden. Sie brauchen psychotherapeutische Hilfe, wenn Sie sich durch die Übungen von Emotionen und Erinnerungen überwältigt fühlen. Bei ernsthafteren und/oder länger anhaltenden Beschwerden sollten Sie auf jeden Fall einen Arzt oder einen Heilpraktiker Ihres Vertrauens zu Rate ziehen. Eine Haftung der Autorin und des Verlages für Personen-, Sach- und Vermögensschäden ist ausgeschlossen.

Inhalt

Vorwort	13
Einleitende Bemerkung	17
Einleitung	19
1 Schüchternheit verstehen	**25**
Normale Schüchternheit und Schüchternheit als Problem	27
Schüchternheit und soziale Angststörung	29
Negative Klischees und Zuschreibungen	31
Positive Aspekte von Schüchternheit	32
Berühmte schüchterne Menschen in Vergangenheit und Gegenwart	35
Wie schüchterne Menschen denken	39
Schüchternheit, Konkurrenzverhalten und Mobbing	41
Wenn Schüchternheit zu einem Problem wird	43
Die drei Teufelskreise der Schüchternheit	48
Vorwurf, Scham und Angst	52
Schritte zur Selbsthilfe: Soziales Fitnesstraining und Fokus auf Mitgefühl	56
Hauptpunkte	60

2 **Wie wir sind: Schüchternheit vor dem Hintergrund unserer Evolution**   61

Verantwortung übernehmen   62

Angst und sozialer Status: Braucht man Hierarchien?   64

Wie Menschen denken: Selbstgefühl und die Notwendigkeit, gemocht zu werden   66

Wie unsere Emotionen funktionieren: Drei Systeme   72

Wie die Emotionen schüchterner Menschen funktionieren   79

Was wollen Sie wirklich?   86

Vorausdenken und seine Gefahren   88

Mitgefühl kultivieren   90

Hauptpunkte   94

3 **Mitfühlendes Denken entwickeln**   95

Was ist Mitgefühl?   96

Kontrolle übernehmen: Verständnis und Mitgefühl   101

Mitfühlendes Denken in Aktion   103

Mitfühlendes Denken in einem weiteren Zusammenhang   106

Der Mitgefühlskreis   115

Hauptpunkte   117

4 Innere Umstellung auf Freundlichkeit und Mitgefühl — 119

Praktische Vorbereitungen — 119
Achtsamkeit einführen — 120
Übung: Achtsam atmen — 124
Übung: Achtsam atmen und soziale Angst — 127
Einen achtsamen Zustand entwickeln — 128
Beruhigende Atmung und Entspannung — 130
Übung: Bewusst entspannen — 131
Fokussieren auf Sinneswahrnehmung — 134
Übung: Fokussieren auf Sinneswahrnehmung — 135
Im Alltag für sich sorgen — 136
Übung: Das halb volle Glas — 138
Gefühle, die sich bei Achtsamkeitsübungen einstellen können — 140
Hauptpunkte — 142

5 Training mitfühlenden Denkens und Arbeit mit inneren Bildern — 143

Das Verlangen, glücklich zu sein — 145
Übung: Das Verlangen, in Frieden zu sein — 145
Übung: Gelassene Lebensfreude — 146

Zufriedenheit und Ziele	147
Übung: Erinnerungen verwenden	149
Übung: Der Wunsch, dass andere glücklich sind	150
Voll leben: Liebe ohne Selbstaufopferung	156
Übung: Ihr sicherer Ort	157
Das Bild eines idealen Versorgers	158
Übung: Vorstellung eines idealen Versorgers	159
Übung: Der ideale Versorger in Aktion	162
Das mitfühlende ideale Selbst	163
Übung: Das ideale mitfühlende Selbst imaginieren	163
Übung: Das mitfühlende ideale Selbst in Aktion	165
Eine Anmerkung zu intrusiven Bildern	166
Mitgefühl mit sich selbst bei Gefahr oder bei innerer Not	167
Übung: Mit dem mitfühlenden Selbst auf Gefühle von Bedrohung oder Gefahr oder innere Not antworten	167
Übung: Mit dem mitfühlenden vollkommenen nährenden Begleiter auf Gefahr oder innere Not antworten	168
Lernen, innere Bilder zu verwenden	169
Hauptpunkte	170

6 Mitfühlende Denkweisen entwickeln 171

Was ist mitfühlendes Denken? 171
Wie wir die Welt und uns selbst sehen 172
Scham und entwertende Selbstkritik 174
Übung: Äußere und innere Scham 178
Ein Hauptprinzip: Man zwingt sich nicht, etwas aufzugeben 185
Wie Mitgefühl einem helfen kann, anders zu denken 186
Übung: Aufmerksam Gefühle beobachten 192
Mitfühlendes Denken entwickeln 198
Übung: Das eigene Denken beobachten 199
Übung: Stellen Sie sich als wohlwollenden Interviewer vor 200
Übung: Mitfühlendes Schreiben 202
Gedanken ausgleichen 205
Übung: Gefühle anerkennen 206
Hauptpunkte 208

7 Mitfühlendes Denken weiterentwickeln 209

Alternativen zu Gedanken, die auf dem Gefühl beruhen, bedroht zu sein 210
Übung: Mit Mitgefühl Fragen stellen 211

Übung: Fragen auf der Grundlage der Prinzipien von Albert Ellis	214
Übung: Fokussieren auf Stärken und Fähigkeiten	214
Übung: Die empathische Haltung	215
Übung: Wahrnehmung von Blockierungen und Widerstand gegen Veränderung	215
Herausfinden, woher Angst und Wut stammen: Ein weiteres Beispiel	216
Übung: Mitfühlende Alternativen	218
Karten zur Erinnerung	223
Mitfühlende Selbstkorrektur	224
Aufstehen und sich wehren	230
Spieglein, Spieglein … Bilder sowie Gedanken korrigieren	231
Übung: Vor einem Spiegel	233
Einen Dialog in Gang bringen	233
Übung: Arbeit mit zwei Stühlen	234
Eine schwierige Situation sofort bewältigen	236
Übung: In einer Notsituation Ausgeglichenheit herstellen	237
Hilfe suchen	238
Mitfühlende Gedanken anderen gegenüber	239
Hauptpunkte	240

8 Mitfühlendes Verhalten — 241

Mitfühlendes Handeln: Auf Ziele zugehen — 243

Übung: Ein mitfühlender Brief, um sich selbst zu unterstützen — 246

Selbstbehauptung — 249

Übung: Selbstbehauptung mit Mitgefühl — 250

Übung: Über ein Dilemma schreiben — 251

Übung: Mitfühlender Rückzug aus einer Beziehung — 253

Wenn mitfühlendes Verhalten Mut verlangt — 255

Übung: Cybersex widerstehen — 257

Mobbing — 259

Übung: Erinnerungen an Mobbing — 261

Übung: Gedanken über Mobbing am Arbeitsplatz sammeln — 262

Mit selbstbewusstem Auftreten anderer umgehen — 264

Übung: Vorbereitung auf eine Auseinandersetzung mit einem selbstbewussten Kollegen — 266

Umgehen mit Mehrdeutigkeit — 270

Übung: Mehrdeutigkeit erforschen — 271

Übung: Motive in einer Beziehung erforschen — 273

Hauptpunkte — 275

9 Zusammenfassung 277

Weitergehen: Was können Sie jetzt tun? 278
Wenn Mitgefühl schwerfällt 281

Anhänge 285

1 Die „Einschätzung anderer" 287
2 Der Fragebogen von Henderson
   und Zimbardo zur Schüchternheit 289
3 Denkmuster bei starker Schüchternheit 295
4 Selbstentwertend kritische Gedanken und Ängste 301
5 Mitfühlende alternative Gedanken 303
6 Mitfühlende Selbstkorrektur 305

Nützliche Bücher und CDs 307
Anmerkungen 313
Danksagung 325

Vorwort

Beginnen wir mit einem kurzen Bericht über meine Geschichte mit Schüchternheit. Was jetzt die *Palo Alto Shyness Clinic* ist, entwickelte sich aus der *Stanford Shyness Clinic*, die 1977 gegründet und für die Öffentlichkeit geöffnet wurde, kurz bevor ich im Jahr 1982 dort Direktorin wurde. Die *Stanford Shyness Clinic* war ihrerseits aus einer berühmten Studie hervorgegangen, die von Philip Zimbardo im Jahr 1971 durchgeführt worden war, bei der in einem simulierten Gefängnis im Keller des Gebäudes, in dem die Psychologie untergebracht war, normalen Collegestudenten mit einem Zufallsverfahren Rollen von Gefangenen oder Gefängnispersonal zugewiesen wurden. Die Studie sollte zwei Wochen dauern, aber die Gefangenen bekamen Angst und das Personal wurde so grausam, dass sie nach sechs Tagen abgebrochen werden musste. Phil und seine Studenten bildeten ein Seminar, um zu versuchen, zu verstehen, was passiert war. Bei einer ihrer Diskussionen sagte einer seiner Studenten, Schüchternheit wäre so, als wäre man sowohl Gefangener als auch Wärter des Selbst. Das Gefangene wollte herauskommen, aber es hätte Angst, und der Wärter-Anteil wäre feindselig und hielte den anderen Anteil gefangen. Von dieser Einsicht inspiriert gründeten Phil und seine Studenten die Shyness Clinic und fingen an, Daten zu sammeln, woraus dann Zimbardos Buch *Shyness* hervorging.

Von dem Zeitpunkt an, als ich Direktorin der *Shyness Clinic* wurde, war Philip Zimbardo Berater und Supervisor der Forschung und zugleich Mitarbeiter. Bei meiner Arbeit mit Gruppen schüchterner Menschen im Verlaufe der folgenden Jahre fing ich an zu erkennen, dass die überwältigende Mehrheit extrem scheuer und sozial ängstlicher Menschen alle sozialen Fähigkeiten besaßen, wenn sie sich akzeptiert und respektiert fühlten. Sie verfügten sogar über beträchtliche Fähigkeiten, wenn sie nicht im Rampenlicht standen. Ich sah auch, dass sie gewissenhaft und kooperativ waren und sich anderen Gruppenteilnehmern gegenüber rücksichtsvoll verhielten. Sie waren enorm erleichtert, wenn sie mit Menschen zusammen sein konnten, die sie mochten und respektierten und die sich selbst auch als schüchtern betrachteten. Jeder Einzelne hielt sich gewöhnlich für den Schüchternsten und Unfähigsten in der Gruppe. Ich war von ihren Stärken mehr beeindruckt als von ihren Schwächen – aber ich sah auch, wie sehr sie mit Scham und Selbstvorwürfen kämpften und wie groß ihr Leiden sein konnte. Und trotzdem schafften wir es gewöhnlich, es uns in den Gruppen gut gehen zu lassen, wobei Humor und Lachen über uns selbst eine große Rolle spielten.

Diese scheuen Menschen waren so streng mit sich selbst und empfanden so viel Scham, dass ich mir klar wurde, dass sie sich wegen ihrer Schüchternheit stigmatisiert fühlten und sie als eine Krankheit ansahen, die geheilt werden müsste. Das schien mir eine vollkommen falsche Weise zu sein, das Problem zu sehen. Es führte nämlich dazu, dass sie sich gegenüber ihrer Situation ohnmächtig fühlten. Ich entschied daher, dass die Behandlung auf einem Ansatz aufgebaut sein sollte, bei dem Menschen mit Respekt und als Kollegen behandelt werden, die neben mir und den anderen behandelnden Therapeuten etwas darüber lernen, was wir alle brauchen, um sozial angepasst und handlungsfähig zu sein. Und daher wiesen wir in der Klinik ihre Einladung, sich von uns dominieren zu lassen, freundlich zurück und forderten sie stattdessen auf, sich an Rollenspielen zu beteiligen, baten sie um Kritik und Kommentare zu dem Buch, das wir für das Training sozialer Fähigkeiten verwendeten, und luden sie ein, uns Feedback zu geben, ob und wie sehr bestimmte Übungen in den Gruppen nützlich waren und was sie uns gegenüber empfanden. Als sie anfingen, mich zu konfrontieren, wurden die Gruppen sehr lebendig, und bald fingen die Teilnehmer an, leitende Rollen in den Gruppen zu übernehmen. Von da gingen wir dazu über, an der Entwicklung von Vertrauen, an verbalem und nonverbalem Selbstausdruck, an Fähigkeiten, zuzuhören, an nonverbaler Kommunikation, an Konfliktbewältigung und an Selbstbehauptung und selbstbewusstem Auftreten zu arbeiten.

In dieser neuen Phase der Arbeit thematisierten wir negative automatische Gedanken, wie zum Beispiel: „Wenn jemand mein Unbehagen sieht, fühlt er sich überlegen", „Man identifiziert sich nicht mit mir, wenn es mir nicht gut geht", „Man wird mich ablehnen und verletzen, wenn ich jemanden nah an mich heranlasse". Als wir hörten, was Klienten in Gruppen sagten, und dies mit dem verglichen, was Studenten (scheue und nicht scheue) über dieselben Themen sagten, entdeckten wir, dass unsere Klienten in der Shyness Clinic mehr negative automatische Gedanken über andere als scheue oder nicht scheue Studenten hatten. Diese Ergebnisse legten nahe, dass chronisch schüchterne Menschen und solche, die unter einer sozialen Angststörung (siehe Kapitel 1) litten, auch Schwierigkeiten damit hatten, anderen zu vertrauen, insofern sie sie leicht als entwertend kritisch, herablassend oder verletzend sahen. Wir fanden auch, dass unsere Klienten mit Hilfe der Gruppenarbeit in der Klinik fähig geworden waren, Selbstvorwürfe und Scham, negative Gedanken über andere, Ablehnung, Schüchternheit und Depression zu verringern. Wenn die Gruppenarbeit aber einmal vorbei war, schien es ihnen weiter schwerzufallen, mit ihren Emotionen umzugehen. Ich wollte Möglichkeiten für Klienten finden, festzuhalten, was sie in der Behandlung gewonnen hatten, und herausfinden, was ihnen helfen würde, auf lange Sicht Mitgefühl mit sich zu kultivieren sowie mit ihren Emotionen umzugehen. Mit diesen Zielen im Sinn habe ich Achtsamkeitstechniken erforscht. Meine Absicht war dabei, sie in die Behandlung in der Klinik zu integrieren.

Dies war der Moment, als ich Paul Gilbert traf. Ich hatte von seiner Arbeit mit dem Training von Mitgefühl gehört, war davon fasziniert und beeindruckt und wollte mehr darüber erfahren. Ich nahm in England an einem Workshop teil und sah, dass ich viel mehr über die *Compassion Focused Therapy* erfahren musste, die er entwickelte und die mir ein enormes Potential für die Behandlung chronischer Schüchternheit und sozialer Angststörungen zu besitzen schien.

Als Gilbert mich einlud, ein Buch über den mitfühlenden Ansatz bei der Behandlung von Schüchternheit zu schreiben, begrüßte ich diese Gelegenheit. Ich bin ihm sehr dankbar dafür und auch dafür, dass er mir beim Schreiben und der Überarbeitung mehrerer Kapitel geholfen hat. Er ist ein freundlicher und geduldiger Mann, wofür ich ihn ebenso respektiere wie für sein Fachwissen und seine Kompetenz. Sie zeigt sich darin, wie er sein Verständnis verschiedener Gebiete kombiniert, um uns allen zu helfen, ein Leben mit mehr Mitgefühl zu führen.

Dieses Buch ist das Ergebnis.

Lynne Henderson

Einleitende Bemerkung

Dieses Buch hat zwei Hauptteile. In Kapitel 1 bis 3 wird besprochen, was Schüchternheit ist, wie sich unser Verständnis von Schüchternheit entwickelt hat und wie man Mitgefühl als Grundlage eines helfenden Ansatzes entwickeln kann, um die mit ihr verbundenen Probleme zu überwinden.

Kapitel 4 bis 8 beschreiben ausführlich und mit praktischen Übungen, wie wir das Mitgefühl, das in uns allen angelegt ist, zugunsten unserer eigenen schüchternen Anteile so wie anderer Menschen entwickeln können. Kapitel 9 schließt das Buch mit ein paar Vorschlägen ab, wie wir die Arbeit auf Grundlage der in diesem Buch beschriebenen Prinzipien fortsetzen können.

Einleitung

In unserem Herzen und in unseren spirituellen Traditionen haben wir immer verstanden, dass Mitgefühl sehr wichtig für unser Wohlbefinden ist. Es hat aber in Bezug auf Mitgefühl und Freundlichkeit in unseren wissenschaftlichen Studien in jüngster Zeit eine Revolution gegeben – in einem solchen Ausmaß, dass wir jetzt verstehen, wie mitfühlende Qualitäten des Denkens (des Verständnisses von Freundlichkeit und Hilfsbereitschaft) tatsächlich das Gehirn, den Körper und soziale Beziehungen beeinflussen, sowie sich auf unsere Gesundheit und unser Wohlbefinden auswirken. Doch trotz dieses Wissens und der Weisheit leben wir in einem modernen Zeitalter des Strebens nach Wettbewerbsvorteil, das uns treibt, immer mehr zu leisten und zu wollen. Dabei vergleichen wir uns mit anderen und sind unzufrieden und selbstentwertend, wenn wir nicht mithalten können. Was wir sehen, sagt uns, dass solche Umgebungen uns eigentlich unglücklich machen und dass psychische Erkrankungen, besonders bei jüngeren Menschen, zunehmen. Wenn wir lernen, wie wir das Beste in uns verwirklichen können, aber bewusst langsamer und freundlicher, kann uns das helfen, unser stressgeplagtes und „schüchternes Denken" in dieser schnelllebigen Welt in ein Gleichgewicht zu bringen.

Mitgefühl wird manchmal als weich oder schwach gesehen, und man kann das Gefühl haben, dass man schutzlos ist, wenn man es zulässt. Die Forschung hat aber gezeigt, dass Mitgefühl auch deshalb schwierig sein kann, weil es verlangt, dass man für das eigene Leiden und eigene Schwierigkeiten und die anderer offen sein und sie aushalten muss. Mitgefühl besteht nicht darin, sich von Leiden abzuwenden oder zu versuchen, es loszuwerden, sondern es ist eher eine Offenheit für Leiden mit einer Entschlossenheit, zu tun, was man kann, um es zu erleichtern oder mit ihm umzugehen. Mitgefühl verlangt von uns, dass wir aufrichtig in Bezug auf die Ursachen unseres Leidens sind und gegen unsere Ängste etwas tun.

Es ist nützlich, wenn wir von unseren persönlichen Gefühlen ein wenig zurücktreten und erkennen, dass unsere Disposition, zu leiden und Ängste zu empfinden, auch Schüchternheit, tief in dem Gewebe unseres Seins verankert ist. Wir sind eine Spezies, die eine lange Reise der Evolution hinter sich hat und die immer noch weitergeht. In unserer Psyche gibt es eine ganze Reihe von Anlagen, Wut und Ärger, Angst, Ekel, Freude, verschiedene Begierden und Wünsche und Zuneigung und Fürsorge zu empfinden – viele haben wir mit anderen Tieren gemeinsam. Wenn sie in uns aktiviert werden – wenn wir zum Beispiel von Wut, Angst oder Schüchternheit überschwemmt werden –, erleben wir daher die Aktivierung von Systemen des Gehirns, die *für* uns entwickelt wurden, und diese Systeme existieren in allen Menschen und auch bei vielen Tieren.

Die Ursprünge unserer Emotionen liegen dann tief in unserem in der Evolution entstandenen Gehirn, und neben unserer einzigartigen genetischen Ausstattung und unserer persönlichen Geschichte können sie Schüchternheit entstehen lassen. Wenn wir diese Schübe von Angst oder Schüchternheit erleben, ist das also einerseits überhaupt nicht unser Fehler – denn sie sind eben Teil unserer Ausstattung. Wenn wir dies und die Tatsache anerkennen, dass es nicht bedeutet, dass mit uns etwas nicht stimmt, wenn wir diese mächtigen Emotionen haben, dann sind wir dafür offen, einem wahrhaft mitfühlenden Ansatz zu folgen, der einem ermöglicht, sich ihnen zu stellen und dafür Verantwortung zu übernehmen, wie sie in einem wirken. Zum Beispiel können wir uns dafür entscheiden, auch wenn wir Angst haben, uns nicht von ihr bestimmen zu lassen und vor der Situation wegzulaufen, sondern zu bleiben und sie durchzuarbeiten. Auch wenn wir vielleicht wütend oder ärgerlich sind, wollen wir niemanden verletzen und passen deshalb auf, wie wir mit anderen umgehen, und auch wenn wir uns vielleicht schüchtern oder scheu fühlen, möchten wir lernen, uns mit mehr Selbstvertrauen zu verhalten.

Wenn wir aufmerksam beobachten können, wie unsere Psyche und unser Denken funktionieren, und achtsam werden können, dann können wir lernen, mit Mitgefühl bei Gefühlen zu sein, die wir vielleicht schwierig finden, und mit ihnen zu arbeiten. Statt mit uns selbst zu kämpfen, uns mit destruktiver Selbstkritik zu entwerten oder nutzlose oder schädliche Vermeidungshaltungen anzunehmen, lernen wir, mit diesen Emotionen umzugehen, so wie geschickte Surfer eine Welle angehen. Entscheidend für unsere Fähigkeit, das Wesen unseres Leidens zu erkennen, ist, Selbstvorwürfe zu erkennen (womit es uns dann oft noch schlechter geht) und anzufangen, uns auf Mitgefühl mit uns selbst zuzubewegen. Auch wenn Wut, Angst und Schüchternheit zu unserer menschlichen Natur gehören, haben wir die angeborene Fähigkeit, freundlich, unterstützend, verständnisvoll und mitfühlend zu sein. Unsere Fähigkeit zu Mitgefühl ist also auch ein wesentlicher Teil unserer Natur. Es geht eigentlich darum, worauf wir uns in uns konzentrieren wollen und worauf wir unsere Aufmerksamkeit richten und was wir entwickeln wollen. Entscheiden wir uns dafür, auf etwas zu fokussieren und darüber nachzugrübeln, was uns ärgert oder aufregt oder was wir kritisieren? Oder entscheiden wir uns dafür, uns Dingen zuzuwenden, die nützlich, freundlich und unterstützend sind? Der Sinn von Training und Ausbildung von Mitgefühl besteht besonders darin, uns diese Anteile unserer Psyche ausbilden zu helfen, die für Freundlichkeit und Mitgefühl und für die Gefühle sorgen, unterstützt und ermutigt zu sein. Diese Anteile befähigen uns, sie immer mehr von selbst und mit mehr Weisheit aufzurufen oder in uns auszulösen.

Vor dem Hintergrund, dass wir die Wahl haben, würden alle lieber an freundlichen, unterstützenden und verständnisvollen Orten und nicht an solchen leben, die entwertend, unfreundlich und ablehnend sind. Wir können also unser Bestes tun, um zu versuchen „Freundlichkeit" für andere herzustellen – in dem Wissen, dass das für ihr Wohlbefinden und für ihre Gesundheit gut ist. Aber dasselbe gilt auch für uns selbst – und dafür, wie wir denken und uns selbst behandeln. Wenn unsere Beziehung mit uns selbst entwertend und unfreundlich ist, dann ist unsere innere Welt kein angenehmer Ort. Sie kann unsere Ängste sogar sehr verstärken. *Selbst*mitgefühl ist eine Weise, wie wir bei unserem Leiden sein können, ohne uns zu verurteilen. So unterstützen und ermutigen wir uns vielmehr. Die Forschung zeigt, dass man um so glücklicher ist, je mehr Selbstmitgefühl man hat, und man ist um so resilienter gegenüber schwierigen Lebensereignissen, je mehr man andere um Hilfe fragen kann, und um so mehr Mitgefühl hat man dann auch mit anderen. Dies ist so, weil Selbstmitgefühl auch eine Quelle der Weisheit ist und uns den Wert von Verständnis und Ermutigung lehrt gegenüber stark wertender Kritik. Wir wissen alle, dass wir uns auf diesem Planeten alle „einfach hier vorfinden", mit diesem seltsamen und komplizierten Gehirn mit seiner Orchestrierung angenehmer und schwieriger Emotionen, und das Beste tun, was wir können.

In diesem Buch trägt Lynne Henderson ihre beträchtliche langjährige Erfahrung ihrer Arbeit mit schüchternen Menschen am *Shyness Institute* zusammen. Hier hat sie auf der Grundlage der Kognitiven Verhaltenstherapie und moderner wissenschaftlicher Erkenntnisse darüber, wie Menschen denken, grübeln, imaginieren und sich verhalten, das Soziale Fitnesstraining *(Social Fitness Program to Shyness)* entwickelt. Außerdem hat Lynne ausgiebig buddhistische und andere spirituelle Traditionen und die Ansätze genutzt, die in der *Compassion Focused Therapy* entwickelt wurden. Sie stellt ein Verständnis von Schüchternheit mit Mitgefühl dar und beschreibt eine Reihe von Schritten und Übungen, die ermöglichen, gegenüber der eigenen Schüchternheit eine mitfühlende Herangehens- und Denkweise zu entwickeln. Man erfährt etwas über das Wesen von Mitgefühl und wie man mitfühlende Aufmerksamkeit, mitfühlendes Denken, Gefühle und Emotionen mit Mitgefühl, mitfühlendes Verhalten und Bilder entwickeln kann, die Mitgefühl verkörpern. Diese Bilder, die entweder visuell sind, aber auch auditorisch sein können – z. B. die Imagination einer Stimme, die Mitgefühl ausdrückt und mit einem spricht, wenn man das braucht –, sind besonders nützlich, weil sie ermöglichen, mit mitfühlenden Gefühlen und Systemen in Kontakt zu kommen. Wenn man die Führung übt und praktiziert, die Lynne hier anbietet, kann man erfahren, dass sie eine sehr wohltuende Wirkung haben. Diese nützlichen Schritte gehen mit der wichtigen Entwicklung Ihres inneren Mitgefühls einher – mit der Entwicklung einer inneren Stimme, die Verständnis, Ermutigung und Wärme vermittelt.

Wenn Sie am Ende des Buches gelernt haben, wie Sie freundlich mit sich sprechen können, haben Sie eine wertvolle Fähigkeit erworben.

Viele Menschen leiden wortlos und im Stillen an ihrer Schüchternheit – manche schämen sich dafür, sie ist ihnen peinlich, andere ärgern sich darüber und wieder andere fürchten sie manchmal. Wenn man sein Herz für Mitgefühl mit Schüchternheit öffnet, kann das ein erster Schritt sein, anders damit umzugehen. Unsere mitfühlenden Wünsche begleiten Sie auf Ihrer Reise.

Paul Gilbert
März 2010

1

Schüchternheit verstehen

Fast alle kennen Perioden der Schüchternheit, sozialer Ungeschicklichkeit, Unsicherheit und Angst. Denken Sie an Zeiten Ihres Lebens zurück, als Sie schüchtern und unter Menschen befangen und ängstlich waren. Was war da los um Sie herum? Wer war da und in was für Situationen befanden Sie sich? Viele von uns kennen Gefühle der Schüchternheit und Befangenheit, wenn sie zum ersten Mal fremden und unbekannten Menschen begegnen, oder bei einem ersten Rendezvous, bei einem Vorstellungsgespräch oder wenn sie mit Autoritätspersonen oder in oder zu kleinen Gruppen sprechen. Es kann auch sein, dass man Angst hat oder fürchtet, kritisiert zu werden, wenn man meint, dass andere einen bewerten. Dieses Gefühl, beobachtet und beurteilt zu werden, kann sehr unangenehm und fast schmerzhaft sein – und nicht nur, wenn man eine negative Bewertung erwartet. Es kann auch sehr befangen machen, wenn man gelobt und aus positivem Anlass ins Rampenlicht gerückt wird.

Wenn Sie sich an diese Momente erinnern, als Sie schüchtern oder befangen waren, erinnern Sie sich vielleicht auch an die körperlichen Empfindungen, die die Angst begleiteten, wie ein trockener Mund, Schmetterlinge im Bauch, eine unsichere oder zittrige Stimme, die vielleicht heiser oder rau wurde, und häufiges Räuspern. Wenn man sich beobachtet fühlt, kann es sein, dass man merkt, wie man rot wird. Man macht dann vielleicht auch die Erfahrung, dass der Kopf leer ist, und man erst später – vielleicht nach Stunden – denkt: „Was ist passiert? Warum habe ich nicht dies oder jenes gesagt?"

Es ist wichtig, anzuerkennen, dass dies ganz verbreitete Gefühle und Reaktionen sind. Über 98 Prozent der amerikanischen Collegestudenten machen solche Erfahrungen mit Schüchternheit und Angst. Fast 60 Prozent sagen von sich, dass sie schüchtern sind und dass Schüchternheit manchmal ein Problem ist. Eigentlich kann man sich nur schwer jemanden vorstellen, der *niemals* schüchtern ist, denn Schüchternheit gilt als grundlegende menschliche Emotion. Sie ist *eine Mischung aus Angst und Interesse*.

Die Intensität, mit der man Schüchternheit erlebt, hängt von einer Reihe von Faktoren ab: von inneren Faktoren (in uns) und von äußeren Faktoren (außerhalb von uns). Wenn zum Beispiel eine Situation auf einen zukommt, die sehr wichtig ist – wie ein Vorstellungsgespräch –, macht man sich mehr Sorgen. Dann kann es sein, dass man große Angst hat. Wenn man andererseits unter Menschen ist, die freundlich und entspannt und nicht streng oder kritisch wirken, hat man wahrscheinlich weniger Angst. Jeder reagiert auf Situationen auch auf seine eigene individuelle Weise. Für manche Menschen sind Schüchternheit und soziale Angst nur gelegentliche milde Irritationen, bei anderen aber können sie sich sehr leicht einstellen und können sehr intensiv erlebt werden und die Lebensqualität entscheidend beeinflussen. Fast alle kennen diese Erfahrungen also in gewissem Grad, aber wir unterscheiden uns darin, wie intensiv sie sind und wie störend sie sich in unserem Leben bemerkbar machen.

In diesem Buch betrachten wir die Phänomene Schüchternheit und soziale Angst. Wir werden wertvolle Einsichten in Gefühle, Gedanken und Verhaltensweisen gewinnen, die Schüchternheit ausmachen, und die vielen Formen anschauen, wie man mit ihnen umgehen kann. Eine der wichtigsten Lektionen, die wir lernen werden, besteht darin, wie man Verständnis für und Mitgefühl mit der Angst entwickelt, statt zu versuchen, sie zu ignorieren, zu vermeiden oder sie sogar zu hassen. Denn Angst hat sich, wie wir sehen werden, zusammen mit unserem Gehirn entwickelt, weil sie nützlich ist: Es gibt gute Gründe dafür, dass Menschen – wie Tiere – in der Lage sind, unter Artgenossen Angst und Vorsicht zu empfinden. Wenn man diesen Gedanken weiter verfolgt, dann sieht man, dass Schwierigkeiten, die mit Schüchternheit und Angst verbunden sind, nicht unser Fehler sind, sondern darauf beruhen, wie unser Gehirn aufgebaut ist. Wir werden untersuchen, was uns helfen kann, mit Schüchternheit umzugehen, und was sie verschlimmern kann. Wir werden anschauen, wie Schüchternheit uns verletzlich macht, aber wir werden auch die Stärken und die Werte betrachten, die mit Schüchternheit und Angst verbunden sind. Wir werden untersuchen, wie normale Schüchternheit zu einem Problem werden kann und wie man dann mit ihr arbeiten kann. Wir werden auch Möglichkeiten anschauen, was man den negativen Klischees von Schüchternheit entgegensetzen kann, die sich im Laufe der letzten Jahrzehnte entwickelt haben. Diese hinderlichen Zuschreibungen sind das Ergebnis irregeleiteter Vorstellungen von Extroversion und Individualismus, die es in der Gesellschaft gibt und die von den Medien verbreitet und verstärkt werden. Solche Klischees können Ihr Selbstvertrauen und die Akzeptanz Ihres wertvollen Temperaments untergraben, wenn Sie nicht verstehen, woher sie stammen und wie sie sich auswirken.

Normale Schüchternheit und Schüchternheit als Problem

Es ist zunächst wichtig, zwischen normaler Schüchternheit, die fast alle Menschen ab und zu empfinden, und problematischer, chronischer oder extremer Schüchternheit zu unterscheiden. Es ist nützlich, sich klar zu machen, dass nur 1,3 Prozent der amerikanischen Collegestudenten aussagen, dass sie nie schüchtern gewesen sind, und dass 36 Prozent der 57,7 Prozent, die sich für schüchtern halten, Schüchternheit nicht als Problem sehen. Für diejenigen unter Ihnen, für die Schüchternheit von Zeit zu Zeit ein Problem ist – weshalb Sie dies wahrscheinlich lesen –, hoffe ich, dass die Übungen in diesem Buch Ihnen helfen werden, wenn Sie sich schüchtern fühlen.

Für manche von Ihnen ist Schüchternheit wahrscheinlich als Ergebnis schmerzhafter Erfahrungen und Ereignisse in Ihrem früheren Leben zu einer Barriere geworden, die vielem im Weg steht, was Sie in Ihrem Leben machen möchten. Sie bezeichnen sich selbst als schüchtern und sehen das als ein Problem. Andere nennen Sie vielleicht schüchtern, weil Sie still, vielleicht eher ein wenig introvertiert als extrovertiert sind und vielleicht nicht allzu selbstbewusst auftreten. Manche wissen von sich, dass sie manchmal sehr unter Schüchternheit leiden, und doch sehen Menschen in ihrer Umgebung sie als aufgeschlossen und sozial gewandt und finden sie überhaupt nicht scheu oder schüchtern. Wenn es Ihnen so geht, machen Sie sich vielleicht Sorgen, dass man von Ihnen enttäuscht ist und Sie mangelhaft findet, wenn man Sie näher kennenlernt. Das kann dann bedeuten, dass Sie mehr Angst davor haben, mit Menschen vertraut zu werden, als davor, neue kennenzulernen.

Manche von Ihnen bekommen vielleicht ab und zu bei problematischen Aspekten Ihrer Schüchternheit Hilfe. Vielleicht bewältigen manche von Ihnen sie und lernen allein: Vielleicht haben Sie wenigstens einen Freund und reduzieren allmählich Aspekte Ihrer Schüchternheit, die Sie bei dem behindern, was Sie sozial und in Ihrem Arbeitsleben wollen. Sie sind vielleicht wie die Menschen, die angerufen haben, wenn ich in einer Talkshow aufgetreten bin, und mir gesagt haben, wie sie ihre Schüchternheit mit Hilfe der Lektüre von Selbsthilfebüchern und Ausprobieren neuer Möglichkeiten überwunden und gelernt haben, allein mit ihr fertig zu werden.

Manche von Ihnen sind auf sehr unangenehme Weise und chronisch schüchtern und haben so viel Angst davor, bewertet zu werden, dass Sie soziale Situationen ganz vermeiden oder sie einfach ohne jede Freude oder sogar nur mit beträchtlichen Beschwerden aushalten. Es kann bestimmte Situationen geben, die Ihnen immer unangenehm sind. Das kann Reden vor Publikum sein, oder es sind Begegnungen mit Fremden, Verabredungen zu einem Date, Gespräche oder gemeinsame Unternehmungen in kleinem Kreis. Oder der Umgang mit Vorgesetzten oder Lehrern oder sexuelle oder andere intime Situationen. Vielleicht haben Sie sich isoliert und sind leicht depressiv, oder Sie verhalten sich aggressiv, um Ihre Schüchternheit zu kompensieren. Es kann gut sein, dass Sie einsam sind.

Dies sind jedenfalls die Erfahrungen der Menschen, die in meine Shyness Clinic kommen. Wenn das auch Ihre Erfahrungen sind, können Ihnen die Übungen in diesem Buch helfen. Vielleicht ist es sinnvoll, wenn Sie sich einen Therapeuten suchen, der Sie dabei begleitet. Ob Ihnen das helfen wird, werden Sie entscheiden können, wenn Sie die Übungen ausprobieren und sehen, wie es Ihnen damit geht.

Schüchternheit und soziale Angststörung

In Kasten 1.1 habe ich die Anzeichen und Symptome einer sozialen Angststörung zusammengefasst, einer Erkrankung, bei der soziale Angst in einer sehr schweren Form auftritt und die behandelt werden sollte. Schüchternheit und soziale Angststörung überschneiden sich weitgehend, aber Schüchternheit umfasst eine größere Bandbreite an Gefühlen, die von normaler Schüchternheit, einem Zug der Persönlichkeit, der kein Problem darstellen muss, bis zu einer Form von Schüchternheit reicht, die schwächender ist und bei der viele dieser Symptome auftreten.

Im Jahr 2009 litten etwa 15 Millionen erwachsene Amerikaner an einer sozialen Angststörung. Dies war damit die zweithäufigste psychische Erkrankung, nach der Depression an erster Stelle und vor Drogenabhängigkeit und Sucht an dritter. Viele Menschen mit einer sozialen Angststörung wissen zwar, dass ihre Ängste vor Menschen übertrieben oder irrational sind, fühlen sich aber doch unfähig, sie zu überwinden.

Auf der Grundlage verschiedener Studien hat man geschätzt, dass etwa 7 bis 9 Prozent der Menschen unter einer sozialen Angststörung leiden, während 50 bis 60 Prozent, wie wir gesehen haben, von sich sagen, sie seien schüchtern. Die Diskrepanz zwischen diesen Zahlen kann bedeuten, dass sich nur ein kleiner Teil der Bevölkerungsgruppe, die unter chronischer und sogar behindernder und schwächender Schüchternheit leidet, behandeln lässt. Eine andere mögliche Erklärung ist, dass die Schüchternheit an sich nicht so hinderlich ist und dass viele Menschen irgendwie mit ihrer Schüchternheit umgehen, von ihren Stärken profitieren und ein befriedigendes Leben führen können. Ich habe an Talkshows teilgenommen, bei denen Menschen im Alter zwischen 50 und 70 Jahren anriefen und davon erzählten, wie sie sich von ihrer Schüchternheit nicht davon abhalten ließen, zu tun, was sie tun wollten. Sie haben sich Ziele gesetzt und sie verfolgt – trotz Rückschlägen. Sie haben auch von den Stärken der Schüchternheit profitiert: Sie sind umsichtig und nachdenklich, sensibel für andere und oft zu guter Zusammenarbeit fähig und in ihrem Handeln kooperativ und unterstützend. Viele überwinden Schüchternheit damit, dass sie an Projekten und Aufgaben, an denen ihnen liegt, aktiv teilnehmen und im Dienst anderer mitarbeiten. Interessanterweise hatten die meisten dieser Anrufer bei den Talkshows dieselben Techniken angewendet, um problematische Schüchternheit zu überwinden, die wir in der Shyness Clinic verwenden.

Kasten 1.1:
Anzeichen und Symptome
sozialer Angststörung oder sozialer Phobie.

- Sie fühlen sich in Gegenwart von Menschen oft äußerst unwohl und/oder meiden sie ständig, oder Sie finden Möglichkeiten, wie Sie sicher fühlen können, zum Beispiel indem Sie zu Boden schauen oder Blickkontakt vermeiden.

- Sie sind äußerst befangen und glauben, dass jeder Sie beobachtet.

- Sie überprüfen Ihr Verhalten immer genau und sind damit beschäftigt, sich zu fragen, was Sie tun oder sagen sollen.

- Sie haben intensive, chronische Angst davor, von anderen beobachtet und negativ bewertet zu werden, und fürchten, etwas Peinliches zu tun.

- Ihre Angst oder Sorge kann schon Wochen vor einer gefürchteten Situation anfangen.

- Ihre Angst und Sorge sind schwerwiegend genug, um sich auf Ihre Arbeit, Aktivität in der Schule, Ihre sozialen Aktivitäten und Beziehungen störend auswirken zu können, sie machen es Ihnen schwer, befriedigende und andauernde Freundschaften zu knüpfen oder aufrechtzuerhalten.
- Es kann sein, dass Sie mit sich oder anderen frustriert sind und Wut empfinden.
- Möglicherweise leiden Sie unter körperlichen Symptomen, zum Beispiel Muskelspannung oder -schmerz, Erröten, starkem Schwitzen, Zittern, Übelkeit und Problemen mit dem Sprechen.

Negative Klischees und Zuschreibungen

Oft sind es negative soziale Klischees, die Menschen befangen und schüchtern werden lassen. Im Extrem können negative soziale Klischees und Zuschreibungen chronische und sehr unangenehme Befangenheit und Schüchternheit verursachen. Ich hatte zum Beispiel in Stanford in einer Gruppe, in der es um Schüchternheit ging, eine afroamerikanische Studentin aus einer Familie der oberen Mittelklasse. Sie hatte sich nie klargemacht, dass der Grund, weshalb sie in der Gruppe nichts sagte, darin bestand, dass sie das Gefühl hatte, vielleicht nicht so intelligent wie die anderen Studenten in der Gruppe zu sein. Nachdem wir Claude Steeles Untersuchung über Bedrohung durch stereotype Klischees und Zuschreibungen (mehr darüber später) gelesen hatten, sah sie, dass sie sich durch solche abwertenden Klischees diffamiert gefühlt hatte und diese Zuschreibungen auch selbst auf sich anwendete, weil sie Afroamerikanerin war. Sie hatte nur gute Schulen besucht, und es war ihr nicht in den Sinn gekommen. Als ihr das bewusst geworden war, fing sie an, in der Gruppe mehr zu sprechen. Zwei Jahre später begann sie ein Jurastudium, und sie hatte das Vertrauen, auch vor anderen sprechen zu können, wenn sie nervös war.

Diese Studentin hatte nie gesehen, dass ihre Schüchternheit möglicherweise ganz darauf zurückging, dass sie das Gefühl hatte, anders zu sein, und dass andere auf diese Andersartigkeit reagierten. Alles, was ein Kind von anderen unterscheidet – ob es die Tatsache ist, dass es eine Brille trägt oder dass es übergewichtig oder untergewichtig oder kleiner oder größer als andere ist –, macht es befangen und kann zu Schüchternheit führen, wenn es glaubt, dass andere negativ darüber denken. Wir arbeiten an der Klinik aktiv zusammen, um diesen negativen Zuschreibungen Widerstand entgegenzustellen und Möglichkeiten zu entwickeln, wie man ihnen mit entschiedenem Verhalten entgegenwirken kann. Das kann zum Beispiel dadurch geschehen, dass man ihnen umdenken hilft, indem man etwa sagt: „Ist es nicht traurig, dass unsere Gesellschaft immer noch so unterentwickelt ist, dass es diese Vorurteile gibt? Vielleicht können wir diesen Klischees entgegenwirken und überlegen, wie man das machen könnte." Natürlich verstehen wir, dass Schüchternheit selbst negativ besetzt ist, und wir arbeiten mit Klienten zusammen und helfen ihnen, diese klischeehafte Abwertung aufzuspüren und sich ihr auch entgegenzustellen, und sich selbst und andere über diese schädlichen Haltungen aufzuklären.

Positive Aspekte von Schüchternheit

Schüchterne Menschen sind *nicht* besonders motiviert, eine überlegene Position einzunehmen, das heißt anderen ihren Willen aufzuzwingen, als Nummer eins gesehen zu werden und andere zu kontrollieren. Es geht ihnen mehr darum, mit anderen in Beziehung zu sein, mit ihnen zurechtzukommen und ihre Arbeit oder Sache gut zu machen. Menschen, die von sich sagen, dass sie schüchtern sind, wenden den Ansatz an, den ich „Anhalten und Prüfen" genannt habe. Das heißt, sie „sehen sich den Laden erst mal an", bevor sie mitmachen. Menschen mit diesem Temperament kann man als in jeder Hinsicht genauso gut angepasst sehen wie diejenigen mit einem eher verwegenen Temperament, die losstürmen und gleich mit dabei sind. Solche Draufgänger sind für Gedanken und Gefühle anderer manchmal nicht so sensibel. Schüchternheit kann nur dann zu einem Problem und unangenehm, sogar richtig schwierig werden, wenn schlechte Erfahrungen und Lebensereignisse, Deprivation oder häufige Ablehnung eine normale Schüchternheit und Sensibilität zu einer mehr oder weniger schweren Belastung machen. Das können zum Beispiel häufige Ortswechsel des Elternhauses, der Verlust eines Elternteils oder ständige entwertende Kritik zu Hause oder in der Schule sein.

Schüchterne Kinder tendieren dazu, sensibel für die Gedanken und Gefühle anderer zu sein. Klassenkameraden gegenüber sind sie wahrscheinlich hilfsbereit und kooperativ. Sie verhalten sich altruistisch und haben Sympathie mit Kindern in Not und zeigen sie auch. Wir wissen, dass Kinder, die sich so verhalten – „prosozial", wie Psychologen es nennen –, sich ähnlich verhalten wie junge Erwachsene. Und tatsächlich haben wahrscheinlich auch schüchterne Heranwachsende Sympathie mit anderen, es sei denn, sie leiden unter schweren persönlichen Problemen und ihre Aufmerksamkeit ist nach innen auf ihre Angst und ihr Leiden gerichtet. Denn wenn es einem wirklich schlecht geht, kann man schwer wahrnehmen, was andere fühlen und brauchen.

Schüchterne Kinder sind körperlich gesünder als nicht schüchterne Kinder, wenn ihre Eltern und Lehrer warmherzig und wohlwollend sind und sie unterstützen. Wenn sie aber nicht unterstützt werden und unter Stress stehen, kann es sein, dass sie mehr unter Allergien leiden als Kinder, die nicht schüchtern sind. Wenn Kinder oder Erwachsene, die sich anderer besonders bewusst und für sie sensibel sind, in eine sehr konkurrenzbetonte, nicht akzeptierende, raue Umgebung versetzt werden, fangen sie an, sich zurückzuziehen und andere Menschen zu meiden. Wenn das so ist, kann es besser für sie sein, wenn sie diese Umgebung verlassen und sich eine suchen, in der Zusammenarbeit eine größere Rolle spielt und Unterstützung eher zu bekommen ist. Im Fall schüchterner Kinder liegt die Entscheidung im Ermessen der Eltern – ein Kind sollte aber auf keinen Fall übertrieben behütet werden. Sie sollten das Kind zum Beispiel nicht zu Hause behalten und nicht zur Schule oder zu einer Kinderparty gehen lassen, weil es schüchtern ist. Dies sind normale Lebenserfahrungen, die Kindern Gelegenheit geben, mit Erfahrung und Übung ihre Schüchternheit langsam zu verlieren.

Ich sehe schüchterne Menschen wie Kanarienvögel in unseren sozialen Kohlengruben. So wie die Vögel die Ersten waren, die giftiges Gas in der Atemluft wahrnahmen, das die Bergleute gefährdete, so sind schüchterne Menschen vielleicht die Ersten, die wahrnehmen, wenn sich eine soziale Umwelt verändert: wenn sich das Klima von unterstützend und solidarisch zu einem verändert, das von Konkurrenz und Filz und Vetternwirtschaft bestimmt ist. Wer ein dickeres Fell hat, nimmt diese Veränderungen anfangs vielleicht nicht wahr, sondern erst später – wenn es vielleicht zu spät ist, das vorherrschende Milieu ohne beträchtliche Anstrengung zu verändern. Wenn man die Wahrnehmungen schüchterner Menschen aber ernst nimmt und sie beachtet, kann einem das helfen, absichtlich Nischen zu suchen, wenn man entscheidet, welche Situationen Umgebungen mit Mitgefühl sind.

Wir alle brauchen Menschen, die uns unterstützen, lieben und uns zuhören. Diese universellen Bedürfnisse können sowohl den Stärken unserer Emotionen, die man unter Schüchternheit zusammenfassen kann, als auch denen unter uns entgegenkommen, deren Temperament eher schüchtern oder scheu ist. Sie tendieren nämlich dazu, gut zuhören zu können und unterstützend, loyal und zuverlässig zu sein. Dies sind Qualitäten, die alle mit Mitgefühl zu tun haben. Wenn wir uns anderen gegenüber mitfühlend verhalten, tendieren sie dazu, auf uns ebenfalls mit Mitgefühl zu reagieren. Die Forschung über zwischenmenschliche Beziehungen belegt, dass eine Grundtendenz, die man bei Menschen beobachten kann, die Wechselseitigkeit von Freundlichkeit ist: Wenn man lächelt und freundlich ist, wird man von Leuten auch freundlich behandelt. Im Hinblick auf Dominanz aber tendieren Menschen interessanterweise zu komplementärem Verhalten. Wenn man sich unterwürfig verhält, übernehmen andere die Führung, und wenn man selbstbewusst auftritt, werden andere sich unserer Führung anschließen. Für schüchterne Menschen besteht der Trick darin, zu lächeln und Freundlichkeit auszustrahlen, um eine freundliche Reaktion hervorzurufen, und zu lernen, dann selbstbewusster aufzutreten, wenn andere versuchen zu dominieren oder nur widerstrebend folgen. Wenn Teilnehmer an Gruppen, in denen mit Schüchternheit gearbeitet wird, Aktivitäten vorschlagen, Ideen vorbringen und selbstbewusster auftreten, sind sie oft überrascht, wenn andere ihnen folgen.

Interessanterweise gehört zum Verhalten schüchterner Menschen oft Kooperation und Pflegen vertrauensvoller Beziehungen. Ihnen liegt nicht daran, zu dominieren, oder besser oder stärker als andere zu sein. Ich habe eine Videoaufzeichnung von einem Rollenspiel, das Klienten in meiner Klinik bei einer Übung gemacht haben. Dabei ging es darum, mehrere Menschen auszuwählen, die in einem Raumschiff dem Untergang der Erde entkommen können. Mit ihrer Erlaubnis habe ich das Video auf einer Tagung gezeigt. Die Klienten waren höflich, konnten sich gut abwechseln, sagten ihre Meinung und konnten das Problem gut lösen. Die Zuschauer waren zu Recht beeindruckt.

Berühmte schüchterne Menschen in Vergangenheit und Gegenwart

Noch mehr Beispiele für die Stärken der Schüchternheit kann man bei berühmten Menschen finden, bei historischen wie bei zeitgenössischen. Die Liste schüchterner und zugleich berühmter Menschen ist sehr lang. Wie sind diese Menschen?

Zu den historischen Gestalten gehört Abraham Lincoln, was mich nicht überrascht hat, weil ich Biografien über ihn gelesen habe, wie zum Beispiel *A Team of Rivals* von Doris Kearns Goodwin. Er war Frauen gegenüber schüchtern, besonders gegenüber solchen, die er anziehend fand – eine sehr bekannte und verbreitete Erfahrung, weil es mit dem wichtigsten evolutionären Ziel, der Fortpflanzung, zu tun hat. Es ist nur natürlich, in Situationen ein bisschen schüchtern oder nervös zu sein, bei denen einem das Ergebnis wichtig ist. Aber als er älter wurde, lernte er, sich Frauen zu nähern, und als er später verheiratet war, konnte er seiner Frau mehr von seinen Gedanken und Gefühlen mitteilen. Lincolns Sensibilität, sein zur Zusammenarbeit mit anderen neigendes Wesen, seine Fähigkeit, über Probleme zu reflektieren und sie zu analysieren, seine Empathie, sein starkes moralisches Empfinden und sein Mut befähigten ihn auch als Präsidenten, Männer in sein Kabinett aufzunehmen, die prominenter, reicher und in nationaler Politik erfahrener als er waren. Während seines Wahlkampfes lehnte er es ab, seine Mitbewerber persönlich zu kritisieren. Er zog es vor, sich mit der Sache zu befassen und aus seinem Herzen wie aus seinem Intellekt zum amerikanischen Volk zu sprechen. Ihrerseits respektierten ihn seine politischen Rivalen so sehr, dass sie in seinem Kabinett dienten, sich mit ihm in der Sache auseinandersetzten, aber ihm und dem Land gegenüber loyal blieben.

Lincoln ist ein hervorragendes Beispiel für einen schüchternen Führer, und er ist ein Beispiel für die Art schüchterner Führer, die wir heute so dringend brauchen. Barack Obama, der gegenwärtige amerikanische Präsident, gestaltete seinen Wahlkampf weitgehend nach dem Modell Lincolns. Er nutzte dafür die moderne Technik, um ihn auf das Internet auszudehnen, das ein erheblich größeres Forum für seine Ideen darstellt und das den größten Teil der Welt umfasst. Er scheint viele der Züge zu besitzen, die für schüchterne Führer wie Lincoln charakteristisch sind.

Andere berühmte schüchterne Menschen der Vergangenheit sind Harriett Beecher Stowe, die Autorin von *Onkel Toms Hütte,* deren Schriftstellerei die Debatte nährte, die dann zum Bürgerkrieg führte, und Clara Benton, die Gründerin des Roten Kreuzes, die sich auf den Schlachtfeldern dieses Krieges um die Verwundeten kümmerte. Thomas Jefferson verfasste die amerikanische Unabhängigkeitserklärung, sprach aber nur bei seiner Amtseinführung in der Öffentlichkeit. Henry Cavendish aus Derbyshire, einer der bedeutendsten Wissenschafter seiner Zeit, empfand zwischen sich und allen anderen Menschen einen unüberbrückbaren Abstand und erlebte das als Schwäche. Georg VI. musste nach dem Skandal um die Abdankung seines Bruders Edward auf den Thron und überraschte die Welt damit, dass er zu einem der am meisten geliebten und kompetentesten modernen Monarchen wurde. Thomas Edison gab seinen Beruf als Shakespeare-Schauspieler auf und erfand die Glühbirne. Eleanor Roosevelt war als Kind und als junge Erwachsene schüchtern und wurde eine der wichtigsten Führerinnen Amerikas. Und Theodore Roosevelt, der in seiner Kindheit auch schüchtern gewesen war, unter Asthma litt und von zarter Konstitution war, wurde Präsident der Vereinigten Staaten.

Wenn man in die Gegenwart blickt, sind da Königin Elisabeth II. und Prinz Charles, die beide als schüchtern gelten. Diana, Prinzessin von Wales, war schüchtern und wurde vom britischen Volk sehr geliebt. Der Fußballspieler David Beckham, Brandon Flowers, der Leadsinger der Killers, und Daniel Radcliffe, der Held der Harry-Potter-Filme, sind alle schüchtern und haben doch Scharen von Anhängern.

Ein anderes spannendes Beispiel ist der weithin geschätzte Schauspieler, Schriftsteller und Rundfunksprecher Stephen Fry, dessen Schüchternheit ihn manchmal viel gekostet hat. Einmal verließ er an einem bestimmten Punkt die Bühne, weil er Lampenfieber hatte – eine Erfahrung, die ihn an Selbstmord denken ließ. Er gibt zu, dass er unter einer bipolaren Störung leidet, und ist ein gutes Beispiel dafür, wie Schüchternheit, wie Angst überhaupt, von anderen Erkrankungen ausgelöst werden und auch ein Symptom für eine psychische Erkrankung sein kann. Wir sind alle schüchtern, wenn wir das Gefühl haben, dass wir uns von unseresgleichen unterscheiden und wenn wir meinen, dass sich unsere Erfahrung anders als die anderer anfühlt. Fry ist homosexuell, und das könnte der Grund für das Gefühl gewesen sein, dass er nicht nur anders als andere ist, sondern auch stigmatisiert werden könnte, wenn es bekannt würde. Er hat großen Mut damit bewiesen, wie offen er mit seinem Leben und seinen Emotionen umgegangen ist.

Ein weiterer schüchterner Mensch, der mich besonders fasziniert, ist der Schauspieler Sidney Poitier. Der Sohn eines Tomatenbauern auf den Bahamas war einer der ersten schwarzen führenden Männer Hollywoods, der fast allein das passive Bild des negativen afroamerikanischen Klischees des „Stepin Fetchit" umkehrte, die Hollywood auf der Leinwand popularisiert hatte. ... Er bewegte sich mit der wissenden Vorsicht eines Mannes, der mit allen Wassern gewaschen ist." Er machte Filme über schwierige moralische Entscheidungen und war der erste Schwarze, dem der Oskar verliehen wurde. Er beschrieb sich als schüchternen Außenseiter und sagte dazu: „Es gibt nichts, was ich daran ändern kann oder möchte." Ich habe immer gesehen, dass er in den Jahren der Bürgerrechtsbewegung, in den Rollen, die er wählte, und in der Weise, wie er sie spielte, großen Mut bewies.

Die Liste lässt sich fortsetzen: Albert Einstein, Garrison Keillor, Johnny Carson, Sigourney Weaver, Henry Fonda, Ingrid Bergman, Harrison Ford, Kevin Kostner, Robert de Niro, Richard Gere, Neil Armstrong, Nicole Kidman, Julia Roberts, David Letterman, Bob Dylan, Brad Pitt ... Wenn Sie an dem Leben berühmter schüchterner Menschen interessiert sind, lohnt sich ein Ausflug ins Internet zu Renee Gilberts Website, auf der man faszinierende Einzelheiten über das Leben berühmter schüchterner Menschen findet: www.shakeyourshyness.com/shypeople.htm.

Wenn Sie sich alle diese Menschen anschauen, dann sehen Sie, warum ich glaube, dass Schüchternheit in unserer heutigen Welt ein nicht gewürdigter Zug von großem Wert ist. Es ist ein Zug, der der Entwicklung einer neuen Aufmerksamkeit für Mitgefühl und für Mitmenschlichkeit in der Welt sehr entgegenkommt. Sie sehen auch, dass Sie sich in bester Gesellschaft befinden, wenn Sie schüchtern sind! Ich hoffe, dass diejenigen unter Ihnen, die schüchtern sind, dies verstehen und sich daran erinnern. Es ist nicht unser Fehler, dass wir in einer Welt leben, in der einige der besten Züge der Menschheit außer Mode gekommen sind, weil sie behindern könnten, was Unternehmen von Arbeitnehmern wollen – das heißt, mit ihren Mitmenschen, in einem Maß konkurrieren, dass sie sie nicht mehr sehen oder Anteil an ihnen nehmen können. Trotz dessen, was die Wirtschaft und Regierungen denken, ist mit hohem Stress verbundener Wettbewerb keine gute Weise, größere und bessere Leistungen zu ermutigen, weder in der Wirtschaft als Ganzem noch bei den Menschen, die dort arbeiten. Wettbewerb dieser Art ist auch sehr schlecht für unsere psychische und körperliche Gesundheit, wie ein Großteil gegenwärtiger Forschung deutlich macht. Im Gegensatz zu der ziemlich narzisstischen inneren Haltung des „Ich zuerst", die für moderne westliche Gesellschaften charakteristisch ist, sind es Sensibilität, Gewissenhaftigkeit und eine Bereitschaft, Bedürfnissen anderer Vorrang einzuräumen, die emotionale Beziehungen zwischen Menschen erhalten und sie gut funktionieren lassen – bei der Arbeit wie in ihrem persönlichen Leben. Es gibt in der wirtschaftswissenschaftlichen Literatur inzwischen gute Belege dafür, dass Arbeitsgruppen, für die gute Kooperation ein Wert ist, nicht nur mehr Wohlbefinden, sondern auch eine höhere Produktivität ermöglichen.

Wie schüchterne Menschen denken

Forscher haben zwischen zwei gleichermaßen normalen Strategien im Verhalten unterschieden: die eine (den schüchternen Ansatz) nennen sie *auf Prävention fokussiert* und die andere (den extrovertierten Ansatz) nennen sie *auf Weiterkommen und Expansion fokussiert*. Beide sind vollkommen angemessen, solange sie nicht rigide verfolgt und durchgehalten oder extrem einseitig verwendet werden. Nach Walter Mischel, einem bekannten Forscher auf dem Gebiet der Psychologie der Persönlichkeit, wollen Menschen, die auf Prävention fokussiert sind, sicherstellen, dass nichts schiefläuft. Sie machen nicht gern Fehler. Stellen Sie sich vor, Sie müssten sich einer Hirnoperation unterziehen. Wären Sie nicht froh, wenn Sie wüssten, dass Ihr Neurochirurg diesen Persönlichkeitszug hat? Menschen mit diesem Temperament sind für Anzeichen sensibel, die darauf hinweisen, dass gleich etwas Unwillkommenes passieren könnte. Deshalb sind sie vorsichtig und besonnen und vermeiden automatisch jedes Verhalten, das solche Folgen haben könnte.

Extrovertierte, gesellige, auf Weiterkommen und Expansion fokussierte Menschen sind im Allgemeinen impulsiver. Oft sind sie vor allem an Spaß und Vergnügen interessiert, aber ebenso kann Ihr Interesse darauf gerichtet sein, ihre Ziele zu verfolgen. Viele arbeiten schwer und sind ehrgeizig. Sie tendieren dazu, sich auf alle großen Möglichkeiten und Gelegenheiten zu konzentrieren, die eine Situation bietet, statt auf die Risiken, die vielleicht damit verbunden sind. Auch sie können gute Chirurgen sein, da sie sehr daran interessiert sind, Gutes zu tun. Sie sind für Hinweise empfänglich, die mit möglichen Belohnungen zu tun haben. Stellen Sie sich vor, dass Sie gerade eine unglaublich anstrengende Arbeitswoche hinter sich haben und eine Weile Ihr Gehirn abschalten möchten. Mit welchem Freund würden Sie gern eine Party feiern?

Natürlich ist das keine absolute Unterscheidung. Manche Menschen sind eindeutig auf Prävention oder auf Expansion fokussiert, aber viele kombinieren Elemente beider Strategien. Und Schüchternheit ist nicht dasselbe wie Introversion, auch wenn sie oft zusammengehen. Introvertierte Menschen ziehen einfach Aktivitäten für sich allein sozialen Aktivitäten vor, aber sie haben keine Angst vor Begegnungen. Extrovertierte Menschen ziehen soziale Aktivitäten anderen für sich allein vor. Obwohl die Mehrheit schüchterner Menschen introvertierte Züge besitzt, gibt es viele schüchterne Extrovertierte, die privat schüchtern, aber in der Öffentlichkeit sehr kontaktfreudig sind. Diese schüchternen Extrovertierten können in sehr strukturierten, überschaubaren Situationen gesellig sein. Möglicherweise haben sie aber dennoch Angst und glauben, dass andere sie nicht akzeptieren würden, wenn sie sie wirklich kennen würden. Für schüchterne Extrovertierte kann es schwer sein, mit anderen vertraut zu sein, weil sie Angst haben, Empfindlichkeiten oder Qualitäten zu enthüllen, die andere als nicht ideal sehen könnten. Die Wahrheit ist, dass wir alle unsere empfindlichen Stellen haben, und normalerweise sagen wir einander, wenn wir uns besser kennenlernen, was wir wirklich denken und fühlen, und teilen auch mit, was wir für unsere Schwächen halten. Stellen Sie sich vor, Sie hätten einen wunderbaren Freund oder Partner, mit dem Sie nie so vertraut und entspannt gewesen wären, dass Sie ihm Ihre Ängste, Traurigkeit, Gefühle der Unsicherheit oder Sorgen darum gezeigt hätten, unzulänglich zu sein. Das wäre eine seltsame Vorstellung, nicht wahr?

Schüchterne extrovertierte Menschen können auch in Situationen Schwierigkeiten haben, in denen man die Kontrolle mit anderen teilen muss oder in denen sie irrelevant ist oder soziale Erwartungen nicht klar sind. Zum Beispiel können sie sich innerlich zerrissen fühlen, wenn sie in einer Situation eine führende Rolle übernehmen sollen, in der sie in der Lage sind, kompetente Arbeit zu leisten. Es kann sein, dass sie Angst haben, dass andere eifersüchtig werden oder in Konkurrenz gehen und sie herabzusetzen versuchen oder sich zurückziehen, wenn sie wirklich die Führung übernehmen. In Situationen, in denen man sich locker abwechselt und entspannt miteinander redet und es ein bisschen unkonventionell zugeht, können schüchterne Extrovertierte befangen werden und Schwierigkeiten haben, spontan zu sein. Dann vermeiden sie vielleicht, bestimmte Dinge zu tun, wie Witze machen oder über sich selbst lachen, auch wenn sie absolut dazu in der Lage sind.

Schüchternheit, Konkurrenzverhalten und Mobbing

Die westliche Gesellschaft ist so sehr auf Konkurrenz ausgerichtet und ermutigt uns, uns als hart, furchtlos, entschlossen und selbstbewusst zu beweisen, dass man leicht die Tatsache übersieht, dass Menschen, die zu Schüchternheit neigen und sich vielleicht selbst nicht so zeigen, sehr wertvolle und wichtige positive Züge haben. Zum Beispiel arbeiten Menschen, die sich als schüchtern bezeichnen, gern mit anderen zusammen – ein gewaltiges Plus in einer globalen Ökonomie, in der Kooperation zunehmend wichtig ist. Schüchterne Menschen können unabhängig arbeiten und sind gewöhnlich sehr lernfähig, sorgfältig und gewissenhaft. Sie sind unter Akademikern tendenziell gut vertreten. Schüchterne Menschen können auch in technischen Berufen oder in der IT-Branche sehr erfolgreich sein, wo Reflexion und Aufmerksamkeit wichtig sind.

Jerome Kagan, ein führender Forscher auf dem Gebiet der biologischen Grundlagen von Schüchternheit, sagt sogar, dass er schüchterne graduierte Studenten als Mitarbeiter bei seinen Forschungsprojekten sucht, weil er ihnen gern Projekte anvertraut, die Aufmerksamkeit für Details und sorgfältige Reflexion verlangen, wenn es um die Bedeutung der Ergebnisse geht. Sie seien für die Gefühle anderer sensibel, tendierten dazu, hinter anderen zurückzustehen, seien motiviert, Ärger und soziale Demütigung zu vermeiden und sich mit anderen in Beziehung zu fühlen. Dies sind die Persönlichkeitsmerkmale, die Verhandeln und tieferes Verständnis in Umgebungen fördern, in denen es um Zusammenarbeit geht.

In unseren von Konkurrenz bestimmten, materialistischen Gesellschaften besteht die Tendenz, dass ein überidealisiertes, dominantes Bild von rücksichtsloser Furchtlosigkeit und Härte, dem ein Alpha-Mann entsprechen sollte, mit Starstatus verknüpft wird. Frauen vergleichen sich mit mageren, computergesteuerten Models und glauben, dass sie mit ihnen nicht mitkommen. Sie fühlen sich dann unterlegen und lassen sich davon deprimieren. Entsprechend vergleichen sich schüchterne Männer vielleicht mit den in den Medien verbreiteten Bildern von dominanten oder extrovertierten aggressiven Männern, sehen sie als Norm und fühlen sich unterlegen – und in ihrer Angst, von anderen bewertet zu werden, bestätigt.

Ich glaube, dass es Männer deshalb besonders schwer haben können, und zwar nicht, weil Schüchternheit notwendigerweise ein Problem ist (obwohl sie das sein kann, wenn sie einen bei dem behindert, was man im Leben tun möchte). Sie kann aber ein Problem sein, weil die amerikanische Gesellschaft und andere Gesellschaften, in denen Konkurrenz eine große Rolle spielt, Männer nicht wertschätzen, die nicht hoch dominant sind und kein ungebrochenes Selbstvertrauen zur Schau tragen. Eine Gesellschaft ist in keinem guten Zustand, wenn ihre Medien negative soziale Klischees über ein bestimmtes Temperament verbreiten und ermutigen. Die amerikanische ist gegenüber Verletzlichkeit, Sensibilität und Verlegenheit ablehnend bis feindselig eingestellt, besonders bei Männern. In westlichen, von Konkurrenz bestimmten Gesellschaften werden Männer darin geübt, keine Verletzlichkeit zu zeigen, sondern sich und ihr positives Selbstbild um fast jeden Preis zu verteidigen. Das kann zu einer übertrieben defensiven Haltung und manchmal zu Aggressivität als Reaktion auf jede Art Problem oder Konflikt führen.

Gesellschaften betonen ihre Lieblingsklischees, denn sie ermutigen dazu, sie zu kopieren und danach zu streben, den verbreiteten Modellen ähnlich zu werden. Daher sind die Medien, auch das Internet, voller Bilder dominanter, extrovertierter, übertrieben selbstbewusster und sozial rücksichtsloser oder sogar aggressiver Männer. Schüchterne, sensible Männer fehlen deutlich. Dominanz ohne Rücksicht auf die Wirkung auf andere zu behaupten, kann schließlich zu Mobbing führen, und Kinder lernen und machen nach, was sie sehen. Ein Bericht aus dem Jahr 2001 beschreibt, dass fast 30 Prozent der amerikanischen Schüler der 6. bis 10. Klasse von mittelschwerem oder häufigem Mobbing berichteten, entweder als Täter oder als Opfer oder in beiden Rollen. Und Mobbing ist nicht auf den Schulhof beschränkt. Ein Bericht über Mobbing in Großbritannien zeigte, dass etwa 75 Prozent der Befragten zu irgendeinem Zeitpunkt ihres Lebens möglicherweise gemobbt worden sind, und Mobbing am Arbeitsplatz ist in Großbritannien wie in den USA sehr verbreitet. Offensichtlich lernen manche Kinder und Erwachsene, Selbstbehauptung und extrovertierte Züge im Übermaß zu entwickeln. Wenn diese in Form von Mobbing ausgelebt werden, haben sie eine deutliche Wirkung auf alle, die sich in der Umgebung des Mobbers befinden, aber vielleicht eine ungleich größere Wirkung auf sensiblere und schüchterne Kinder und Erwachsene.

Wir müssen also anerkennen, dass sich die Konkurrenzgesellschaft, in der wir leben und wie sie sich in den Medien abbildet, darauf auswirkt, wie wir miteinander umgehen, wie gut es uns in unseren Beziehungen mit anderen geht und wie gut wir unsere eigenen Persönlichkeitszüge annehmen können. Für diese Umwelten, die unser Selbstvertrauen untergraben und soziale Angst steigern, sind wir ganz eindeutig nicht verantwortlich. Sie sind äußere Faktoren, in denen sich soziale Struktur und Kultur ausdrückt, in der wir zurzeit leben. Vor 50 Jahren galt Schüchternheit als eine normale – sogar geschätzte – Eigenschaft der Persönlichkeit. Jetzt ist sie zu einem Klischee einer Schwäche geworden, die überwunden werden muss oder belächelt wird. Deshalb kann es ziemlich mühsam sein, in einer heutigen, so sehr von Konkurrenz orientierten Gesellschaft eine mitfühlende Einstellung und innere Haltung gegenüber sich selbst und anderen aufrechtzuerhalten.

Wenn Schüchternheit zu einem Problem wird

Manche Kinder sind aufgrund von Variationen ihres Nervensystems, die dazu führen, dass sie vorsichtiger und wachsamer sind, von Geburt an weniger wagemutig als andere. Als Säuglinge reagieren sie stärker auf laute Geräusche und neue Erfahrungen, und wenn sie älter werden, brauchen sie länger, um in sozialen Situationen Selbstvertrauen zu empfinden. Diese Kinder werden von Psychologen manchmal als „verhaltensgehemmt" bezeichnet – im Sinne einer Herangehensweise mit „Anhalten und Prüfen", die ich weiter oben in diesem Kapitel erwähnt habe. Wahrscheinlich haben sie auch Verwandte, die sie als schüchtern bezeichnen.

Wenn sich diese Kinder geliebt fühlen und ihnen eine sichere Umgebung geboten wird, in der sie viel Gelegenheit haben, mit anderen zusammen zu sein, und wenn sie eine stabile Anleitung bekommen, wie man gesellig ist, dann werden sie offener und direkter, ihre Neigung, sich zu fürchten, lässt allmählich nach und sie lernen, mit milder Schüchternheit und Angst umzugehen. Ängstliche Kinder mit ängstlichen Eltern haben jedoch mehr Probleme. Wenn sie zu verhindern versuchen, dass ihr Kind Angst hat oder schüchtern ist, ermutigen sie es, diese Gefühle zu vermeiden. So vermeiden sie auch zu lernen, wie man mit ihnen umgeht. Es kommt zum Beispiel vor, dass Eltern sagen: „Ich weiß, dass du Angst hast, zu Sallys Party zu gehen. Du musst da nicht hingehen. Du kannst hier bei mir bleiben." Wenn Eltern sich in dieser Weise übermäßig beschützend verhalten und ihrem Kind nicht helfen, sich auf altersgemäße soziale Situationen einzulassen, wie gemeinsame Aktivitäten mit anderen Kindern und in der Schule, dann kann sich die Schüchternheit des Kindes verstärken und zu einem Problem werden. Ein großer Teil der Behandlung schüchterner Kinder hat also damit zu tun, den Eltern zu helfen, ihren Kindern Gelegenheiten zu geben, bei denen sie lernen können, mit ihren Gefühlen umzugehen, statt diese Gefühle und die auslösenden Situationen zu vermeiden.

Schüchterne Kinder neigen dazu, mit den Gefühlen anderer Sympathie zu haben und für sie sensibel zu sein. Wenn sie zum Beispiel durch einen Todesfall oder eine Scheidung in der Familie einen Verlust erleben, müssen sie vielleicht mehr als andere Kinder auf vielfache Weise damit kämpfen. Schmerz, Wut und Traurigkeit der Eltern können für sie besonders schwer zu ertragen sein – neben ihrem eigenen Schmerz und ihrer eigenen Trauer. Sie haben auch gern stabile Verhältnisse, Stabilität, und erleben häufige Umzüge der Familie deshalb als sehr schwierig, weil sie immer wieder neue Freunde suchen müssen. Ich habe Patienten, die schmerzhaft unter Schüchternheit litten, herzzerreißende Geschichten von Einsamkeit infolge von Verlusten und häufigen Umzügen erzählen hören. Andere haben erzählt, dass sie gelernt haben, sich Freunde zu suchen, auch wenn es schwer war. Oft war das nur ein einzelner Freund oder eine Freundin, und oft blieben sie auch nach einem weiteren Umzug mit ihm in Verbindung.

Vor dem Hintergrund, wie wichtig Erfahrungen in der frühen Kindheit sind, erkennen Forscher an, dass es unmöglich ist, vorherzusagen, ob ein bestimmtes Kind sich zu einem schüchternen Erwachsenen entwickeln wird. Gene sind sicher nicht allein für Schüchternheit verantwortlich. Auch Kinder mit einem robusten Temperament, die in einer schwierigen oder traumatisierenden Umgebung aufwachsen, wie in einer chaotischen oder physisch oder verbal missbräuchlichen Familie können später extrem unter Schüchternheit leiden.

Während ängstliche und liebevolle Eltern ihre Kinder vielleicht zu sehr behüten und sie davon abhalten zu lernen, mit ihren Gefühlen umzugehen, haben manche schüchterne Kinder das entgegengesetzte Problem. Sie leben mit einem Mangel an Schutz oder sogar unter ständiger Bedrohung. Jedes Kind leidet, wenn Eltern, Geschwister oder Lehrer barsch oder entwertend sind oder das Temperament des Kindes nicht akzeptieren oder wenn in der Schule nicht gegen Mobbing eingeschritten wird. Das passiert auch, wenn Eltern es motivieren wollen, indem sie es demütigen, wenn es nicht die erwartete Leistung bringt. Aber die Wirkung auf schüchterne Kinder, bei denen weniger wahrscheinlich ist, dass sie sich wehren oder Hilfe holen, kann besonders schlimm sein.

„Es muss an mir liegen": Schüchternheit und Selbstvorwurf

Kinder, die entwertend kritisiert, schikaniert, missbraucht, vernachlässigt oder abgelehnt werden, können dazu übergehen, sich selbst zu entwerten und zu versuchen, vollkommen zu sein, um Entwertung oder strenge oder gefühllose Behandlung zu vermeiden. Dies nimmt oft die Form an, dass sie alles, was sie tun oder sagen, in Frage stellen („Mache ich das richtig?", „Habe ich einen Fehler gemacht?") und sich alles vorwerfen, was irgendwie schiefgeht. Wenn sie zum Beispiel jemand unangenehm behandelt, denken sie eher daran, womit sie die Behandlung provoziert haben könnten, als daran, dass das Problem bei der anderen Person liegen könnte. Sie geben sich die Schuld an Dingen, die absolut nicht ihr Fehler sind. Eine Studie hat diesen Prozess in Aktion gezeigt. Eine Gruppe Studenten, von denen einige unter sozialer Angst litten und andere nicht, wurde von den Forschern aufgefordert, ein Gespräch mit einem

Dozenten zu führen, das auf Video aufgezeichnet wurde. Der Dozent (den die Studenten nicht kannten) hatte die Anweisung, gegen Regeln zu verstoßen, die bei einem zivilisierten Gespräch gewöhnlich befolgt werden, wie jemanden mitten im Reden zu unterbrechen und abrupt das Thema zu wechseln und sich sogar grob zu verhalten. Als den Studenten das Video später gezeigt wurde und sie nach diesen Unterbrechungen durch den Dozenten gefragt wurden, gaben sich die sozial ängstlichen selbst die Schuld für die Probleme im Gespräch und sagten, der Dozent hätte so reagiert, weil sie ihn gelangweilt hätten. Die Studenten, die nicht sozial ängstlich waren, gaben dem Dozenten die Schuld.

Meine eigene Forschung hat ebenfalls gezeigt, dass schüchterne Collegestudenten, die auch unter Angst leiden, besonders dann dazu neigen, sich Vorwürfe zu machen und nach sozialen Situationen, von denen sie meinen, dass sie nicht gut verlaufen sind, Scham zu empfinden, wenn sie sich ihrer Gedanken und Gefühle bewusst sind – was Sinn macht, denn wenn wir uns ganz unserer bewusst sind, dann wissen wir, was wir fühlen. So können wir ein ziemlich gutes Empfinden davon haben, wie andere reagieren, wenn wir uns in einem normalen ruhigen emotionalen Zustand befinden. Wenn wir aufgeregt oder ängstlich sind, kann sich das Gleichgewicht zwischen Bewusstheit unserer eigenen Gefühle verschieben. Wenn wir auf uns selbst fokussiert sind, kann es sein, dass wir uns sehr bedroht fühlen und meinen, dass Leute uns bewerten, und nicht wahrnehmen, wenn sie selbst auch schüchtern sind oder sich befangen oder ungeschickt fühlen.

Als wir drei getrennte Gruppen schüchterner Hochschulstudenten untersuchten, fanden wir, dass bei denjenigen, die dazu tendierten, sich Vorwürfe zu machen, wenn etwas schiefging, die Wahrscheinlichkeit sozialer Angst und der Tendenz, soziale Interaktionen zu vermeiden, größer war. Interessanterweise waren die Studenten, die schüchtern waren, sich aber keine Vorwürfe machten, sozial nicht ängstlicher als die nicht schüchternen. Alle diese Studenten lagen mit ihren mentalen Fähigkeiten deutlich über dem Durchschnitt und hatten hinsichtlich akademischer und sozialer Möglichkeiten klare Vorteile. Es war jedoch deutlich zu beobachten, dass diejenigen, die bereit waren, nach einer enttäuschenden Begegnung einen zweiten Versuch zu wagen – zum Beispiel auf jemanden zuzugehen, ein Gespräch anzufangen oder jemanden zu sich einzuladen –, insgesamt weniger Angst hatten und litten.

Obwohl Schüchternheit mit vielen positiven Eigenschaften verbunden ist, die uns befähigen, sozial sensibel, vorsichtig und sorgfältig, sowie rücksichtsvoll und besonnen zu sein, kann sie natürlich auch Probleme verursachen. Wenn unsere Schüchternheit zu leicht ausgelöst wird, zu intensiv ist, zu lange anhält oder zu häufig auftritt, und wenn sie anfängt, unser Leben zu kontrollieren, so dass wir Dinge vermeiden, die wir wirklich tun möchten, und wenn wir uns alles vorwerfen, was nicht gut läuft, dann wird sie zu einer großen Behinderung. Man kann zu besorgt werden, dass man kritisiert oder abgelehnt wird, und aufhören, am Leben teilzunehmen, und traurig und einsam werden. Es kann sogar sein, dass sich die Gesundheit verschlechtert. Gefühle der Schüchternheit können einen dazu bringen, dass man vermeidet, Ärzten von körperlichen oder psychischen Problemen zu erzählen. Ein extremes Beispiel ist, dass manche Menschen, die unter Schüchternheit oder extremer Scheu leiden, ganz vermeiden, Ärzte aufzusuchen, oder wenn sie es tun, ihre Symptome zu verschweigen. Dies kann bedeuten, dass Anzeichen ernster Erkrankungen wie Krebs, die sich schnell im Körper ausbreiten können, unbeachtet bleiben. Die Leidenden sind möglicherweise zu befangen oder zu besorgt, die Zeit des Arztes zu „verschwenden", um die Probleme mit ihm zu besprechen.

Die chronische Einsamkeit und der Stress, die ausgeprägte Schüchternheit oder Scheu und Isolation verursachen können, sind nicht nur emotional schmerzhaft, sie tun uns auch körperlich nicht gut. Psychischer Stress kann Schmerz, Herzkrankheiten, Schlaf- und Verdauungsprobleme, Übergewicht, Hauterkrankungen, Depression und Autoimmunerkrankungen verursachen oder verschlimmern. Jemand, dessen Angst vor sozialen Situationen so extrem wird, dass es zu fast unerträglich schmerzhaften Emotionen kommt, kann eine soziale Angststörung entwickeln (siehe oben Kasten 1.1 zur Erinnerung, was das bedeutet). Wenn das geschieht, gibt es Hilfe durch Therapeuten, die in bestimmten Strategien ausgebildet sind, von denen man weiß, dass sie Schüchternheit verringern und Teilnahme am Leben fördern können. Unser Hauptfokus in diesem

Buch liegt auf Techniken, die einem helfen, einen mitfühlenden Zugang zu den Emotionen zu entwickeln, die an der Schüchternheit beteiligt sind. Diese haben sich als Hilfe entwickelt, aber sie können einen manchmal hindern, das Leben voll zu leben.

Die drei Teufelskreise der Schüchternheit

Wenn wir die Themen, die wir bisher besprochen haben, zusammennehmen, können wir drei wichtige miteinander verbundene Prozesse beschreiben, die drei Teufelskreise bilden, in denen sich Erfahrung von Schüchternheit verstärken kann. Das Hauptgefühl in dem mittleren Prozess ist *Scham*, und es lohnt sich, hier innezuhalten und ein wenig mehr über dieses Gefühl zu sagen, das uns vielleicht weniger vertraut ist als Angst und Vermeiden.

Ich habe etwa um 1990 angefangen, Scham zu studieren, weil ich sie bei Klienten der Shyness Clinic beobachtete. Wenn sie Scham empfanden, war es für sie schwer, anderen von sich zu erzählen oder uns zu sagen, was sie brauchten, und sie vermieden, sich Hilfe zu holen, wenn sie sie brauchten. Sie vermieden oft Blickkontakt mit uns. Man hat Scham als die Differenz zwischen dem idealen Selbst und dem wirklichen aktuellen Selbst definiert. Oft gehört dazu, dass man sich unfähig oder fehlerhaft fühlt und sich am liebsten verstecken oder im Boden versinken möchte. Man nennt diese intensive Befangenheit eine *selbst-bewusste Emotion*, weil es eine Emotion ist, die mit dem Selbst zu tun hat. Paul Gilbert, der Begründer der Compassion Focused Therapy, unterscheidet zwischen äußerer und innerer Scham. Äußere Scham hat mit unserem Gefühl zu tun, wie wir in der Wahrnehmung anderer existieren – das heißt, wie wir meinen, wie andere von uns denken und wie sie uns sehen. Innere Scham bezieht sich auf unsere eigenen Werturteile über uns. Man begegnet ihnen bei Gedanken wie: „Ich bin nutzlos", „Ich bin nichts wert", „Ich bin ein Versager", „Ich bin ein schlechter Mensch". Beide Arten von Scham können Emotionen der Angst, der Wut, des Ekels und der Selbstverachtung auslösen. Wir alle fühlen uns bedroht, wenn wir uns von den Menschen um uns herum ausgeschlossen fühlen. Dann empfinden wir als Abwehr Angst, Scham und Wut, um uns zu schützen. Scham versteht man jetzt als einen der stärksten Auslöser von Stressreaktionen bei sozialen Interaktionen, der die Pulsrate steigert und die Produktion von Stresshormonen wie Cortisol anregt.

Dies sind die drei Teufelskreise:

- Angst/Flucht
- Selbstvorwurf/Scham
- Ablehnung/Vorwurf

Abbildung 1.1 zeigt, wie diese Kreise miteinander verknüpft sind.

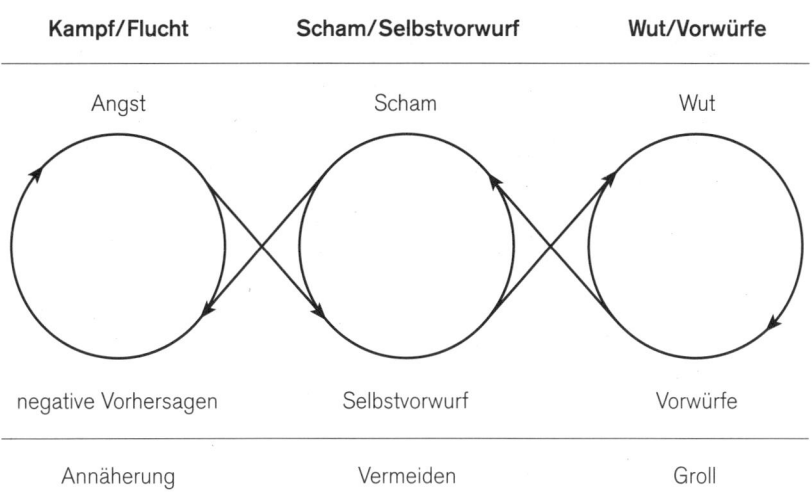

Abbildung 1.1: Die drei Teufelskreise der Schüchternheit
Abgedruckt mit freundlicher Genehmigung des Shyness Institute.

So funktionieren die drei miteinander verknüpften Teufelskreise. Wenn wir in eine soziale Situation kommen, die schwierig ist und gefährlich zu sein scheint, haben wir Gedanken, die antizipieren, dass etwas schiefgeht, wie zum Beispiel: „Mir wird nichts einfallen, das wird eine Katastrophe." Das ist der erste Teufelskreis. Man kann ihn den *Teufelskreis von Annäherung, Angst und negativen Vorhersagen* nennen. Wenn man wirklich darüber nachdenkt, was man sagen kann, oder wenigstens nicht schreiend aus dem Zimmer läuft, kann man in der Situation diese Gedanken in Frage stellen. Aber wenn man chronisch schüchtern ist und verzweifelt vermeiden will, Kritik auf sich zu ziehen, tendiert man dazu, perfektionistisch zu sein und ist deshalb selten mit seinem sozialen Verhalten zufrieden, auch wenn es vollkommen angemessen ist.

Man verlässt die Situation möglicherweise früh, was dann zu dem zweiten Teufelskreis führt, dem *Teufelskreis von Scham und Selbstvorwurf.* Wenn man weggeht, hat man weniger Angst, aber an ihrer Stelle kommt Scham. „Ich muss dies nicht machen – ich bin weg! Aber oh, ich bin *so* unfähig ..." Mehr noch, wenn man eine schwierige Situation verlässt, führt das nicht nur zu Schamgefühlen, sondern es verstärkt auch die soziale Angst, denn es wird wahrscheinlicher, dass man eine schwierige Situation das nächste Mal noch früher verlässt oder sie ganz vermeidet. In der Shyness Clinic haben wir dazu gesagt, wir gehen auf unser Zimmer und lutschen an unserem Daumen oder lecken unsere Wunden. Wir haben hier ein wenig schwarzen Humor eingesetzt, denn Scham ist ein sehr schmerzhafter Zustand, und Selbstvorwürfe und beschämende Gedanken können einen schwächen. Man ist vielleicht erleichtert, weil man nicht sofort hinausgehen muss, aber man ist traurig, schämt sich und meint, dass man nicht gut genug ist, nie gut genug gewesen ist und nie den Anforderungen des täglichen sozialen Lebens gewachsen sein wird. Gedanken wie diese stärken nicht gerade die Motivation, aufzustehen und wieder hinauszugehen und sich der Situation zu stellen. Wenn man in diesem Zustand ist, ist man nicht freundlich und warmherzig zu sich und man hat auch kein Verständnis für sich.

Das bringt uns zum dritten Teufelskreis. Wenn man eine Weile da gesessen hat und sich schlecht gefühlt und sich Vorwürfe gemacht und an alles gedacht hat, was man hätte anders machen sollen, und wie leicht es alle anderen haben und wie kompetent sie sind (eine etwas überzogene Aussage, wenn man bedenkt, dass 50 bis 60 Prozent aller Menschen schüchtern sind), dann fängt man an, andere Gedanken zu haben, wie zum Beispiel diese: „Gut, Michael oder Allison hätten mich besuchen und mit mir reden können. Sie sollten meine Freunde sein. Ich kenne sie aus Gruppen (von der Arbeit, aus dem Klub)", „Leute strengen sich nicht gerade an, freundlich zu sein", „Es ist ihnen wahrscheinlich sowieso egal, wie es mir geht". Dies nennt man den *Teufelskreis von Ablehnung und Vorwürfen*. Diese Gedanken können vorübergehend die Scham verringern, weil sie Ablehnung, manchmal sogar Wut anstacheln, so dass man sich stärker fühlt. Auf der anderen Seite weiß man nicht wirklich, wie die anderen reagiert haben, und jetzt ist man nicht nur von sich selbst, sondern auch von allen anderen entfremdet. Wie wir im nächsten Kapitel sehen werden, tendieren diese Gedanken dazu, sich automatisch einzustellen. Sie werden von Prozessen angeregt, die sich während der Evolution entwickelt haben, deshalb sind sie nicht unser Fehler. Statt sie sich übel zu nehmen, lernt man, wie man mit ihnen arbeiten kann.

Es ist allzu leicht, zwischen diesen Teufelskreisen hin und her zu pendeln, was einen jedes Mal in mehr Schwierigkeiten treibt. In diesem Prozess macht man *unendliche Schleifen* durch, denn wenn man sich ständig Vorwürfe macht, bildet man negative Vorstellungen von sich, die immer wieder verstärkt werden und deshalb schwer zu verändern sind. Das Gute ist, dass alle diese negativen Gefühle von Angst, Selbstvorwurf, Scham und Groll auf andere, die problematische Schüchternheit begleiten, deutlich reduziert werden können, wenn man daran arbeitet, sie zu verändern. Klienten in unseren Schüchternheits-Gruppen erzählen, dass sich ihre negativen Überzeugungen von sich verändert haben, wenn sie eine bestimmte Situation im Rollenspiel in Gruppensitzungen nachgespielt und sich dann zwischen den Sitzungen ähnlichen (aber nicht überwältigenden) problematischen Situationen ausgesetzt haben. Verändert hatten sie sich auch, wenn sie einfach eine Zeit lang ständig geübt hatten, sich in einer sozialen Situation innerlich zu distanzieren und zu versuchen, alternative Gedanken zu entwickeln, die gelassener und weniger von Angst getrieben waren.

Diese Techniken hatten ihnen ermöglicht, negative Überzeugungen von sich durch freundlichere und unterstützendere zu ersetzen. Dann konnten sie die Situationen, die sie früher überwältigend abschreckend gefunden hätten, neu bewerten. Sie konnten sie nun als Herausforderungen sehen, die nicht immer leicht zu bestehen waren, die aber mit Übung, und wenn sie sich Mühe gaben, zu bewältigen waren.

Vorwurf, Scham und Angst

Wenn wir verstehen wollen, warum schüchterne Menschen in diese Teufelskreise hineingezogen werden, ist es nützlich, zu betrachten, was die Forschung darüber zu sagen hat, wie viele nicht schüchterne Menschen mit Versagen und Enttäuschung zu tun haben. Das sind die Erfahrungen, die schüchterne Menschen so leicht in Scham, Selbstvorwurf, Groll oder Wut und zurück in Angst gleiten lassen. Frühere Forscher, die untersuchten, wie Menschen Verantwortung für das, was passiert, zuweisen, kamen zu dem Ergebnis, dass viele die Verantwortung für Versagen oder Scheitern *äußeren, spezifischen, instabilen* und *kontrollierbaren* Faktoren zuschreiben. Mit anderen Worten, wenn etwas schiefgeht, ist es entweder nicht unser Fehler, sondern liegt an etwas außerhalb unserer selbst *(an einem äußeren Faktor);* oder wenn wir tatsächlich die Ursache dafür sind, dass etwas schiefging oder scheiterte, ist unser Fehler auf diese Situation beschränkt und wird in anderen Situationen wahrscheinlich nicht vorkommen *(ein spezifischer Faktor).* Er wird wahrscheinlich nicht wiederholt *(der Faktor ist instabil)* und wir können ihn reparieren *(der Fehler ist kontrollierbar).* Diese Denkweise ist in westlichen Kulturen verbreiteter als in östlichen und bei Männern verbreiteter als bei Frauen. Man sieht, wie nützlich sie in der von Konkurrenz geprägten westlichen Umgebung ist. Schließlich müssen wir angesichts von Versagen oder Scheitern unsere Motivation aufrechterhalten und uns darauf einstellen, uns wieder aufzuraffen und es noch einmal zu versuchen – denn in der Komplexität unserer modernen Kultur muss man mit häufigem Versagen rechnen. Das kann aber auch zu weit gehen. Die gegenwärtige Forschung bestätigt – wie uns auch unsere Intuition sagt –, dass Menschen, die die Verantwortung für das, was passiert, immer abwälzen, nicht unbedingt die beliebtesten oder am meisten geschätzten sind, und dass sie Beziehungen beschädigen können.

Schüchterne Menschen auf der anderen Seite tendieren dazu, in sozialen Situationen (wenn auch nicht notwendigerweise in nicht sozialen Situationen) Verantwortung auf die genau entgegengesetzte Weise zuzuweisen und Versagen und Scheitern *inneren, globalen, stabilen* und *unkontrollierbaren* Faktoren zuzuschreiben. Wenn man schüchtern ist, sieht man enttäuschende Gespräche, Verabredungen oder Begegnungen bei der Arbeit als das Ergebnis von etwas, was man getan oder gesagt hat *(von etwas Innerem)*. Man meint, dass es auch in anderen Situationen dazu kommen wird *(globaler Faktor)*, dass man wiederholen wird, was immer man getan oder gesagt hat *(stabiler Faktor)* und dass man es nicht wiedergutmachen oder Dinge verändern kann *(das Ergebnis ist unkontrollierbar)*. Meine eigene Forschung hat ergeben, dass man auch dazu tendiert, sich Vorwürfe zu machen.

Wenn man sich Vorwürfe macht, hat man oft eine einseitige Sicht seines Verhaltens und seiner selbst. Man fängt an, alle Informationen, die man über sich hat, um sehr detaillierte negative Überzeugungen herum zu organisieren, die man in Bezug auf sich hat. Sie verfestigen sich zusehends, wenn man das jeweilige unglückliche Verhalten (wie man selbst es sieht), das einen belastet, in Gedanken immer wieder durchkaut. Es wird immer unwahrscheinlicher, dass man Informationen zur Kenntnis nimmt oder berücksichtigt, die zu diesen Überzeugungen oder Annahmen nicht passen. Eigentlich ignoriert man sie vollständig. Wenn man auf der anderen Seite ungünstiges Feedback bekommt, hält man es eher für korrekt, als Menschen das täten, die nicht schüchtern sind. Man verwirft positives Feedback, und es ist einem sogar unangenehm, wenn man es bekommt. All das bedeutet, dass man nicht die positiven Informationen über sich hat, die notwendig sind, um Selbstwertgefühl und Motivation entwickeln und aufrechterhalten zu können.

Als Menschen sind wir für diese Art Denken sehr anfällig. Wir sind einfach so. Wir sind besonders empfänglich, wenn wir keine beständigen Quellen echter Anerkennung und konstruktiver Feedbacks haben, und wenn es uns schwerfällt, zu unseren Emotionen auf Ichdistanz zu gehen.

Wie war das, als Sie das letzte Mal den Namen von jemandem vergessen hatten, als sie ihn einem Freund vorstellen wollten? Vielleicht waren Sie ein bisschen nervös. Stellen Sie sich folgende Varianten der Szene vor. Die Person, die Sie vorstellen wollten, lacht und sagt: „Kein Problem, mir fällt es auch sehr schwer, mich an Namen zu erinnern. Ich bin Jane", oder „Letzte Woche habe ich auf einer Party den Namen meines besten Freundes vergessen." Stellen Sie sich jetzt vor, dass die betreffende Person ein bisschen starr dreinschaut und ihren Namen nicht von sich aus sagt. Vielleicht ist der Freund auch ein bisschen nervös. Und an diesem Punkt rettet der Freund Sie vielleicht, indem er lächelt und sagt: „Hallo, ich bin Jerry." Vielleicht geben Sie sich die Hand. Jedenfalls verstehen Sie, wie es ist, wenn man füreinander da ist und sich aus der Klemme hilft.

Wenn man so eine Hilfe nicht bekommt – glücklicherweise bekommen wir sie meistens –, ist man für Gedanken wie diese anfällig: „Ich stehe wie ein Idiot da, sie hatte mir ja gerade ihren Namen gesagt. Ich werde mich nie an Namen erinnern!" Wenn man sehr oft schüchtern ist, kann es noch schlimmer sein: „Ich würde mich gern mit diesem Menschen anfreunden. Wahrscheinlich hält sie mich für einen Versager und will mich nicht zum Freund haben. Andere werden nicht so nervös." Es kann schwer sein, Abstand zu bekommen und daran zu denken, dass jeder ab und zu nervös wird und sich niemand viel daraus macht. Wenn man sich häufig als „Idiot" oder „Versager" bezeichnet, bedeutet das, dass man ein ziemlich verfestigtes negatives Bild von sich hat. Einer der Gründe, weshalb es so wichtig ist, problematischer Schüchternheit schon in der Kindheit oder Pubertät zu begegnen, ist, zu verhindern, dass junge Menschen sich daran gewöhnen, sich so sehr für sich zu schämen, dass sie glauben, sie seien persönlich mangelhaft oder unfähig.

Wenn sich diese negativen Selbstbilder einmal verfestigt haben, braucht es Zeit und Übung, um sie zu verändern. Überhaupt alles, was man von sich denkt, wird stark von diesen negativen Gedanken und Überzeugungen geprägt. Und wenn man in trauriger oder gedrückter Stimmung ist, drängen sie sich einem noch leichter auf, was die Situation dann natürlich noch verschlimmert.

Wir haben die Erfahrung gemacht, dass schüchterne Studenten mehr als nicht schüchterne diese Erwartungen hatten, wie andere sie wahrnehmen. Schüchternen Studenten könnte etwa Folgendes durch den Kopf gehen: „Wenn jemand sieht, wie unwohl ich mich fühle, hält er sich für überlegen", „Man hat kein Verständnis für mich, wenn ich mich unwohl fühle", „Sie werden mich ablehnen und verletzen, wenn ich sie nahe an mich heranlasse". Und unsere Klienten in der Shyness Clinic neigen sogar noch eher dazu, so etwas zu denken, als schüchterne Studenten. Anscheinend haben chronisch schüchterne Menschen und solche, die unter einer sozialen Angststörung leiden, auch mehr Probleme damit, anderen zu trauen. Sie gehen eher davon aus, dass andere sie bewerten und herablassend behandeln. Werfen Sie einen Blick auf den Test in Anhang 1, in dem ein paar Gedanken unserer Klienten über andere Leute aufgeführt sind, und schauen Sie, ob Sie solche Gedanken von sich selbst kennen.

Sehr viel Angst und Scham, unter denen schüchterne Menschen leiden, haben mit der Tatsache zu tun, dass sie sehr damit beschäftigt sind, wie sie möglicherweise von anderen wahrgenommen werden und was sie von ihnen denken könnten. Schüchterne Menschen glauben leicht, dass sie ein schlechtes Bild abgeben. Sie glauben, dass man ihre Angst sehen kann (z. B. wenn sie erröten) und dass man ihnen anmerkt, dass es ihnen an Selbstvertrauen mangelt. Es ist nicht ungewöhnlich, dass Menschen, die chronisch schüchtern oder scheu sind, auch Angst vor positiver Aufmerksamkeit, vor Lob oder sogar davor haben, vielleicht attraktiv gefunden zu werden. Sie haben das Gefühl, dass sie damit mehr unter Druck geraten und dass Erwartungen an sie steigen. Sie haben Angst, dass man von ihnen enttäuscht ist, wenn man sie besser kennenlernt. Sie fürchten vielleicht auch, dass der Beobachter sehen kann, dass es ihnen an Selbstvertrauen mangelt und dass sie sich unwohl fühlen, wenn sie im Mittelpunkt der Aufmerksamkeit stehen. Und wenn andere sich anmerken lassen, dass sie äußere Zeichen von Angst wie eine unsichere Stimme oder Erröten wahrgenommen haben, geht es ihnen noch schlechter; manchmal werden sie auch gereizt oder ärgerlich. Es kommt auch vor, dass sie Kollegen beneiden, die so wirken, als hätten sie kein Problem mit Schüchternheit. In unseren Gruppen in der Shyness Clinic arbeiten wir an all diesen Gefühlen und Reaktionen, um zu lernen, wie man die Teufelskreise der Schüchternheit durchbrechen kann.

Schritte zur Selbsthilfe:
Soziales Fitnesstraining und Fokus auf Mitgefühl

Ich hoffe, dass Sie mittlerweile verstehen, wie es dazu kommen kann, dass sich problematische Schüchternheit und soziale Angst entwickeln und verfestigen. Die gute Seite ist, dass man lernen kann, mit der Neigung umzugehen, sich wegen jedes Ergebnisses, das weniger als vollkommen ist, Vorwürfe zu machen. Man kann lernen, gelassener und mit Mitgefühl mit sich umzugehen, und sich darauf zu konzentrieren, wie man besser werden kann, statt sich zu entwerten. Dieses Buch zeigt Ihnen, wie es möglich ist, Leiden infolge extremer Schüchternheit zu verringern, indem Sie lernen, wie Sie sich Mut machen und Vertrauen in sich selbst entwickeln.

Warum müssen wir soziale Fitness trainieren?

Die Fähigkeit, sich selbst wieder aufzuraffen, wenn etwas nicht so läuft, wie man gehofft hat, und einen neuen Versuch zu machen, ist Teil dessen, was ich *Soziales Fitnesstraining* nenne.

So wie jemand, der körperlich fit ist, in guter körperlicher Verfassung ist, so ist jemand, der sozial fit ist, in physiologischer, emotionaler und mentaler Hinsicht und auch, was sein Verhalten betrifft, in guter Verfassung. Das bedeutet, er funktioniert gut und es geht ihm gut. Er lebt in befriedigenden zwischenmenschlichen Beziehungen, kann mit seinen Gefühlen umgehen, verfolgt seine persönlichen und beruflichen Ziele und kann klar und besonnen denken. Die Vorstellung von „sozialer Fitness" betrifft die menschlichen Bedürfnisse nach emotionaler Verbundenheit wie nach einem Gefühl von Einfluss oder Kontrolle über das eigene Leben und das Geschehen in der unmittelbaren Umgebung. Und so wie jemand, der physisch fit bleiben möchte, Sport treibt, im Fitnessstudio trainiert oder Übungen macht, bleibt ein sozial geschickter Mensch beweglich, indem er häufig neue Menschen kennenlernt und nahe und intime Beziehungen pflegt.

Es ist wichtig, nicht zu vergessen, dass es bei sozialer Fitness nicht um Vollkommenheit geht – so wenig wie bei körperlicher Fitness. Auch ein

Tennisprofi hat nicht immer einen makellosen Aufschlag oder eine unfehlbare Rückhand. Ein olympischer Staffelläufer kann den Stab fallen lassen – und wir haben alle gesehen, wie Spitzenfußballer ein Tor für die gegnerische Mannschaft erzielen. Aber sie lernen, sich Mut zu machen, sich nicht zu sehr davon beeindrucken zu lassen und einen neuen Versuch zu starten. Genauso kann man die Qual der Schüchternheit reduzieren, wenn man lernt, sich zu beruhigen und zu unterstützen. Man kann lernen, wie gute Eltern oder ein guter Mentor zu sich zu sein, und zwischen ängstlicher oder frustrierter Selbstentwertung und verständnisvoller und unterstützender Selbstkorrektur zu unterscheiden.

Bei sozialer Fitness arbeiten wir auf Folgendes hin:

- wahrzunehmen, zu beobachten und zu erkennen, wie uns unsere Gedanken ängstlicher machen können – dabei achten wir besonders auf die Annahmen, die wir über andere Menschen machen, oder auf negative selbstkritische Gedanken in Bezug auf uns selbst;
- zu lernen, Gedanken, einen Fokus der Aufmerksamkeit und Gefühle zu entwickeln, die uns unterstützen;
- darauf zu fokussieren, was unsere Ziele sind und welche Schritte wir unternehmen können, um sie zu erreichen;
- regelmäßig auf jedem dieser drei Gebiete im Geist der Selbstannahme und mit echtem Verlangen zu üben, wie wir uns bei unserer Schüchternheit helfen können (statt wütend oder ärgerlich zu werden oder uns für unsere Schüchternheit zu schämen).

Warum spricht man von Sozialem Fitnesstraining? Jeder hat ein bestimmtes Temperament, mit dem er umgehen muss. Wir sind mehr oder weniger gesprächig, gehen mehr oder weniger auf andere zu, sind mehr oder weniger zurückhaltend oder haben mehr oder weniger Energie usw. Und jeder von uns ist in seiner Umwelt mit sozialen Aufgaben konfrontiert. Er muss Freundschaften schließen, ein angemessenes Einkommen haben, einen Partner oder eine Partnerin suchen und Kinder versorgen. Soziales

Fitnesstraining sorgt dafür, dass wir diesen Aufgaben gewachsen sind. Es stattet uns mit dem Verhalten, den Überlegungen und den Gefühlen aus, die man zum Überleben und zu einem gelungenen Leben braucht. Wie die körperliche Fitness verlangt soziale Fitness, dass man regelmäßig trainiert, am besten täglich. Man kann nicht bloß einmal im Monat körperlich trainieren und körperlich fit sein, und man kann nicht einmal im Monat sozial trainieren und erwarten, sozial fit zu sein. Und für uns als soziale Athleten gibt es viele Situationen, in denen wir üben können, und viele soziale Sportarten. Tennisspieler und Golfer können körperlich fit sein, aber sie brauchen ganz verschiedene Fertigkeiten und bewegen sich ganz verschieden, wenn sie spielen. Dasselbe gilt für soziale Fitness. Wenn man sozial fit werden und bleiben will, muss man für Begegnungen mit unbekannten Menschen offen sein, zu Gruppen und Gemeinschaften gehören, Freundschaften pflegen und Intimität mit einem Partner entwickeln – und jede dieser Aktivitäten lebt von anderen Fertigkeiten und Künsten.

Der Gedanke „sozialer Fitness" ist nützlich, um Schüchternheit zu überwinden, weil er uns nicht zumutet, Schüchternheit als „Krankheit" zu sehen, die einer „Heilung" bedarf. Man sieht sie eher als einen Persönlichkeitsstil wie andere auch, der Stärken wie auch Schwächen oder empfindliche Seiten hat. Wenn man sein Denken darin übt, in den Situationen freundlich und unterstützend zu sein, in denen man zu Schüchternheit neigt, kann einem das helfen, die Fähigkeiten und das Selbstvertrauen zu entwickeln, die manche von uns schwieriger finden als andere.

Warum braucht man Mitgefühl?

In meiner Arbeit mit schüchternen Menschen fand ich es interessant, dass manche von ihnen – auch wenn sie wirklich hart daran gearbeitet haben zu lernen, freundlicher mit sich zu sein – weiter darum kämpfen, die Aussagen, die sie unterstützen sollen, wirklich zu *fühlen*. Sie lernen, die vertrauten selbstentwertenden Gedanken durch neue zu ersetzen, und sagen zum Beispiel: „Ich verstehe die Logik der neuen Gedanken, die ich übe, und ich weiß, dass ich mir nichts vorzuwerfen habe, aber ich habe immer noch das *Gefühl,* dass ich Vorwurf verdiene." Eine ähnliche Schwierigkeit hat mit dem Ton zu tun, wie sie mit sich reden: Auch wenn sie versuchen, sich zu bestätigen, statt sich zu kritisieren, kommt der neue Gedanke manchmal kalt oder sogar aggressiv heraus. Stellen Sie sich vor, dass Sie schüchtern sind und versuchen, sich damit zu beruhigen, dass Sie sagen: „Es ist ganz natürlich, dass ich schüchtern bin, denn dies ist eine neue Situation. Ich nehme an, dass auch andere schüchtern sind. Ich habe diese Gefühle schon so oft gehabt und ich weiß, ich werde damit fertig und alles gut machen." Irgendwie klingen die Worte beruhigend. Aber stellen Sie sich jetzt vor, dass Sie sich das innerlich auf eine eher kalte, rationale Weise oder auch leicht gereizt sagen (weil Sie sich ärgern, dass Sie schon wieder schüchtern sind – denken Sie an die oben beschriebenen Teufelskreise). Es ist so, als versuchten Sie zu *machen,* dass es Ihnen besser geht, als versuchten Sie sogar, sich dazu zu *drängen,* sich anders zu fühlen. Wie würde das auf Sie wirken? Versuchen Sie, sich das einen Moment lang vorzustellen. Und jetzt nehmen Sie an, Sie hörten diese Gedanken innerlich auf eine sehr verständnisvolle, freundliche und unterstützende Art und Weise vorgetragen, so dass Sie das echte Verständnis und den Wunsch empfinden, sich bei Ihrer Schüchternheit zu helfen. Wie wirkt das auf Sie?

Es ist also nicht nur wichtig, *was* wir zu uns sagen, sondern auch, *wie* wir es sagen. Deshalb besteht unser Ansatz in diesem Buch darin, daran zu arbeiten, Mitgefühl und liebevolle Gefühle zu entwickeln und uns *zugleich* auf Gedanken und Verhalten zu konzentrieren. Dabei verwenden wir die Idee sozialer Fitness. Zusammengenommen bilden diese beiden Stränge eine starke Kombination, die bei intensiver Schüchternheit wirklich helfen kann.

Wenn wir diese zwei Hauptideen verwenden – den Fokus auf Mitgefühl und Training sozialer Fitness –, können Sie sich Ihrer tatsächlichen Motive und Werte bewusster werden und besser verstehen, was dazu geführt hat, Kontakt und mehr Nähe mit Menschen zu vermeiden. Ausgestattet mit diesen Einsichten können Sie Fähigkeiten entwickeln, sozialen Kontakt zu genießen, gleich auf welcher Ebene – von lockeren Begegnungen bis zu intimen persönlichen Beziehungen.

Hauptpunkte

- Schüchternheit kann verschieden stark ausgeprägt sein, von normaler Schüchternheit, die kein Problem ist, bis zu einer extremen Form, die schmerzhaft und sogar lähmend ist.

- Schüchternheit hat auch viele starke Seiten, die in Beziehungen, am Arbeitsplatz und in der Gesellschaft sehr zur Geltung kommen können. Im Laufe der Geschichte hat es viele bedeutende Persönlichkeiten gegeben, die schüchtern waren, und auch viele aus den Medien bekannte Personen sind schüchtern.

- Es gibt drei Teufelskreise bei Schüchternheit: Angst/Flucht, Scham/Selbstvorwurf und Groll/Wut/Vorwürfe, die man anderen macht. Angst, Scham, Selbstvorwurf, Wut und Vorwürfe können durch Soziales Fitnesstraining beträchtlich reduziert werden.

- Ein mitfühlender Ansatz zur Arbeit mit Schüchternheit kann bei der Überwindung problematischer Schüchternheit und der Emotionen, die sie begleiten, äußerst hilfreich sein.

2

Wie wir sind: Schüchternheit vor dem Hintergrund unserer Evolution

Wir wissen jetzt, dass sich das menschliche Gehirn über einen Zeitraum von vielen Hundert Millionen Jahren entwickelt hat. Die Ursprünge der Gehirnstruktur reichen sogar noch viel weiter zurück, in Zeiten, lange bevor Menschen existierten und als Reptilien und andere Lebewesen die Erde beherrschten. Das bedeutet, dass wir in unserem Gehirn viele grundlegende Systeme haben, die Emotionen und Verhalten steuern, die wir mit anderen Tieren gemeinsam haben. Wie sie kennen wir deshalb Angst und Wut. Wie sie haben wir Impulse, sexuelle Beziehungen, Freundschaften und Bindungen mit unseren Kindern einzugehen, um Status zu kämpfen und „Stämme" zu bilden. Wir gehören gern zu einer Gruppe, wir fühlen uns sicher, wenn wir wissen, dass wir akzeptiert und gewollt sind, und weniger sicher, wenn wir dessen nicht sicher sind. Viele unserer grundlegenden Leidenschaften, Emotionen und Motive sozialen Verhaltens sind das Ergebnis der Evolution. Paul Gilbert zeigt in seinem Buch *Mitgefühl*, dass das für uns enorme Auswirkungen hat. Es bedeutet, dass es viel von dem, was in uns vor sich geht, nur deshalb gibt – auch viele unserer Begierden und Emotionen –, weil die Evolution uns so hat werden lassen. Die Erfahrungen, die wir in unserem Leben machen, formen sie weiter, aber sie bringen sie nicht erst hervor. Wir sind so gemacht, dass wir bestimmte Dinge empfinden – zum Beispiel, dass wir ängstlich sind oder dieses oder jenes fürchten. Diese Gefühle sind sozusagen in uns eingebaut. Machen Sie sich das klar, denn es ist wirklich wichtig. Für unser Verständnis von Schüchternheit bedeutet das, dass die Probleme, die Schüchternheit mit sich bringt, *nicht Ihr Fehler* sind. Diese Einsicht ist die Grundlage des Ansatzes mit Mitgefühl, der der Grundpfeiler dieses Buches ist und ein Programm für die Überwindung chronischer und quälender Schüchternheit darstellt. Wenn man aufhört, sich unterlegen zu fühlen und sich die Schuld an problematischer Schüchternheit und sozialer Angst und den Situationen zu geben, in denen man sich befindet, wird man freier dafür, mit Mitgefühl an diesem Problem zu arbeiten.

Verantwortung übernehmen

Es ist wichtig, zu verstehen, dass unser Gehirn so gemacht ist, dass man in bestimmten Kontexten Angst erlebt und dass manche Menschen leichter oder eher auf eine für sie unangenehme Weise schüchtern sind oder soziale Angst empfinden als andere. Dies ist aber kein Grund, nichts an Schüchternheit zu verändern, wenn sie Sie im Leben behindert. Ganz im Gegenteil: Wenn man erkennt, dass man ein Gehirn hat, das für bestimmte Situationen sensibel ist, ist das ein Aufruf zum Handeln. Dies gilt natürlich für viele unserer individuellen Empfindlichkeiten. Wenn Sie einen Körper haben, der leicht zunimmt, ist das nicht Ihr Fehler. Aber um gesund zu bleiben, wird es Ihnen helfen, wenn Sie auf Ihre Ernährung achten und sich viel bewegen und körperlich anstrengen. Es ist nicht Ihr Fehler, dass Sie diese Sahnetorten mögen und dass Ihr Stoffwechsel ein bisschen langsam ist – aber es ist Ihre Verantwortung, Ihre Essgewohnheiten so gut Sie können zu regulieren und aktiv zu bleiben. Es ist keine leichte Aufgabe, ich weiß – aber so ist das Leben, und darum geht es: verstehen, wie wir gemacht sind, und das Beste aus uns machen. Wenn wir dieses Prinzip auf problematische Schüchternheit anwenden, bedeutet das, dass wir erkennen, dass es nicht unser Fehler ist, dass wir für schmerzhafte Erfahrungen sensibel und anfällig sind. Wir können aber entschlossen und mit Mitgefühl an allem arbeiten, was an unserer Schüchternheit problematisch oder schmerzhaft ist, damit unsere soziale Angst nicht unser Leben beherrscht.

Dies bedeutet nicht, dass ein sensibles oder schüchternes Temperament zu einem wagemutigen, draufgängerischen gemacht werden muss. Sie müssen nicht extrovertiert werden, wenn Sie introvertiert sind, und auch nicht zum Mittelpunkt der Party, wenn Sie gerade glücklicher sind, wenn Sie nicht im Rampenlicht stehen. Wir haben alle schon die Erfahrung gemacht, dass wir versuchen, mit jemandem ins Gespräch zu kommen, der der Mittelpunkt der Party ist, und dabei merken, dass Witze das Einzige ist, worüber man mit ihm kommunizieren kann. Beiträge, die nicht im Einklang mit seinem Selbstbild absoluter Vollkommenheit sind, oder Bemerkungen über gewöhnliche Reaktionen oder Gefühle, sind indiskutabel. Das ist kein Ideal, dem man nacheifern sollte. Unser Ziel ist es, soziale Angst und schmerzhafte Schüchternheit in Situationen zu verringern, in denen Sie so darum besorgt sind, dass andere Sie beurteilen, dass Sie gar nicht erst versuchen, sich um Freundschaft zu bemühen oder von anderen soziale Unterstützung zu bekommen. Oder Sie bewerben sich nicht um den Job, den Sie eigentlich haben wollen, oder um einen Platz an dem College, das Sie wirklich gern besuchen würden. Das Ziel ist, Sie an den Punkt zu bringen, an dem Sie sich fähig fühlen, das zu tun, was Sie wirklich tun möchten und was Ihnen am Herzen liegt.

Meine langjährige Erfahrung mit chronisch schüchternen Menschen hat mich gelehrt, dass sie mit Übung in der Lage sind, ihre Schüchternheit zu verringern, wenn sie entschlossen sind, damit zu arbeiten. Es geht ihnen dann besser mit sich selbst, sie lassen sich mehr auf ihr Leben ein und entwickeln ein Gefühl, dass sie soziale Situationen besser beeinflussen können. Wenn man also Verantwortung für sich übernimmt, kann man daran arbeiten, aus seinem Gehirn das Beste zu machen. Verantwortung heißt aber *nicht*, dass man sich die Ängste vorwirft, die einen behindern. Ganz im Gegenteil: In dem Moment, in dem man aufhört, sich Vorwürfe zu machen, wird man frei, sich mit mehr Selbstverständlichkeit seinen Schwierigkeiten und Problemen zu stellen. Andererseits kann es leicht zur Gewohnheit werden, sich Vorwürfe zu machen, und Veränderung solcher Gewohnheiten kann viel Zeit brauchen. Das bedeutet sicher nicht, dass man in der Zwischenzeit keine Fortschritte mit problematischer Schüchternheit machen kann. Viele schüchterne Menschen, mit denen ich gearbeitet habe, haben viel Mut dabei bewiesen, Dinge zu tun, vor denen sie große Angst hatten, während sie sich immer noch Vorwürfe machten.

Angst und sozialer Status: Braucht man Hierarchien?

Soziale Angst und Schüchternheit beschränken sich nicht auf Menschen. Sie sind auch bei anderen Tieren sehr verbreitet. Es ist sinnvoll, dass die Evolution dazu geführt hat, dass Tiere in Gruppen leben. So müssen sie einander nicht dauernd Ressourcen streitig machen und kämpfen. Diese Gruppen sind oft um Hierarchien organisiert, bei denen die starken und dominanten Tiere selbstbewusst herumwandern und die weniger mächtigen eher vorsichtig sind. Die soziale Angst der weniger mächtigen stabilisiert oft sogar die soziale Ordnung. Wenn die weniger dominanten die dominanteren nicht herausfordern, kommt es zu einem Minimum an Konflikten. Diese weniger mächtigen Individuen zeigen ihre Angst auf besondere Weise: Man nennt das Unterwerfungsverhalten. Typische Beispiele für Unterwerfungsverhalten zeigen sich darin, dass Blickkontakt vermieden wird, dass dafür gesorgt wird, dass der Körper kleiner wirkt, als er ist, und dass man sich am Rand hält und Beachtung vermeidet.

Bei näherer Betrachtung sieht man, dass Menschen genauso sind. Manche glauben sogar, dass Schüchternheit und soziale Angst mit Sensibilität für Rang zu tun haben. Die Vorstellung dabei ist, dass soziale Angst wie bei Gruppen von Tieren bei der Aufrechterhaltung sozialer Ordnung mitwirkt. Wenn die Menge der Aggression, die in der Szene anwesend ist, beschränkt wird, können Gruppen gelassen sein und friedlich leben. Aus dieser Sicht sorgen mildere Formen von Schüchternheit und sozialer Angst dafür, dass man vorsichtig bleibt und nichts als selbstverständlich nimmt. Das ist nützlich, denn man achtet darauf, was andere tun und denken, und bemüht sich, sie nicht zu sehr zu reizen. Dies dient in gewissem Maß der sozialen Harmonie.

Diese Idee der „Theorie des sozialen Ranges" scheint sowohl in traditionellen Gesellschaften mit ausgeprägten sozialen Hierarchien als auch in sehr von Konkurrenz bestimmten individualistischen Kulturen wie unserer eigenen besonders wichtig zu sein. Das soll jedoch nicht heißen, dass diese Theorie beschreibt, wie die Dinge in der menschlichen Gesellschaft sein müssen oder immer sein werden. In manchen Gesellschaften gewinnt ein anderes Prinzip an Bedeutung. Die Vorstellung „Kümmere dich und freunde dich an" – das heißt: Schließ Freundschaften und gib und nimm dir soziale Unterstützung – ersetzt das Prinzip „Kampf oder Flucht", das Politik, Wirtschaft und die akademische Welt bisher beherrscht. Man merkt, dass Freundschaften und Geben und Nehmen sozialer Unterstützung genauso wirksame Mittel sind, sich zu schützen, wie Kämpfen oder Fliehen. Dieses alternative Prinzip hat auch denjenigen eine Menge zu bieten, die von dem Ansatz von „Kampf oder Flucht" am meisten zu profitieren scheinen. Die dominantesten Individuen werden nämlich verletzlich, sobald sich ihr Zugriff auf die Macht lockert. Bei unseren nahen Verwandten, den Pavianen, verlieren die aggressivsten Männchen an einem bestimmten Punkt die Macht, und wenn das passiert, neigen andere Männchen dazu, sie zu provozieren und zu schikanieren.

Viele schüchterne Menschen neigen zu dieser anderen – friedfertigeren und eher an harmonischer Zusammenarbeit interessierten – Weise, in der Welt zu sein. Sie ähnelt vielleicht mehr der Lebensweise unserer anderen nahen Verwandten, den Bonobos oder Zwergschimpansen, als der der streitlustigen und rivalisierenden Paviane. Doch diese alternative Seinsweise wird in der westlichen Kultur immer noch weithin als unterlegen oder minderwertig gesehen. Für schüchterne Menschen, die in einer Welt der Konkurrenz leben, kann Mitgefühl eine große Hilfe sein – sowohl um diese sich entwickelnde Welt zu verstehen als auch auf ihrer Suche nach einer Lebensform in ihr. Und es kann ihnen helfen, Möglichkeiten zu finden, wie sie sich zu etwas Besserem entwickeln kann.

Man kann das auch noch anders sehen. Ein schüchternes Temperament und die Sensibilität und die Emotionen, die damit verbunden sind, kann man mit einer Eigenschaft wie der Haarfarbe vergleichen. Wenn man blond ist, und die ganze Welt blonde Menschen für dumm hält, muss man damit sicher irgendwie umgehen. Wenn Sie eine helle Haut haben, müssen Sie vielleicht mehr darauf achten, wie sehr Sie sich der Sonne aussetzen, als Ihre Freunde mit dunkler Haut, auch wenn sie Sie für ein bisschen überempfindlich halten.

Wie Menschen denken: Selbstgefühl und die Notwendigkeit, gemocht zu werden

Menschen reagieren auf soziale Situationen nicht nur, indem sie zum Beispiel angesichts von Ungewissheit oder Unsicherheit schüchtern werden: sie machen sich auch Gedanken über sie, stellen sie sich vor und haben Phantasien über sie. Man gibt ihnen Bedeutung und spielt mögliche vergangene oder zukünftige Szenarios durch. Wenn man jemand Neues kennenlernt und sich verabredet, stellt man sich vor, wie die andere Person sein mag. Wie man sie sich vorstellt – freundlich und interessiert oder kalt und indifferent –, beeinflusst unsere Gefühle. In dieser Hinsicht sind wir *nicht* wie andere Tiere. Forscher, die untersuchen, wie sich unser Bewusstsein im Lauf der Evolution entwickelt hat, meinen, dass wir Menschen vor etwa 2 Millionen Jahren eine neue Art Gehirn auszubilden begannen, eines, das denken, grübeln, ein Selbstgefühl und Selbst-Bewusstheit haben konnte. Wichtig ist, dass dies wahrscheinlich der Grund war, weshalb wir jetzt ein Gehirn haben, das sehr daran interessiert ist, was für einen Eindruck wir auf andere machen. Schimpansen, eine andere Art Menschenaffen, die unsere Vettern sind, zeigen deutlich soziale Angst und Wachsamkeit in der Nähe mächtiger oder dominanter Artgenossen, die sie verletzen könnten. Aber sie sitzen nicht da und machen sich Sorgen darum, wie sie aussehen, oder darüber, dass sie zunehmen und wie andere auf ihre Nasenform reagieren. Menschen tun das – und wir tun das sehr oft. Warum stehen wir alle morgens auf und ziehen saubere Sachen an und schminken uns vielleicht für den Tag? Es geht dabei nur darum, wie wir im Bewusstsein anderer existieren möchten.

Die meisten Ängste nicht menschlicher Tiere haben mit körperlichen Bedrohungen zu tun. Menschen aber sind hochsensibel dafür, wie andere sie sehen, ihre Hauptängste sind andere. Wir beschäftigen uns weit mehr mit sozialen und psychischen Gefahren – wie zum Beispiel abgelehnt oder ignoriert, verspottet oder kritisiert zu werden. In ihrer Sorge darum, wie sie in den Augen anderer existieren, geht es ihnen im Kern darum, *nicht als unterlegen oder schwächer gesehen zu werden*. Wir Menschen sind also immer noch sehr mit Rang und sozialer Stellung beschäftigt – aber mehr in Hinsicht auf unsere Attraktivität und darauf, als sympathisch und kompetent gesehen zu werden und beliebt zu sein. Wenn ich mit problematisch schüchternen und sozial ängstlichen Menschen spreche, höre ich sehr selten, dass sie Angst vor Gewalt haben oder fürchten, dass man sie aggressiv behandelt. Sie sind viel mehr besorgt, dass sie als unattraktiv, unbeliebt, langweilig, inkompetent oder irgendwie dumm gesehen werden. Folglich reagieren sie empfindlich, wenn sie ignoriert oder übergangen werden oder sich ausgeschlossen fühlen oder wenn sie sich abgelehnt oder unfair kritisiert fühlen oder zur Zielscheibe von Spott werden.

Während sich unsere Ängste aber von denen anderer Tiere unterscheiden, können wir, wenn diese Ängste aktiviert werden, auf genau dieselbe Weise reagieren: mit unterwürfigem Verhalten. Auch wenn es bei unseren Ängsten (normalerweise) nicht um körperliche Aggression geht, kann soziale Angst, wenn wir uns in den Augen anderer *entwertet* fühlen, alle Verhaltensweisen auslösen, die man bei Tieren beobachten kann, die sich unterwerfen. Man vermeidet Blickkontakt, versucht, sich körperlich kleiner zu machen und unbeachtet zu bleiben und hält sich am Rande. Daneben gibt es verschiedene körperliche und emotionale Reaktionen. Es ist so, als gäbe es einen Teil von uns, der uns zurückhielte, um uns zu schützen.

Während unterwürfiges Verhalten bei Frauen traditionell geschätzt wurde und ebenso viele schüchterne Frauen (und im gleichen Alter) heiraten wie nicht schüchterne, leiden Jungen und Männer möglicherweise, die sich unterwürfig verhalten. Besonders ist das in Umgebungen der Fall, die sehr von Konkurrenzverhalten und von traditionellen Vorstellungen von Männlichkeit geprägt sind. Da gehört zum männlichen Ideal, unsensibel und hart zu sein und keine Gefühle zu zeigen. Je gebildeter oder psychologisch bewusster Frauen aber sind, um so mehr neigen sie dazu, Männer mit einer Mischung sogenannter „femininer" und „maskuliner" Züge vorzuziehen. Und umso weniger Toleranz haben sie für traditionelle Modelle von Männlichkeit, nach denen Männer hart und unsensibel sein sollen. Oft sagen wir in der Klinik schüchternen Männern, die sich sorgen, dass sie nicht dominant genug und zu sensibel sind, um eine Freundin oder Partnerin zu finden: „Ich sage dir jetzt mal was Gutes! Lad eine Frau zu einem Kaffee oder zum Essen ein, sag ihr, dass du ein bisschen schüchtern bist und schau, wie sie reagiert." Diese Übung verläuft fast immer sehr gut. Sie geht natürlich nicht *immer* gut. Es gibt tatsächlich Frauen, die sehr dominante, sogar harte Männer vorziehen. Manchmal sind das Frauen, die sehr verletzt oder missbraucht wurden und die starke Beschützer suchen. Leider sind die, die sie wählen, nicht immer die besten Partner für sie.

Wenn man über Schüchternheit nachdenkt, dann ist klar, dass sie mit unserer Sensibilität und Empfindlichkeit dafür zu tun hat, wie wir für den anderen Menschen existieren. Sie hat nur damit zu tun, welche Gedanken und Gefühle wir in Bezug darauf haben, was andere Menschen über uns denken und wie sie uns finden. Warum sind wir als Spezies so sensibel dafür geworden, was Leute von uns halten? Um das zu beantworten, wenden wir uns wieder der Evolution zu.

Menschen sind eine sehr kooperative Spezies. Wir brauchen die Unterstützung und Hilfe anderer von dem Tag an, an dem wir geboren wurden, bis wir sterben. Wir wissen auch, dass wir anderen Menschen gefallen müssen, wenn wir diese Unterstützung und Hilfe außerhalb des engsten Kreises unserer Familien bekommen wollen. Wir wollen also einen guten Eindruck auf andere machen, weil wir möchten, dass sie uns mögen und deshalb entscheiden, uns zu helfen. Wenn wir in die Schule kommen, sind wir uns bewusst, dass manche Kinder anscheinend beliebter als andere sind. Wir sehen, dass beim Sport manche besser als andere sind, und ausgewählt werden, um an Wettkämpfen und Spielen teilzunehmen. Manche Kinder sind anscheinend auch selbstbewusster als andere. Uns wird ebenfalls bewusst, dass manche Kinder mehr beachtet werden als andere. Kinder, die sehr unter sozialer Angst leiden, sind sich dieser Unterschiede vielleicht besonders bewusst. Das kann vor allem dann der Fall sein, wenn sie zu Hause bemerkt haben, dass ihre Eltern sehr darum besorgt sind, „was die Nachbarn" und was andere über sie denken. Damit ist die Überzeugung verbunden, dass man genau das Richtige tun muss, um sozial akzeptiert zu sein.

Hier ist auch erwähnenswert, dass diese Ängste durch die Angst, mit Klischees belegt zu werden, verstärkt werden können. Das ist besonders dann der Fall, wenn man in dem Viertel, in dem man wohnt, zu einer Minderheit gehört oder viel weniger Geld verdient als die meisten in dieser Gegend. Das kann es noch schwerer machen, Menschen an sich heranzulassen – dabei werden Vorurteile gerade dann sehr reduziert, wenn Menschen sich persönlich kennenlernen. Andererseits ist es für introvertiertere oder stillere Menschen ermutigend, dass Menschen, wenn sie sich kennenlernen, einander zuerst danach beurteilen, was sie sagen. Sehr bald aber fangen sie an, danach zu gehen, was die anderen tun. Menschen können sehr gut unterscheiden. Jüngere Studien zeigen, dass Collegestudenten bei einer einzigen Begegnung sehen können, welche Menschen geben und kooperativ sein können und welche dazu neigen, sie auszunutzen. Wenn Sie also nicht so ängstlich und zurückgezogen sind, dass schwer zu erkennen ist, wer Sie wirklich sind, und wenn Sie nicht darauf aus sind, andere auszunutzen und ihnen zu schaden, werden Sie wahrscheinlich alles gut machen.

Wenn man Sie ein wenig kennenlernt, können Sie von den Stärken der Schüchternheit profitieren. Aber die Tatsache bleibt, dass wir uns, um wertgeschätzt und akzeptiert zu werden, auf andere einlassen und ihnen zeigen müssen, was für Menschen wir sind und was wir können. Und bei diesem Prozess müssen wir mit einem gewissen Maß an Angst umgehen. Wie soll man sich schließlich mit uns anfreunden wollen und uns auffordern, in ihrer Mannschaft zu spielen oder sich nach der Schule einer Gruppe anzuschließen, wenn man nichts von uns weiß? Manchmal haben wir auch Mitbewerber um Beachtung, Unterstützung und Ressourcen. Und das müssen wir erkennen. Denn wenn man sozial ängstlich und unsicher ist, kommt es einem manchmal nicht in den Sinn, dass andere mit einem konkurrieren oder einen auch bedrohlich finden.

Im normalen Verlauf der Dinge kann es auch passieren, dass wir mit anderen in Konflikt geraten. Wenn wir anfangen, uns, unsere Vorlieben und unsere Werte zu zeigen, entdecken wir Unterschiede. Sie schlagen vor, Fußball oder Volleyball zu spielen, aber jemand anders möchte lieber Basketball spielen. Sie möchten ins Kino gehen, aber jemand anders möchte am Computer spielen oder zu Hause bleiben und fernsehen. Sie möchten mit ihrem Freund Ihre Hausaufgaben machen, aber er möchte auf eine Party gehen.

Alle diese Situationen, in denen es zu einer Begegnung mit anderen kommt, können Angst auslösen. Man zeigt etwas davon, wer man ist, und lässt zu, dass Menschen einen kennenlernen, indem man Vorschläge macht und zeigt oder ausspricht, welche Werte man hat, und auch in der Lage ist, mit dem einen oder anderen Konflikt umzugehen. Sozial ängstliche und sehr schüchterne Kinder können in allen diesen Situationen Schwierigkeiten haben. Dann bleiben sie eher im Hintergrund und warten darauf, dass man auf sie zukommt.

In gewisser Weise ist es also wichtig, gemocht zu werden. Wenn Leute einen mögen, werden sie einem helfen, wenn man sie braucht. Sie werden gern mit Ihnen zusammen sein, mit Ihnen reden, Ihre Ziele unterstützen und so weiter. Stellen Sie sich vor, wie wertvoll das über Hunderttausende von Jahren menschlicher Evolution war. Das Leben konnte davon abhängen, ob man gemocht, akzeptiert und geschätzt wurde. Vor Zehntausenden von Jahren war es für unsere Vorfahren sicher eine sehr schlechte Sache, wenn man sie nicht mochte und ablehnte. Heute geht es für Menschen wie uns normalerweise nicht um Leben und Tod, aber für unsere Lebensqualität spielt es immer noch eine große Rolle. Andererseits ist es auch wichtig, ertragen zu lernen, dass man nicht gemocht oder dass man abgelehnt wird, damit man für etwas eintreten kann, woran man glaubt. Ebenso wichtig ist es, Freunde zu wählen, die man wirklich respektiert, statt nur aus dem Bedürfnis, dass jeder einen mag. Wenn Sie introvertiert sind, brauchen Sie vielleicht niemals mehr als ein paar Freunde – manche Menschen sind mit nur ein oder zwei tiefen und dauerhaften Freundschaften vollkommen zufrieden. Aber auch um diese wenigen guten Freunde zu finden, muss man am Leben teilnehmen und auf Menschen zugehen und vielleicht müssen Sie ein paar Frösche küssen, bevor Sie Ihren Prinzen oder Ihre Prinzessin finden.

Selbst bei einem ganz lockeren, vollkommen unverbindlichen sozialen Kontakt wird deutlich, dass wir gemocht werden möchten. Wenn wir unbekannten Menschen begegnen, möchten wir, dass sie sagen: „Es war schön, Sie kennenzulernen", und nicht: „Es war angenehm, Sie kennenzulernen, aber es war nichts Besonderes." Wenn Sie einen Freund zu sich zum Essen einladen, hören Sie nachher lieber: „Das war ein schönes Essen" statt „Das war ein Durchschnittsessen". Als Therapeuten haben wir es gern, wenn unsere Klienten sagen, wie gut sie es gefunden haben, mit uns zu arbeiten, statt: „Sie sind ein durchschnittlicher Therapeut, nicht das, was ich mir erhofft hatte." Hinter so viel von dem, was wir tun, ist ein Verlangen, akzeptiert, wertgeschätzt, bestätigt und gemocht zu werden – und das ist deshalb so, weil die Spezies, der wir angehören, so ist, wie sie ist. Aber wenn wir uns bemühen, akzeptiert und wertgeschätzt zu werden, müssen wir *uns zeigen* und Risiken eingehen. Wir müssen erkennen, dass uns manchmal jemand nicht wertschätzt oder dass wir nicht gefallen oder gut gefunden werden. Was tun wir, wenn das passiert?

Menschen, die in problematischer Weise schüchtern oder sozial ängstlich sind, können das Gefühl haben, sich in einem Dilemma zu befinden. Auf der einen Seite möchten Sie vielleicht wertgeschätzt werden, Anerkennung für Ihren eigenen Beitrag bekommen und sich akzeptiert fühlen. Auf der anderen Seite kann es große Angst machen, sich Leuten ausreichend zu zeigen, damit sie einen kennenlernen und wählen können. Schließlich könnten Sie etwas sagen oder vorschlagen, was andere kritisieren. Das ist ganz schön heikel! Wenn Sie über Ihre Schüchternheit nachdenken, können Sie dann spüren, dass Sie sich manchmal ein bisschen in einer Art Dilemma fühlen, wenn Sie einerseits zur sozialen Szene gehören möchten und andererseits Angst haben, Sie könnten etwas tun oder sagen, womit Sie negative Aufmerksamkeit auf sich ziehen? Umgehen mit problematischer Schüchternheit oder sozialer Angst besteht zum Teil darin, dass man lernt, mit diesen Risiken umzugehen und sich Fehlschlägen zu stellen, wenn es dazu kommt.

Wie unsere Emotionen funktionieren: Drei Systeme

Wenn man oft schüchtern ist und wenn man mit dem Dilemma konfrontiert ist, das wir hier betrachten, dann kann es sein, dass man auf Nummer sicher geht und sich für weniger riskante Möglichkeiten entscheidet und sich zurückhält. Sich zurückzuhalten, bis man warm geworden ist, ist gut. Es ist einfach ein vorsichtiges Herangehen – das, was wir in Kapitel 1 einen Fokus genannt haben, der „auf Vorbeugung gerichtet" ist, und kein „Fokus auf Expansion". Aber wenn man sich so sehr zurückhält, dass man sein Leben nicht lebt, keine Freundschaften schließt oder Aktivitäten nachgeht, die einem wirklich am Herzen liegen, dann leidet die Lebensqualität.

Eine Möglichkeit, zu verstehen, was passiert, besteht darin, sich anzuschauen, dass wir Menschen drei verschiedene Systeme zur Regulierung von Emotionen haben. Jedes dieser Systeme kann buchstäblich die Kontrolle über unser Denken übernehmen und bestimmen, wie wir uns verhalten. Ich werde hier diese drei Systeme ausführlich behandeln, weil es uns zeigt, wie wir mit Angst umgehen können, wenn wir uns selbst mit Freundlichkeit und Mitgefühl behandeln. Das ist besonders dann angebracht, wenn Dinge nicht so laufen, wie wir möchten, und wenn wir Fehler machen.

Bisher habe ich in diesem Buch gezeigt, dass Ängste mit einem Gefühl der Gefahr oder Bedrohung zu tun haben und eigentlich unserem Schutz dienen. Alle Lebewesen brauchen Mittel und Wege, Bedrohungen zu erkennen und entsprechend zu reagieren, um sich zu schützen. Deshalb ist es wichtig, zu verstehen, dass unsere Schüchternheit und soziale Angst zum Teil mit einem *System zur Bewältigung von Bedrohung und Gefahr* verbunden ist. Es ist auch wichtig, zu erkennen, dass dieses System von einem anderen System reguliert wird, das ich das *Beruhigungssystem* nennen werde. Schauen wir daher an, wie Emotionen, die mit Bedrohungen verbunden sind, wie zum Beispiel Angst, durch diese Systeme ihre Wirkung entfalten.

Man kann diese drei Systeme wie folgt beschreiben. (Ausführlicher kann man das in Paul Gilberts Buch *Mitgefühl* nachlesen.)

- Zum einen gibt es ein *System, das für Bewältigung von Gefahr und Bedrohung und für unseren Schutz zuständig ist (Bedrohungssystem)*. Es hilft uns, Dinge zu entdecken und aufzuspüren, die uns bedrohen, und auf sie zu reagieren. Wenn dieses System die Führung übernommen hat und bestimmend ist, ist unsere Aufmerksamkeit auf Gefahren gerichtet und darauf, wovon Bedrohung ausgeht. Die typischen Emotionen sind dann Angst, Ärger und Wut oder Ekel.

- Zweitens gibt es ein *Antriebssystem,* das unsere Begierden und Wünsche stimuliert und leitet und uns hilft, unsere Ziele zu verfolgen. Dies ist das System, das uns dazu bringt, „auf etwas zuzugehen", wenn wir etwas wollen. Wenn dieses System aktiv ist, fühlen wir uns motiviert und freuen uns auf Lust und angenehme Gefühle und Erfahrungen. Wenn sie eintreten oder wenn wir etwas Gutes erreichen, erleben wir die Begeisterung freudiger Erregung. Wenn dieses System zu gedämpft, sozusagen auf kleiner Flamme, funktioniert, verliert man Gefühle der Motivation und Empfindungen von Energie und Vitalität.

- Drittens gibt es ein System, das mit positiven Gefühlen der Zufriedenheit, der Empfindung von Frieden und Ruhe, von Sicherheit und Wohlbefinden zu tun hat. Wenn Tiere keine Gefahren bewältigen müssen und wenn sie satt sind, dann können sie ruhig und entspannt werden. Bei Menschen ist das ganz genauso. Wir werden dies das *Beruhigungssystem* nennen, zum Teil deshalb, weil es die beiden anderen Systeme regulieren kann, wenn es bestimmend ist.

Diese Systeme interagieren ständig und sind für verschiedene innere Zustände verantwortlich, wie man auf Abbildung 2.1 sehen kann. Dies bedeutet, dass es ein wenig künstlich ist, wenn man sie als getrennte Systeme bezeichnet, andererseits ist dies sehr nützlich, wenn man sie beschreiben und ihre Funktion erklären möchte. Das System, das in diesem Buch von besonderem Interesse ist, ist das dritte System, das *Beruhigungssystem.*

Alle möglichen Situationen, auch unsere Gedanken über uns selbst, können das Bedrohungssystem aktivieren. Die Hauptbotschaft ist jedoch, dass das Beruhigungssystem es wieder beruhigen kann. Ein Grund dafür ist, dass es für Anzeichen von Freundlichkeit, Fürsorge und Unterstützung empfänglich ist und diese wahrnehmen kann. Man kann sich leicht ein Beispiel vorstellen, wie Freundlichkeit und Zuneigung von anderen

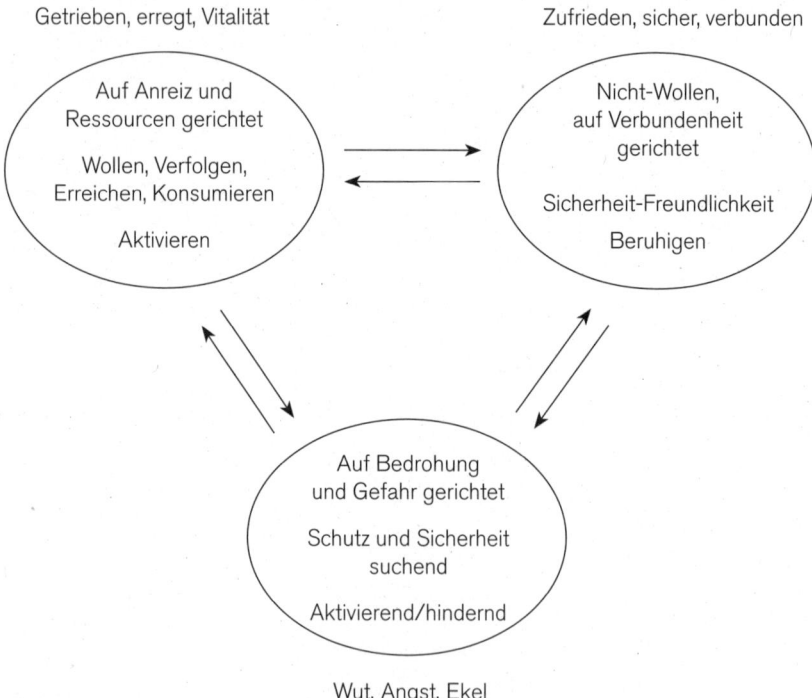

Abbildung 2.1:
Die Interaktion zwischen drei Hauptsystemen emotionaler Regulierung
Übernommen aus Paul Gilbert, Mitgefühl. Freiburg: Arbor, 2011.

das Bedrohungssystem beruhigen können. Wenn wir als Kinder in Not sind, wenden wir uns an unsere Eltern. Sie geben Halt und Sicherheit und nehmen uns vielleicht in die Arme, und die Not vergeht. Freundlichkeit aller Art hat eine beruhigende Wirkung, und das liegt daran, wie unser Gehirn, und besonders das emotionale Beruhigungssystem, funktioniert. So wie das Bedrohungssystem sensibel ist und die Emotionen (Wut und Angst) aktiviert, die der Abwehr dienen, so ist das Beruhigungssystem für Freundlichkeit sensibel und hilft, das Bedrohungssystem zu deaktivieren.

Wie wichtig Freundlichkeit ist

Freundlichkeit ist daher sehr wichtig, denn sie hilft, dieses Beruhigungssystem zu stimulieren. Das lässt sich leicht zeigen. Stellen Sie sich vor, dass Sie sich mit etwas abmühen und dass Sie einen Partner oder einen Lehrer haben, der sehr kompetent ist und sehr gut Fehler entdecken kann, aber dabei auf eine entwertende Weise kritisiert. Wenn Sie diesen Menschen um Hilfe bitten, werden Sie sie wahrscheinlich bekommen, aber er wird Ihnen nonverbal und mit manchem, was er sagt, vermitteln, dass er Ihren Fehler als ziemlich gedankenlos oder dumm sieht. Es kann gut sein, dass Sie in seiner Nähe auf der Hut sind. Auch wenn er Ihnen gut helfen könnte, haben Sie vielleicht Angst davor, ihn um Hilfe zu bitten. Stellen Sie sich nun dieselbe Situation vor, aber mit einem Vater oder einer Mutter oder einem Lehrer, der sich freut, wenn er Ihnen helfen kann, und Ihnen das Gefühl gibt, dass er Ihr Problem wirklich versteht. Er zeigt Ihnen Ihre Stärken, und wie Sie sie entwickeln und mögliche Fehler entdecken und korrigieren können. Er ermutigt Sie auch, das Problem weiter zu untersuchen und wiederzukommen und zu berichten, damit er sehen kann, ob Sie weitere Hilfe brauchen. Einfach gesagt, diese Person im zweiten Beispiel ist *freundlich* zu Ihnen. Stellen Sie sich vor, dass Sie sich sehr über etwas aufregen oder ärgern und zu einem Freund gehen. Er hört eine Weile zu, dann wechselt er das Thema und spricht über Dinge, die ihn beschäftigen. Er ist nicht *unfreundlich*, aber er ist auch nicht freundlich. Stellen Sie sich nun vor, dass Sie einen Freund besuchen, der genau zuhört, Ihre Gefühle ernst nimmt, einen Arm um Sie legt und echte Fürsorge und Interesse an Ihnen zeigt. Wie fühlen sich diese verschiedenen Situationen an? Wahrscheinlich halten Sie den zweiten Freund für freundlicher und mehr an Ihnen interessiert und es würde Ihnen da besser gehen.

Die beruhigende Wirkung von Freundlichkeit reicht weit in die Zeit der Evolution zurück. Wenn Tiere nicht in Gefahr sind oder auf Nahrungssuche gehen müssen, können sie sich ausruhen. Wenn wir nicht von einem Bedürfnis getrieben oder in Gefahr und ganz im gegenwärtigen Moment sind, sind wir ruhig und zufrieden. Nehmen Sie sich ein wenig Zeit und erinnern Sie sich an Momente, als Sie sich ganz in Frieden gefühlt haben und zufrieden waren. Erinnern Sie sich daran, was passiert ist. Versuchen Sie, sich ganz genau zu vergegenwärtigen, wie es sich angefühlt hat und wie es sich jetzt anfühlt, wenn Sie sich daran erinnern. Versuchen Sie, genau den Unterschied zwischen diesem Gefühl und Aufgeregtheit zu spüren. Wenn man regelmäßig meditiert – in späteren Kapiteln dieses Buches untersuchen wir, wie man das macht –, macht man die Erfahrung, dass Gefühle von Frieden und Ruhe zunehmen.

Als sich die Säugetiere entwickelten, entwickelte sich zwischen dem Beruhigungssystem und Zuneigung und Fürsorge eine enge Verbindung. Als die Säugetiere anfingen, sich mit Körperpflege, Füttern und Schutz um ihren Nachwuchs zu kümmern, überlebten diese Säuglinge häufiger und besser als die, die nicht gepflegt, gefüttert und beschützt wurden. Deshalb gaben sie die Gene für Fürsorge weiter. Im Laufe von Millionen Jahren verbreitete sich diese in der Evolution entstandene Gewohnheit von Schutz und Fürsorge über die Erde und fand ihren Niederschlag in einem neuen Aufbau des Gehirns. Wir kennen jetzt alle möglichen Arten von Lebewesen, von tropischen Vögeln bis zu unseren Haustieren, die für ihre eben geschlüpften Küken oder den Wurf junger Hunde sorgen, so wie wir das zärtlich mit unseren Babys machen. Wir sehen auch, dass die Babys still und friedlich sind, wenn sie so versorgt werden. Diese Fähigkeit, mit Freundlichkeit zu beruhigen und Frieden zu verbreiten, ist Teil unseres evolutionären Erbes. Deshalb sehen Sie, wie Sie selbst und andere bei Ehepartnern und Ärzten, Freunden und Lehrern Freundlichkeit suchen. Der Psychologe David Buss hat Menschen aus aller Welt untersucht und gefunden, dass Freundlichkeit das ist, was überall als das Wichtigste bei einem Partner gilt. Freundlichkeit rangiert sogar noch vor Fruchtbarkeit und Kontrolle über Ressourcen. Wichtig ist hier, dass wir begreifen, dass Freundlichkeit wirklich unser Gehirn beeinflusst. Freundlichkeit hat tatsächlich eine Wirkung darauf, wie wir uns und wie wir andere finden, und sie beruhigt tatsächlich unser Bedrohungssystem.

Freundlich zu sich selbst

Wenn es so deutlich ist, dass freundliches Verhalten anderer ein System in unserem Gehirn stimuliert, das die Wirkung hat, das Bedrohungssystem zu regulieren, was passiert dann, wenn wir freundlich mit uns selbst umgehen? Es stellt sich heraus, dass dieselben Muster wirksam sind. Wenn man enttäuscht ist oder einen Fehler macht und anfängt, sich überkritisch zu betrachten und sich über sich zu ärgern, verstärkt das nur das Gefühl der Bedrohung. Wenn man aber freundlich zu sich ist und sich unterstützt, wird das Beruhigungssystem angeregt.

Denken Sie an Ihre eigene Erfahrung. Wie würde es Ihnen gehen, wenn Sie sehr schüchtern oder ängstlich wären, weil Sie einen Vortrag halten oder zu einer Party gehen sollen, und Ihr Partner oder ein guter Freund würde zu Ihnen sagen: „Um Himmels Willen, das ist überhaupt keine große Sache. Du machst das schon! Mach da nur nicht so ein großes Ding draus!" Oder: „Ich habe nächste Woche noch etwas viel Schlimmeres vor mir und ich stelle mich nicht so an!" Wie würde es Ihnen aber gehen, wenn Ihr Partner oder ein Freund genau zuhören würde, sich in Ihre Gefühle hineinversetzen könnte, verstehen würde, dass es Ihnen so geht, vielleicht Ihren Arm oder Ihre Schultern berühren oder sagen würde: „Ich habe auch Angst vor Vorträgen/Partys gehabt." Wahrscheinlich spüren Sie, wie beruhigend das wäre und was für eine andere Reaktion Sie in Ihrem Körper spüren würden. Spüren Sie die innere Weisheit, die Sie besitzen. Sie besteht darin, dass Sie diesen Unterschied kennen. Es ist leicht, in der Angst und in dem Groll und der Ablehnung des Bedrohungssystems hängen zu bleiben und sich von da aus zu kritisieren und klein zu machen, zu beschämen oder unter Druck zu setzen. Aber ebenso können wir auch üben, freundlich und verständnisvoll zu sein, so dass wir ruhig sind und uns begleitet fühlen. Das haben Sie eben gespürt, als Sie sich vorgestellt haben, wie ein mitfühlender Freund oder ein Partner mit Ihnen reden würde. Diese guten, ruhigen Gefühle hängen mit dem Hormon Oxytocin zusammen, das in jüngerer Zeit intensiv erforscht wurde und das Gefühle des Vertrauens und der Nähe bewirkt. Freundlichkeit und Vertrauen gehen Hand in Hand. Man kann sich an Menschen wenden, denen man vertraut und die freundlich sind, und sich so beruhigen. Man kann auch lernen, sich an sich selbst zu wenden.

Die körperlichen Wirkungen sind wieder leicht zu zeigen. Wenn man Hunger hat und etwas zu essen sieht, wird die Produktion von Speichel und Magensäure angeregt. Aber in einer anderen Situation, zum Beispiel spät am Abend, wenn man kein Geld bei sich hat und die Geschäfte geschlossen sind und man sich ein wunderbares Essen nur vorstellen kann, können Gedanken und Bilder das Gleiche bewirken. Auch sie stimulieren die Produktion von Speichel und Magensäure. Wenn Sie im Fernsehen eine sexuelle Szene sehen oder auf der Straße einem sexuell sehr attraktiven Menschen begegnen, kann das bei Ihnen die Hormonproduktion der Hypophyse anregen. Wenn diese Hormone ausgeschüttet werden, bewirken sie sexuelle Erregung. Und es ist bekannt, dass Phantasien das Gleiche bewirken können. Wenn Sie ein Baby oder ein kleines Kind in einem Park sehen, empfinden Sie vielleicht fürsorgliche Gefühle, wie Eltern sie kennen. Wenn jemand die Phantasie hat, ein Kind zu bekommen, entstehen wahrscheinlich die gleichen Gefühle. Phantasien können auf sehr spezifische Weise bestimmte Bahnen im Gehirn und über diese Bahnen unseren Körper anregen.

Wenn wir dies einmal verstehen – dass das, was uns durch den Kopf geht, dass die Dinge, an die wir denken und über die wir grübeln, und Phantasien und innere Zustände unser Gehirn in besonderer Weise stimulieren –, dann fangen wir an, wirklich zu verstehen, dass wir diese Grübeleien und Phantasien kontrollieren können. Wenden Sie dieselben Prinzipien an und stellen Sie sich vor, was in Ihrem Gehirn passiert, wenn jemand Sie respektlos und übertrieben kritisiert und sich sehr unangenehm verhält. Das wird Ihr Bedrohungssystem stimulieren und Angst und Wut auslösen. Stellen Sie sich jetzt vor, wie es Ihnen wohl geht, wenn Sie sich selbst so kritisieren und sich genauso unangenehm gegenüber sich selbst verhalten. Die neuere Forschung hat gezeigt, dass dann Bereiche unseres Gehirns stimuliert werden, die für Aufspüren von Fehlern und Hemmung von Verhalten zuständig sind. Wir sind uns also nicht nur genau bewusst, dass wir etwas falsch machen, sondern wir sind auch nervös und sehr vorsichtig. Woran man denkt und wie man sich behandelt, hat also eine direkte Wirkung darauf, wie man sich fühlt und wie man sich verhält. Und das ist eine Folge davon, dass das Gleichgewicht zwischen den drei Systemen zur Regulierung der Emotionen verändert wird.

Sie können daher den Wert erkennen, den es hat, wenn man die Gewohnheit entwickelt, freundlich und mitfühlend mit sich zu sein. Wenn man lernt, zu freundlichen und mitfühlenden Bildern, Gedanken und Gefühlen überzugehen, dann wird man Bereiche des Gehirns stimulieren, die einem eine Hilfe sein können, statt Angst zu aktivieren. Es ist so, als würde man einen Freund in seinem Kopf erschaffen und keinen schlecht gelaunten wertenden Kritiker.

Wie die Emotionen schüchterner Menschen funktionieren

Wir haben zwar alle diese drei Systeme zur Regulierung von Emotionen, aber das jeweilige Gleichgewicht zwischen ihnen ist von Charakter zu Charakter und von Individuum zu Individuum verschieden. Bei einem schmerzhaft schüchternen Menschen ist das Bedrohungssystem besonders aktiv. In schwierigen Situationen hat man dann Angst, und wenn man isoliert ist, wird man traurig. Damit wird das Gleichgewicht noch mehr gestört. Mehr Gefühle, die auf das Gefühl der Bedrohung zurückgehen, entstehen: Man empfindet Angst, Wut, Groll und Gereiztheit, Scham und Pessimismus. Motivation und Energie nehmen ab, und man ist Gefühlen der Hoffnungslosigkeit ausgeliefert. Zufriedenheit, Erfüllung und Frieden sind dann weit weg.

Wenn wir verstehen, wie unser Gehirn funktioniert, können wir in Ichdistanz gehen und die drei Systeme wieder in ein Gleichgewicht bringen. Denken Sie daran, was ich über Soziales Fitnesstraining gesagt habe: Es ähnelt in vielerlei Hinsicht dem Training körperlicher Fitness. In ganz ähnlicher Weise ist die Arbeit an Schüchternheit, indem man Mitgefühl kultiviert, eine Art Physiotherapie des Denkens. Man kann lernen und üben, wie man Zustände von Mitgefühl herstellt, die einem helfen, die Systeme des Gehirns in einen Zustand der Ausgeglichenheit zu bringen. Man kann sich auch an andere wenden, damit sie einem dabei helfen. Man kann an Verhalten, Gedanken und Gefühlen arbeiten. Körperliche Betätigung, Ernährung und Medikamente können ebenfalls eine Hilfe sein, aber sie sind nicht Thema dieses Buches. Die Übungen, die wir in späteren Kapiteln besprechen und vorstellen, sind bestimmt, neben gesunden Lebensgewohnheiten ihre Wirkung zu tun.

Wir wollen das Bedrohungssystem nicht ausschalten, denn es hat sich aus guten Gründen entwickelt und ist für uns von Nutzen. Aber wir wollen auch nicht, dass es zu dominierend ist. Es kann außer Kontrolle geraten, und wenn das der Fall ist, kann es Probleme verursachen. Wenn Emotionen, die Reaktionen auf Bedrohung und Gefahr sind, zu leicht ausgelöst werden oder zu intensiv sind, ist es schwer, die Systeme in einem Zustand der Ausgewogenheit zu halten. Wenn man versucht, mit der emotionalen Unausgeglichenheit, die die Folge ist, allein rational umzugehen, ist das keine große Hilfe. Unser neues, rational orientiertes Gehirn sagt, dass die Party oder die Verabredung in Wirklichkeit nicht so bedrohlich ist, und je mehr man übt, umso besser wird es einem gehen. Aber die Muster des alten Gehirns vermitteln einem, dass die Situation tatsächlich gefährlich *ist*. Man denkt vielleicht nicht oder erinnert sich nicht daran, dass diese warnenden Gedanken und Gefühle zu den Mustern des alten Gehirns gehören. Man versucht dann, sie zu unterdrücken und zu kontrollieren, indem man sich unter Druck setzt und Vorwürfe macht. Man schämt sich dafür, dass man unter Menschen Angst hat und empfindlich ist, und man versucht eher, die Gefühle zu managen und zu bekämpfen, statt sie anzunehmen, zu versuchen, sie zu verstehen, sich zu trösten und mit ihnen zu arbeiten.

Die automatische Reaktion mit Schüchternheit

Wenn man schüchtern ist und auf eine Party geht und dort feststellt, dass man außer der Gastgeberin niemanden kennt, dann kann das Bedrohungssystem automatisch aktiviert werden. Soziale Angst kann plötzlich stark zunehmen, auch wenn man weiß, dass man die Fähigkeit und Gewandtheit besitzt, auf jemanden zuzugehen und ein Gespräch anzufangen. Man weiß auch, dass die Wahrscheinlichkeit, dass die Leute nur darauf warten, einen streng zu beurteilen, sehr gering ist, aber dieses Gefühl nimmt trotzdem zu. Als Nächstes stellt man fest, dass die Beine einen an die Seite der Gastgeberin tragen, um ihr zu helfen, Tabletts mit Essen herumzureichen, um mit niemandem sprechen zu müssen. Oder man merkt, dass man an eine Stelle hinter den Tisch mit dem Buffet driftet, wo Leute einen schwer in ein Gespräch verwickeln können. Wenn jemand kommt, wenden wir uns ab und wirken sehr mit der Roastbeef-Platte beschäftigt. Vielleicht schwitzt man ein bisschen, fühlt sich wacklig und ist sich bewusst, dass man Herzklopfen hat. Diese Aktivierung des Bedrohungssystems geht so schnell, dass man keine Zeit hat, sich all das auszudenken. Man denkt eigentlich überhaupt nichts, außer Gedanken, die mit Bedrohung und Gefahr zu tun haben, wie: „Ich sehe doof aus", und „Ich muss aufpassen, dass ich nichts Peinliches anstelle", während man versucht, in der Tapete zu verschwinden.

Und wie war das mit dem Vorstellungsgespräch, als Sie sich sorgfältig vorbereitet und vorher kundig gemacht hatten, was das Unternehmen sowie seine Aktivitäten und auch die mit dem Job verbundenen Aufgaben betraf, und Sie ihre Qualifikationen daraufhin geprüft hatten? Sie hatten eine Liste von Fragen zusammengestellt, die Ihre Gesprächspartner wahrscheinlich stellen würden, und waren innerlich die Antworten durchgegangen, als der Lift das Stockwerk erreichte, wo das Interview stattfinden sollte. Plötzlich war ihr Kopf leer. Sie spürten, wie plötzlich die Angst hochstieg und ihr Mund trocken war. Plötzlich hatten Sie Panik und wollten das Gespräch absagen. So schnell kann soziale Angst da sein, wenn das Bedrohungssystem anspringt. Man kann das Gefühl haben, dass es einen überwältigt.

Grübeln und Verharren

Ein anderes Problem ist, dass unser neues Gehirn, das die Fähigkeit hat, seiner selbst bewusst zu sein, richtig Spaß daran haben kann, über potentielle Gefahren und Demütigungen nachzugrübeln und sich ganz den Sorgen hinzugeben. Es ist erstaunlich kreativ im Ausdenken aller möglichen schrecklichen und katastrophalen Dinge, die passieren könnten. So funktioniert das Bedrohungssystem eben. Es stellt sich immer auf das Schlimmste ein: *Besser auf Sicherheit gehen, als später bedauern,* nennen wir das. Das ist seine Aufgabe, dafür ist es gemacht. Ich kann mich erinnern, wie ich kurz vor einem Examen einmal so große Angst hatte, dass ich dachte, ich würde ohnmächtig. Sie haben wahrscheinlich schon die Erfahrung gemacht, dass Sie einen Schub von Angst spürten, als Sie jemanden zum ersten Mal getroffen haben – vielleicht als Sie Hallo sagten oder sich die Hand gaben. Im Rückblick sehen Sie, wie automatisch die soziale Angst da ist. Sie kommt wie aus heiterem Himmel: zack! Und mit ihr automatisch solche Gedanken: „Mir wird nichts einfallen, was ich sagen könnte. Man sieht mir an, dass ich Angst habe. Ich höre mich dumm an. Er/sie wird denken, dass ich dumm bin." Dieses Verharren dabei, in welcher Weise Sie Ihre Erwartungen nicht erfüllen, kann dadurch verändert werden, dass man seine automatischen Gedanken in Frage stellt oder sich Dinge sagt, die einen eher unterstützen. Man kann sich auch darauf konzentrieren, was man an dem Menschen interessant findet, oder man hält nach gemeinsamen Interessen Ausschau. Und auch das wird wieder leichter sein, wenn man gelernt hat, freundlich und nicht streng mit sich zu sein.

So weit dazu, was passiert, wenn man jemandem zum ersten Mal begegnet. Was ist, wenn eine Begegnung nicht so gut verlief, wie man erwartet hat? Grübeln Sie dann darüber nach? Erinnern Sie sich an den Teufelskreis aus Scham und Selbstvorwurf, der in Kapitel 1 beschrieben wurde? Es kann Ihnen auch passieren, dass Sie auf die andere Person wütend sind, weil sie nicht mehr auf Sie zugekommen ist. Erinnern Sie sich an den Teufelskreis aus Wut und Vorwurf? Die Forschung hat gezeigt, dass diese Art des Grübelns die soziale Angst verschlimmert und mit Traurigkeit und gedrückter Stimmung verbunden ist. Die Übungen in diesem Buch können

Ihnen helfen, das Beruhigungssystem zu nutzen, wenn es Ihnen mit sich oder mit anderen Menschen schlecht geht. Sie können auch Ihren Schmerz lindern. Der Buddhismus, eine spirituelle Tradition, die große Betonung auf Mitgefühl legt, lehrt, dass Empfinden von Freundlichkeit gegenüber anderen und gegenüber sich selbst – besonders wenn man enttäuscht ist oder sich im Stich gelassen fühlt – zu mehr emotionalem Wohlbefinden führt.

Wir wissen, dass intensive Schüchternheit und soziale Angst Teil der Reaktion auf Gefahr ist, die dem Schutz dient. Wenn man Angst hat, wird die Amygdala aktiviert, ein mandelförmiges Organ im Zentrum des Gehirns. Wenn es häufig dazu kommt – zum Beispiel weil die Umgebung viel Stress erzeugt oder aufgrund von Veranlagung, aufgrund ungelösten Schmerzes und/oder eines Traumas aus der Vergangenheit oder aus einem anderen Grund –, wird die Amygdala sensibilisiert. Sie reagiert dann schneller auf geringere Gefahren oder auf die Empfindung, bedroht zu sein, und das führt dazu, dass Angst leichter ausgelöst wird und intensiver ist. Wenn man sieht, dass Angst Teil eines Systems ist, das sich zu unserem Schutz entwickelt hat, aber das neue Gehirn die Oberhand bekommen und Gefahr übertreiben kann, dann sollte man darüber nachdenken, wie man diese Sensibilität verringern kann. Es kann eine große Hilfe in dieser Richtung sein, wenn man freundlich und mitfühlend mit sich ist und damit das Bedrohungssystem mit den anderen Systemen in ein ausgewogeneres Verhältnis bringt.

Aufdecken der Emotionen, die sich gut anfühlen

Ihr Gehirn ist so gemacht, dass Ihr Bedrohungssystem in vielen Situationen Ihre positiven Gefühle überwältigt und außer Kraft setzt. Stellen Sie sich vor, dass Sie einen ruhigen Spaziergang durch den Wald oder ein Picknick unter einem Baum genießen oder ein Stelldichein mit Ihrem Partner erleben, und plötzlich hören Sie die Sirene eines Polizeiwagens oder der Feuerwehr. Wahrscheinlich wird sich Angst einstellen, und Sie verlieren alles Interesse an dem Essen oder an romantischen Möglichkeiten. Das ist so, weil Sie Ihre Aufmerksamkeit der Gefahr zuwenden müssen, und damit Sie das tun können, müssen Sie Ihre positiven Interessen und Emotionen abstellen.

Manchmal kann man natürlich in zwei Richtungen zugleich gezogen werden, wenn nämlich die Situation positive Emotionen stimuliert, aber auch Risiko oder Gefahr mit sich bringt. Wenn man zum Beispiel überlegt, ob man sich mit jemandem verabreden möchte, dann ist man vielleicht begeistert und hoffnungsvoll, weil eine neue Beziehung entstehen könnte, aber zugleich hat man möglicherweise Angst vor Ablehnung. In dieser Situation muss man vielleicht lernen, die Angst zu überwinden, um das Risiko einzugehen und die Einladung an die betreffende Person auszusprechen, damit man wenigstens eine Chance hat, die Verabredung zu genießen. Wenn Angst die Oberhand gewinnt, wird man nie anrufen und nie wissen, ob das Rendezvous gut oder schlecht verlaufen wäre.

Manchen Menschen verschafft es natürlich gerade Lust und positive Erregung, wenn sie ihr Gefühl eines Risikos steigern – zum Beispiel Skiabfahrtsläufer oder Fallschirmspringer. Der Punkt ist, dass positive und negative Emotionen ständig gegeneinander abgewogen und ausgeglichen werden. Wir treffen Entscheidungen, welcher wir mit unserem Handeln folgen, das heißt, von welchem der drei Systeme wir unser Verhalten bestimmen lassen. Angst kann zur Folge haben, dass man Kontakt mit zwei Arten positiver Gefühle verliert, die beide für unser Wohlbefinden wichtig sind. Eine Art von Emotionen – die, die von dem Antriebssystem hervorgerufen werden – hat damit zu tun, dass wir dem nachgehen, was wir wollen, und sie energetisieren uns. Zum Beispiel empfindet man Begeisterung, wenn man im Sport miteinander wettstreitet, bei einem Examen auf eine gute Note hinarbeitet oder sich dafür einsetzt, dass man einen Job bekommt, den man haben will. Die anderen Emotionen – die vom Beruhigungssystem hervorgerufen werden – bewirken, dass wir uns ruhig und zufrieden, friedlich und sicher fühlen.

Wenn man schmerzhaft schüchtern oder sozial ängstlich ist, kann es passieren, dass man Kontakt mit seinen positiven Gefühlen und Wünschen verliert, wenn das Bedrohungssystem das aktivierende und das beruhigende System „aussticht". Man vergisst die Freude, die man empfindet, wenn man unter Menschen ist, und wie interessant sie sein können, denn man ist völlig auf die Tatsache konzentriert, dass sie einen nicht gut bewerten oder ablehnen könnten. Ich möchte diese Angst nicht verharmlosen. Es kann sehr beunruhigend oder ärgerlich sein, wenn man nicht akzeptiert wird. Ablehnung oder Ausgeschlossensein kann jeden so sehr in seinem Wohlbefinden treffen wie eine physische Bedrohung, und es kann genauso viel Schmerz verursachen. Sozialer Ausschluss aktiviert sogar Systeme im Gehirn, die mit physischem Schmerz assoziiert sind. Entscheidend ist, dass man dazu neigt, sich zu sehr mit Risiken zu befassen und für soziale Bedrohung überempfindlich zu sein, wenn man sozial ängstlich ist. Dann vergisst man auch seine positiven Eigenschaften und Qualitäten und frühere Erfahrungen, als man Spaß daran gehabt hat, mit Menschen zu sprechen und mit ihnen zusammen zu sein. Man vergisst auch, dass es anderen hilft, uns ein wenig kennenzulernen und dann auch mögen zu können, wenn man sie mag und ihre Gesellschaft genießt und sie das wissen lässt. Menschen können nur mögen, was sie kennenlernen.

Sie haben wahrscheinlich auch bemerkt, dass es leicht ist, Menschen, die einen mögen und das auch zeigen, ebenfalls zu mögen. Schließlich haben sie einen Blick für Qualität. Vielleicht sind es intelligente, kluge Leute und wirkliche Persönlichkeiten. Und da das in beiden Richtungen wirkt, ist es nützlich, nicht zu verbergen, wenn man jemanden mag. Es ist auch nützlich, darüber nachzudenken, was man an dem anderen interessant und liebenswert findet. Dies ist eine gute Gelegenheit, Gemeinsamkeiten zu entdecken. Wenn man sich auf den anderen konzentriert und nicht auf die eigenen Angstgefühle, bringt einen das auch von Grübeleien und Sorgen ab. Normalerweise macht man so die Erfahrung – wenn man weiter Risiken eingeht, zum Beispiel auf Partys geht, neue Menschen kennenlernt, Gelegenheiten zu Vorstellungsgesprächen nutzt –, dass man sich mit der Zeit wohler fühlt. Das bedeutet, dass man das nächste Mal nicht deshalb mehr Angst hat, weil man ein Risiko eingeht – vielmehr führt gerade das *Vermeiden* dazu. Um Angst zu verringern, ist es also sinnvoll, wenn wir versuchen, uns den Situationen zu stellen, die wir im Moment für zu schwierig halten. Und dabei ist es hilfreich, wenn wir lernen, die Angst anzunehmen. Wenn wir sie als etwas Natürliches sehen können, weil sie auf unsere Evolution zurückgeht, und dann – so gut man kann – die Dinge tun, die wir tun möchten, ist das eine freundliche und unterstützende Haltung.

Was wollen Sie wirklich?

Wenn Sie Angst davor haben, etwas zu tun, lohnt es sich immer, sich zu fragen: „Würde ich es von mir aus machen *wollen*, wenn ich nicht so viel Angst davor hätte?" Manchmal hat jemand schon so lange soziale Angst, dass er vergessen hat, was er eigentlich tun möchte und wer er gern sein würde. Ein erster Schritt in diese Richtung könnte sein, wenn man phantasiert und sich vorstellt, wie die Dinge lägen, wenn man eine Form fände, mit der sozialen Angst umzugehen. Welchen Sinn hat es schließlich, an der Angst zu arbeiten – was anfangs schwierig und hart sein kann –, wenn es keinen Grund dafür gibt? Es ist wichtig, darüber nachzudenken, *warum* wir uns verändern wollen und was uns wirklich wichtig ist – welche Werte wir haben. In der Shyness Clinic stellen wir und unsere Klienten bei unserer Arbeit in den Gruppen die Frage: „*Wer* möchte ich sein? *Wie* möchte ich sein?" Wir versuchen zu benennen, was wir tun würden, das uns (natürlich im Rahmen der Gesetze) Spaß machen und Freude machen würde, wenn wir es tun könnten. Was für ein Leben wir führen würden. Dies hilft uns, direkt auf das zuzugehen, was wir wirklich wollen und wie wir wirklich sein möchten.

Emotionale Erschöpfung vermeiden

Wenn Menschen unsicher sind, verbringen sie manchmal viel Zeit damit, entweder zu versuchen, andere mit ihren Leistungen zu beeindrucken, oder einfach nett zu sein und etwas für andere zu tun. Weil sie sich in sich selbst nicht sicher und wertvoll fühlen, versuchen sie ständig, Zuneigung oder Bewunderung zu bekommen. Leider funktioniert das auf Dauer nicht, deshalb kann es passieren, dass sie mit ihren dauernden Bemühungen zu beeindrucken und zu gefallen in Erschöpfung und Depression landen. Wenn man mit diesen Menschen spricht, wird oft klar, dass sie nicht freundlich mit sich sind – sie sind sogar ziemlich streng mit sich und glauben, sie seien nicht gut genug und müssten sich beweisen. Manche, aber sicher nicht alle, kennen Schüchternheit und soziale Angst aus eigener Erfahrung. Sie haben schlechte Erfahrungen mit Menschen gemacht, und sich nicht gut oder akzeptiert gefühlt. Deshalb versuchen sie jetzt zu beeindrucken, um Ablehnung zu vermeiden. In der Therapie besteht ihr erster Schritt oft darin, zu lernen, sich selbst und andere ganz anzunehmen.

Wenn man ständig versuchen muss, andere zu beeindrucken, und Dinge tut, um zu gefallen, kann es so weit kommen, dass man damit das aktivierende emotionale System im Gehirn erschöpft. Wenn man erkennt, dass ein System im Gehirn erschöpft werden kann und nicht nur meint, dass alle Anstrengungen zu nichts führen, kann man über Möglichkeiten nachdenken, wie man ihm helfen kann, wieder aktiver zu werden. Wenn man sich die Erfolglosigkeit nur übel nimmt, wenn man es leid ist, sich so anzutreiben, und meint, dass andere so etwas nicht kennen, macht man die Dinge nur noch schlimmer. Mit Strenge und Härte gegen sich selbst kann man Enthusiasmus nicht wiederherstellen und Energie nicht erneuern oder auffrischen.

Eine Möglichkeit, wie man ein emotionales System wiederherstellen kann, besteht natürlich darin, dass man sich ausruht. Wenn das nicht hilft, kann man Situationen herstellen, die das Antriebssystem stimulieren, indem man positive Stimuli aufnimmt. Das können zum Beispiel Spaziergänge sein oder schwimmen (körperliche Aktivitäten helfen immer) oder Museumsbesuche oder Kino oder Theater. Oder man konzentriert sich auf das Beruhigungssystem, indem man die Aufmerksamkeit auf kleine Dinge richtet, die einem gefallen und denen man im Alltag begegnet. Das kann so etwas Einfaches wie die erste Tasse Kaffee am Morgen sein. Oder die Vögel am Futterhäuschen, die wir aus dem Fenster beobachten, ein kurzer Besuch in einem Café auf dem Weg zur Arbeit, ein langer Blick auf die grünen Rasenflächen der Nachbarn oder die Blumen in einem Vorgarten. Es kann das Gefühl eines warmen Frühlingstages nach kaltem Wetter sein, der Klang oder das Gefühl des Regens, Gedanken an einen Freund, oder wie man sich fühlt, wenn sich jemand, den man liebt (jung oder alt), über eine kleine Sache freut, wie über ein neues Spielzeug oder einen Witz. Diese Dinge tun uns gut, und wenn man sie bewusst beachtet, kann man lernen, sie aufmerksam wahrzunehmen, wenn man aufgeregt oder verärgert ist. Später werden wir darüber sprechen, wie man ein Programm entwirft, das dieses System stimuliert.

Vorausdenken und seine Gefahren

Wir sehen also, wie unser Gehirn mit diesen drei Systemen unsere Emotionen reguliert und Menschen und andere Tiere in bestimmter Hinsicht ähnlich funktionieren. Einer der Haupt*unterschiede* zwischen Menschen und Tieren besteht darin, dass wir mentale Bilder schaffen, über die Zukunft nachdenken und planen können. Dies ist natürlich sehr nützlich. Es bedeutet, dass wir Ziele formulieren und auf sie hinarbeiten, für Prüfungen lernen, uns auf Vorstellungsgespräche vorbereiten und darüber nachdenken können, was uns an einem passenden Partner gefallen würde. Natürlich hat diese Fähigkeit, sich etwas vorzustellen und zu planen, eine Kehrseite. Wir sind so weit entwickelt, dass wir nicht nur Computer und Roboter erfinden, sondern auch Waffen entwickeln können, die Millionen töten, oft wahllos. Auf der anderen, positiven, Seite können wir mit anderen zusammen planen und eine Zukunft mit Partnern ausmalen. Wir können aufregende Expeditionen unternehmen, Musik komponieren und Romane ausdenken. Wir können spüren, dass wir lebendig sind, und uns unseres Bewusstseins bewusst sein. Wir können uns Identitäten als Stadtmenschen oder als Landbewohner, als Wissenschaftler oder Künstler, Sportler oder Politiker zulegen. Wir können uns aber auch sehr negative Szenerien ausdenken, wie zum Beispiel, dass wir für immer allein sein oder nie einen Partner oder eine Partnerin finden, oder nie einen guten Job haben werden. Das Gehirn kann positive wie negative Gefühle und Gedanken erzeugen und sich auf sie konzentrieren.

Stellen Sie sich folgende Situation vor: Sie sind bei der Arbeit mit Ihrer sozialen Angst konfrontiert, und in Ihrer Gruppe gibt es jemanden, der Sie ständig schikaniert und entwertend kritisiert. Was dann in Ihnen passiert, ist, dass Sie anfangen, mehr Cortisol zu produzieren. Dies aktiviert in Ihrem Gehirn das Bedrohungssystem und sie werden aufgeregter – vielleicht zittern Sie oder bekommen sogar Panik. Jetzt – und das ist wichtig – können unsere selbstentwertenden Gedanken, besonders wenn sie beschämend und streng sind, *dasselbe machen* wie dieser quälende Kritiker im Außen. Das kann *dieselben körperlichen Wirkungen* haben – so wie man auch sein Sexualsystem selbst stimulieren kann. Wenn man sich ständig kritisiert, entwertet und quält, stimuliert man immer wieder das Bedrohungssystem. Vielleicht macht man das, weil man in der Vergangenheit so kritisiert wurde und nie angehalten und darüber nachgedacht hat, ob die betreffende Person überhaupt an einem interessiert war. Man hat nicht überprüft, ob die Kritik berechtigt oder vernünftig war oder ob die Person vielleicht selbst Probleme hatte, die dazu geführt haben, andere so hart zu kritisieren. Wenn man intensiv daran arbeitet, ein bestimmtes Ziel oder Ergebnis zu erreichen, und wenn man nicht da ist, wo man gerne wäre, kann es sein, dass man meint, man ließe sich hängen, und wirft sich das dann vor. Und man meint dann auch leicht, dass andere einen genau so kritisch sehen und ablehnen. Dann stimulieren wir unser Bedrohungssystem und beeinflussen unser Gehirn. Und je häufiger man sich dieser entwertenden Kritik überlässt, umso mehr und umso leichter wird dieses System im Gehirn stimuliert.

Mir fällt eine schüchterne Klientin ein, Anne, die in der IT-Abteilung eines großen Unternehmens arbeitete und sich bedroht fühlte, weil sie wusste, dass Stellen gekürzt werden sollten. Eine Menge Jobs würden wegfallen, deshalb war es nur natürlich, dass sie nervös war. Anne beobachtete ihre Kollegen wie ein Falke, denn sie dachte, jedes Zeichen von Ablehnung würde bedeuten, dass alle meinten, sie wäre diejenige aus ihrem Team, die gehen müsste. Es gab besonders eine Person an ihrer Arbeitsstelle, ein ziemlich dominanter und kritischer Mensch, der spitze Bemerkungen in ihre Richtung machte, und das machte es noch schlimmer. Sie dachte an ihre Fähigkeiten im Programmieren und blieb bei der Tatsache hängen, dass sie nicht absolut überragend waren. Es fiel ihr schwer, dem Drang zu widerstehen, immer wieder alle möglichen Stellen zu überprüfen, an denen man sie möglicherweise mangelhaft finden konnte. Wenn sie daran dachte, wie ihr Kritiker vor Kurzem ein Mitglied ihres Teams zur Schnecke gemacht hatte, kam er ihr nur noch mächtiger und bedrohlicher vor.

Als Anne in der Schüchternheits-Gruppe über diese Ängste sprach, konnten die anderen Gruppenmitglieder ihre Angst verstehen und sie nachfühlen. Sie erinnerten sie daran, dass sie seit fast dreißig Jahren in diesem Unternehmen arbeitete, und meinten, die Gewissenhaftigkeit, die sie an ihr wahrnehmen, müsste auch an ihrer Arbeitsstelle sichtbar sein.

Aber weil Annes Bedrohungssystem stark aktiviert war – obwohl sie genau hinhörte, wenn andere etwas sagten –, drängten ihre Sorgen immer wieder in den Vordergrund. Die Gruppe hörte ihr genau zu und bekräftige dann noch einmal, welche Stärken und Fähigkeiten sie in ihr sahen. Sie meinten auch, der Kollege, der die spitzen Bemerkungen gemacht hatte, hörte sich noch gestresster als sie an, und fragten sich, ob das einer der Gründe sein könnte, weshalb er so gereizt mit Menschen umging. Sie schlugen ihr auch vor, sich an ihre Personalabteilung zu wenden und sich zu erkundigen, welche finanziellen Konsequenzen es für sie hätte, wenn ihr gekündigt würde. Das könnte ihre Ängste vielleicht ein bisschen beruhigen. Sie sagte dann, sie hätte einige Ersparnisse, und wenn sie ihren Job verlieren würde, hätte sie vor, sich zur Bibliothekarin umschulen zu lassen. Sie läse gern und arbeitete schon ehrenamtlich in einer Bücherei an ihrem Wohnort. So wurde sie ruhiger, als die Gruppe sie unterstützte, und konnte sich Alternativen zuwenden.

Mitgefühl kultivieren

Wenn wir uns den Fall von Anne und das hypothetische Beispiel mit dem freundlichen Lehrer vor Augen halten, dann sehen wir, wie wir unser Beruhigungssystem stimulieren könnten. Wenn wir freundlich zu uns selbst sein und uns unterstützen und unseren Stärken und Erfolgen zuwenden können, wenn wir in Schwierigkeiten sind, und ruhig weiter unsere Übungen machen, wenn wir sie brauchen, dann können wir die Teile unseres Gehirns stimulieren, die auf Freundlichkeit reagieren und uns beruhigen. Im weiteren Verlauf dieses Buches werden Sie lernen, wie man mitfühlendes Denken, Verhalten und Bilder und Emotionen bewusst einsetzen kann, um sich zu beruhigen und die Systeme des Gehirns ins Gleichgewicht zu bringen, die die Emotionen regulieren.

Manchmal kommt es vor, dass Menschen, die sich selbst sehr hart kritisieren und bewerten, allein die Vorstellung, Mitgefühl mit sich zu haben, bedrohlich finden. Manche von ihnen sehen es als Schwäche oder unpassende Nachgiebigkeit an, wenn man freundlich mit sich ist oder sich auch nur Freundlichkeit wünscht. Ich selbst hatte manchmal solche Gedanken, besonders dann, wenn ich das Gefühl hatte, nicht so viel zu schaffen, wie ich von mir erwartet hatte. Wenn man so empfindet, muss man anfangen, sein Denken zu revidieren und Widerstand und Angst durchzuarbeiten.

Es gibt eine wachsende Menge an Belegen dafür, dass Mitgefühl und Freundlichkeit gegenüber sich selbst die Fähigkeit, schwierige Situationen unter Stress zu bewältigen, und Wohlbefinden im Allgemeinen verbessert. Kirstin Neff, eine der Forscherinnen, die sich schon seit Langem mit Selbstmitgefühl befasst haben, hat eine interessante Website (www.self-compassion.org). Da gibt es einen Fragebogen, mit dessen Hilfe man ermitteln kann, wie mitfühlend man mit sich umgeht. Daneben macht sie Vorschläge, wie man Selbstmitgefühl vertiefen kann. Im Jahr 2007 hat Paul Gilbert die Compassionate Mind Foundation in Derby gegründet, die die Erforschung von Mitgefühl unterstützt und fördert. Informationen über die Website der Foundation und ihre Arbeit findet man im Kapitel „Organisationen und Websites" am Ende dieses Buches.

Selbstmitgefühl ist nicht dasselbe wie Selbstwertgefühl. Selbstwertgefühl ist Beachtung und Wertschätzung für sich selbst als Person, die von Leistung und Auftreten oft gesteigert wird. Selbstmitgefühl ist ein tiefes Bewusstsein des eigenen Leidens, das von demselben Wunsch begleitet ist, es zu erleichtern, den man empfinden würde, wenn es um das Leiden eines anderen ginge. In der Shyness Clinic unterscheiden wir zwischen Selbstwertgefühl und Selbstannahme und helfen Klienten, ihre Aufmerksamkeit auf Selbstannahme zu richten. Selbstwertgefühl tendiert nämlich dazu, mit jedem Erfolg und Misserfolg zu schwanken. Interessant an Selbstwertgefühl ist übrigens, dass es *keine Beziehung* zwischen diesem Gefühl und wirklicher Kompetenz gibt. Viele Menschen, die ein sehr starkes Selbstwertgefühl haben, sind nicht wirklich besonders kompetent, sondern erkennen an, was sie tatsächlich leisten. Und wir alle kennen Menschen, die sehr viel Selbstvertrauen und ein ausgeprägtes Selbstwertgefühl haben, ohne dass man an sichtbarem Erfolg oder Leistung gemessen einleuchtende Gründe dafür erkennen könnte. Auf der anderen Seite habe ich viele sehr fähige Menschen in der Shyness Clinic gesehen, die trotzdem wenig Selbstwertgefühl haben.

Das lag zum Teil an ihren sehr hohen Erwartungen an sich selbst. Zugleich neigten sie dazu, sich zu unterschätzen. In der Klinik fokussieren wir daher auf Selbstannahme, das ist die Fähigkeit, sich selbst anzunehmen, unabhängig davon, was man sozial oder in anderer Hinsicht leistet, so wie ein guter loyaler Freund das tun würde. Denn natürlich ist niemand immer gut.

Selbstmitgefühl geht weiter als Selbstannahme und gründet in unserem gemeinsamen Menschsein und auf der Tatsache, dass wir alle unser Leben bewältigen müssen. Wenn jemand in die Klinik kommt, weiß er oft nicht, dass er unter den gleichen Sorgen und der gleichen Neigung zu Selbstentwertung leidet wie alle anderen. Ihm kommt einfach nicht in den Sinn, dass andere Menschen dieselben Gedanken und Gefühle haben. Wir wissen aber, dass das so ist. Als Erstes sprechen wir Therapeuten deshalb über ein paar unserer eigenen Sorgen und negativen Gedanken, damit Klienten sehen können, dass wir in der Hinsicht alle ähnlich sind.

Unser Gehirn ist so gemacht, dass es auf Freundlichkeit reagiert. Es ist nicht so, dass man sich übermäßig verwöhnt, wenn man freundlich zu sich selbst ist. Wenn man sein Gehirn mit Freundlichkeit ausbildet, kann man das mit sozialem oder körperlichem Fitnesstraining vergleichen, oder es ist so, als nähme man Vitamine ein. Es bedeutet nur, dass man seinem Gehirn die Übung und Nahrung verschafft, die ihm helfen, auf bestmögliche Weise zu funktionieren.

Eine der Möglichkeiten, wie man freundlich zu sich sein kann, besteht darin, sich nicht von dem Leiden in der Welt überwältigen zu lassen. Das bedeutet nicht, dass man ihm gleichgültig gegenüberstehen muss. Man empfindet vielleicht tiefen Kummer, und der Kummer kann einem helfen, Mitgefühl für andere wie für sich selbst zu kultivieren. Er kann einen motivieren, zu helfen und beizutragen, was und wie man kann. Wenn man aber zu weit in sein persönliches Leid gerät, hilft das niemandem, am wenigsten einem selbst. Wenn man sich auf das Gute konzentriert, geht es einem besser und gibt einem auch die Energie, in der Welt Gutes zu tun, für andere und für uns selbst.

Lesen Sie diesen Satz laut und für sich: „Es gibt überall Menschen, die daran arbeiten, die Welt zu einem besseren Ort zu machen und Vertrauen unter allen Menschen aufzubauen." Lassen Sie Ihr Gesicht zu einem leichten

Lächeln entspannen und bleiben Sie ein paar Momente bei dem Satz. Nehmen Sie wahr, was mit Ihrer Stimmung geschieht und wie es Ihnen jetzt geht.

Konzentrieren Sie sich jetzt ein paar Momente auf diesen Satz: „Millionen Menschen auf der Welt fügen anderen grausame und schreckliche Dinge zu." Nehmen Sie wahr, was mit Ihrer Stimmung geschieht, und wie Sie sich jetzt fühlen.

Es gibt so viele schlimme Nachrichten in der Welt, dass man allzu leicht von ihnen bedrückt werden kann, ohne dass jemand etwas davon hätte. Glücklicherweise gibt es jetzt ein Online-Magazin, das sich nur mit den guten Dingen befasst, die Menschen in der ganzen Welt tun. Die Autoren informieren die Leser über die guten Dinge, die sie in ihrer Umgebung wahrnehmen, und erzählen von den guten Dingen, die sie selbst tun. Man kann die Beiträge abonnieren, damit man sie regelmäßig bekommt, und man kann natürlich auch selbst welche einschicken, wenn man möchte. Es gibt auch eine Website, die über die Evolution menschlicher Güte berichtet, und wie sie sich in unserem Leben auswirkt.

Gehen wir einen Moment dahin zurück, wo wir dieses Kapitel begannen, und erinnern wir uns daran, dass soziale Angst eine Emotion ist, die in der Evolution einen natürlichen Platz hat. Sie hat nichts damit zu tun, dass man etwas falsch machen würde, und sie ist nichts, wofür man sich kritisieren müsste. Sie ist nur Teil des Bauplans unseres im Laufe der Evolution entstandenen Gehirns. Wir müssen einfach nur unser Gehirn ausbilden und üben, damit es auf eine Weise funktionieren kann, die uns unterstützt und mit Mitgefühl mit uns verbunden ist, wenn wir Angst haben oder den Mut verlieren. Wenn wir das können, bewältigen wir unser Leben besser und sind glücklicher. Wir akzeptieren Schüchternheit, wenn sie zu einem Problem wird, und wir lassen nicht zu, dass sie uns auf dem Weg zu unseren Zielen und unseren Beziehungen stört.

Wir werden in diesem Buch viel darüber sprechen, wie wir mit unserer Schüchternheit arbeiten können, wenn wir ihr begegnen und sie uns in die Quere kommt, und dabei werden wir auch viel mitfühlender mit uns werden. Wir können Verantwortung dafür übernehmen, dass wir unsere Ziele verwirklichen, und zugleich unsere Gefühle annehmen, und wir können das tun, ohne uns Vorwürfe zu machen.

Hauptpunkte

- Wir haben es in diesem Leben alle mit einem Gehirn zu tun, das wir nicht so geplant und gemacht haben.

- Ein Teil dieses Gehirns, das wir mit anderen Säugetieren gemeinsam haben, folgt Mustern der Motivation und Emotion, die vor Millionen von Jahren entwickelt wurden, um uns dadurch zu schützen, dass sie automatisch reagieren und uns zu schnellem Handeln veranlassen.

- Ein in jüngerer Zeit entwickelter Teil des Gehirns ist zu komplexem Denken fähig. Dazu gehören Reflexion, Grübeln und Phantasieren. Dies ermöglicht uns, ein Selbstgefühl zu entwickeln, und uns zugleich dafür zu interessieren und uns darüber Sorgen zu machen, wie wir für andere existieren.

- Unser Gehirn hat drei Systeme zur Regulierung von Emotionen: ein System, das Gefahren entdeckt, aufspürt und auf sie reagiert: das Bedrohungssystem; ein System, das Gefühle der Motivation und Begehren reguliert: das Antriebssystem; und ein System, das dafür sorgt, dass man zufrieden ist und sich sicher und glücklich fühlen kann, besonders in Beziehungen, in denen man sich umsorgt und unterstützt fühlt: das Beruhigungssystem.

- Ausgeglichenheit und Balance zwischen diesen Systemen ist nicht stabil festgelegt. Wenn man sich selbstentwertend kritisiert, aktiviert man damit tendenziell das Bedrohungssystem. Wenn man die Kunst der Freundlichkeit mit sich selbst, der Selbstfürsorge, lernt, hilft man damit, Ausgeglichenheit wiederherzustellen und das Beruhigungssystem anzuregen.

3

Mitfühlendes Denken entwickeln

Bisher haben wir das Wesen von Schüchternheit erforscht, und inwiefern sie sowohl eine Hilfe als auch Behinderung und Belastung sein kann. Wir haben auch einen ersten Blick auf etwas geworfen, was uns enorm dabei helfen kann, mit Schüchternheit umzugehen – das ist Mitgefühl. In diesem Kapitel werden wir betrachten, was wir mit Mitgefühl meinen. In den folgenden Kapiteln untersuchen wir dann, wie man Mitgefühl bei sehr unangenehmer Schüchternheit und sozialer Angst nutzen kann, um ein mitfühlendes Denken aufzubauen.

Es ist wichtig, gleich zu Beginn festzustellen, dass der Ansatz der Arbeit mit Schüchternheit, der in diesem Buch beschrieben wird, nicht verlangt, dass man eine bestimmte religiöse Überzeugung vertritt oder eine spirituelle Orientierung hat. Es ist aber bemerkenswert, dass in vielen spirituellen Traditionen schon lange gelehrt wird, dass Mitgefühl bei der Fähigkeit, glückliche Beziehungen mit anderen und Glück in sich zu entwickeln, eine entscheidende Rolle spielt. Vor über 2500 Jahren erkannte der Buddha, dass unser Denken oft chaotisch ist und vielfältigen Begierden und Ängsten ausgeliefert ist, die der Grund von viel Unglück sind. Ein wichtiges Element seiner Lösung für diese Schwierigkeit bestand darin, dass man mitfühlendes

Denken entwickelt. Wenn man Mitgefühl mit sich selbst und mit anderen entwickelt, hat das der modernen Forschung zufolge tatsächlich reale und substantielle Wirkungen darauf, wie unser Gehirn funktioniert, und damit auf unsere Emotionen und die Qualität unserer Beziehungen.

Was ist Mitgefühl?

Ganz einfach gesagt ist Mitgefühl eine Offenheit für das eigene Leiden und das Leiden anderer in Verbindung mit einer inneren Verpflichtung und Motivation, zu versuchen, dieses Leiden zu lindern. Von Anfang an sind also zwei entscheidende Qualitäten daran beteiligt: *Offenheit und Sensibilität* und *Motivation* (Leiden zu lindern). In der buddhistischen Tradition gibt es auch eine Betonung auf *Geschicklichkeit:* die Notwendigkeit, zu verstehen, worin das Wesen des Leidens besteht und wie man handelt, es zu erleichtern.

Der Ansatz mit Mitgefühl, dem in diesem Buch gefolgt wird und auf dem die Compassion Focused Therapy beruht, geht auf buddhistisches Denken zurück und gibt diesen drei Aspekten von Mitgefühl einen zentralen Platz. Dieser Ansatz gründet aber auch in neuen wissenschaftlichen Auffassungen von unserer Psyche – wie sie funktioniert und wie sie von verschiedenen Prozessen beeinflusst wird vor dem Hintergrund der Evolution unseres menschlichen Gehirns.

Von Angst bestimmtes Denken in Aktion

Unser Gehirn ist so verschaltet, dass es in verschiedenen Zuständen sein und verschiedene Muster annehmen oder entwickeln kann. Wenn das Gehirn oder Bewusstsein in einem bestimmten Zustand ist, sind unsere Aufmerksamkeit, unser Denken, unser Verhalten und unsere Emotionen – neben unserer Motivation und unserer Phantasie – alle davon betroffen. Sie wären alle anders, wenn Gehirn und Bewusstsein sich in einem anderen Zustand befänden.

Schauen Sie sich Abbildung 3.1 an, die zwei Arten von Gehirnmustern, das heißt zwei Arten von Bewusstsein, einander gegenüberstellt. Man kann sie als das *bedrohte und ängstliche Bewusstsein* – oder in unserem Zusammenhang das *sozial ängstliche Bewusstsein* – und das *mitfühlende Bewusstsein* bezeichnen.

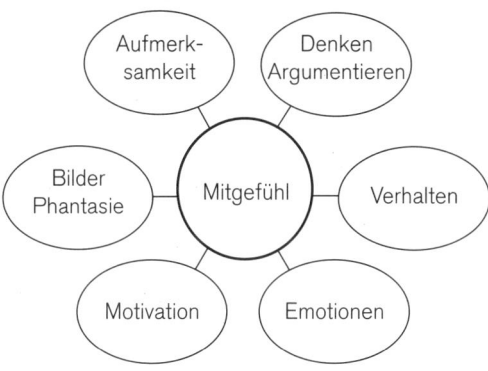

Abb. 3.1: „Denken bei Gefahr" und „mitfühlendes Denken"

Stellen Sie sich vor, dass Sie sehr schüchtern oder sozial ängstlich sind. Vielleicht machen Sie sich für eine Party zurecht, auf der Sie Leuten begegnen werden, die Sie kennenlernen möchten, oder vielleicht gehen Sie zu einem Vorstellungsgespräch. Solche Ereignisse aktivieren wahrscheinlich das Bedrohungssystem, denn es ist, wie Sie sich erinnern, dazu da, Gefahren zu entdecken und schnell darauf zu reagieren, zum Beispiel durch Vermeiden. Also schon bevor die Party oder das Gespräch stattfindet, sind wir innerlich mit Bewältigung von Gefahr beschäftigt – und es kann gut sein, dass ein Angstmuster eingeschaltet wird. Schauen wir also an, wie dieses Muster Gestalt annimmt, indem wir dem Kreis, der die Schritte dieses Vorganges veranschaulicht, folgen.

Worauf achten wir, wo ist unsere Aufmerksamkeit, wenn Angstmuster aktiviert werden? Es kann gut sein, dass wir sehr damit beschäftigt sind, wie die anderen Menschen wohl sein werden. Wenn wir zum Beispiel zu einem Vorstellungsgespräch gehen, könnten wir uns fragen: „Wie werden sich meine Gesprächspartner mir gegenüber verhalten? Werden sie nett und freundlich oder kalt und distanziert oder ernst und streng sein? Werden sie versuchen, meine Schwächen oder Schwierigkeiten herauszufinden, oder werden sie zuhören und mir Mut machen, wenn ich über meine Stärken spreche?" Uns könnten sich Bilder oder Gedanken an frühere Gelegenheiten aufdrängen, als wir nicht so erfolgreich waren.

Wie *denken und argumentieren* wir? Denken wir daran, wie gut wir sein werden, wie gut und beeindruckend unser Vortrag sein könnte? Klar, vor dem Auftritt, wenn man viel Angst hat, wahrscheinlich nicht. Wahrscheinlicher ist, dass wir fürchten, wir stellen uns vielleicht nicht gut dar oder machen keinen guten Eindruck und zeigen uns nicht von unserer besten Seite. Dann geht uns durch den Kopf, dass man vielleicht sehen könnte, dass wir Angst haben, und man deshalb einen Eindruck von Schwäche von uns bekommt. Unweigerlich würde jemand anders besser sein, und der bekäme den Job. Unser Denken, Kalkulieren und Grübeln dreht sich um die möglichen *Gefahren,* die die Situation in sich birgt.

Und was macht unser Körper? Zu welchem *Verhalten* drängt uns unser Bedrohungssystem? Vielleicht gehen Sie zu diesem Gespräch, weil es ein guter Job ist, genau richtig für Sie, und der auch besser bezahlt wird.

Ein anderer Teil von Ihnen möchte sich der Situation eher nicht stellen und würde sie gern vermeiden. Wenn Sie unter sehr starker Schüchternheit und Angst leiden, hätten Sie sich vielleicht gar nicht um den Job beworben oder würden sich jetzt fragen, warum um Himmels willen sie das getan haben! Wenn die ängstliche Seite jetzt mit den entsprechenden Gedanken aktiviert wird, kann einen das mit starken Impulsen erfüllen, wegzulaufen und zu vermeiden, was Angst macht.

Die *Emotionen,* die mit von Angst beeinflussten Gedanken verbunden sind, können einfach oder komplex sein. Wenn man nur soziale Angst empfindet, ist das relativ klar und einfach, wenn auch unangenehm. Aber manchmal hat man gemischte Gefühle; man möchte auf andere zugehen und zugleich hat man Angst davor. Dann ziehen einen positive Wünsche, anderen Menschen zu begegnen und sie kennenzulernen, in die eine Richtung, und der Wunsch nach Schutz in die entgegengesetzte und weg von Gelegenheiten, bei denen man Menschen begegnet. Es ist sogar oft so, dass man umso mehr Angst bekommt, je intensiver man jemanden treffen oder mit jemandem zusammen sein möchte. Vielleicht erinnern Sie sich an Momente, wenn Sie Angst vor etwas bekommen hatten, was Sie gern getan hätten, und dann ärgerlich auf sich wurden, weil Sie Angst bekommen haben. Oder Sie nahmen sich übel oder waren enttäuscht von sich, dass Sie in einer sozialen Situation schüchtern oder scheu waren. Man kann sich über diese Angst oder Schüchternheit ärgern, weil man das Gefühl hat, dass sie einen zurückhält oder dass man anders als andere Menschen ist. Man kann sich leicht vorstellen, wie der Ärger über sich selbst dem Bedrohungssystem einen zusätzlichen Impuls und Schub gibt. Dann hat man es mit zwei Emotionen zu tun, die mit Gefahr oder Bedrohung zu tun haben – nicht nur mit Angst, sondern auch mit Ärger oder Wut! Das ist bestimmt nicht angenehm, und man ist sicher nicht ruhig oder beruhigt.

Dasselbe gilt für unsere *Motive* – die wesentlichen Begierden, Bedürfnisse und Wünsche, die uns bewegen. Auch hier kann es passieren, dass man von zwei Arten von Motiven in zwei verschiedene Richtungen gedrängt wird. Das eine sind die Impulse, die in unmittelbaren Gefühlen wurzeln und sich auf die Situation beziehen, mit der man in diesem Moment konfrontiert ist. Das andere ist das Motiv, langfristige Ziele zu erreichen und etwas für eine bessere Zukunft zu tun. Das unmittelbare Motiv unter dem Druck der Angst kann also sein, wegzulaufen und das Gespräch ganz zu vermeiden. Man ist motiviert, Angst zu reduzieren und jede mögliche Gefahr so schnell wie möglich zu beseitigen. Aber es kann gut sein, dass man es später bereut, weil man eine Gelegenheit verpasst hat. Und dann überlässt man sich vielleicht wieder seinen Selbstvorwürfen und strenger Selbstkritik.

Der letzte Kreis der Darstellung des Musters eines Denkens, das von Gefahr und Angst beeinflusst ist, ist beileibe nicht der am wenigsten wichtige. Er enthält die Worte *Bilder und Phantasie* – damit sind Bilder gemeint, die man selbst erzeugt. Wenn man in der Gesellschaft von Menschen Angst hat, macht man vielleicht die Erfahrung, dass Bilder früherer angstbesetzter Erinnerungen oder zukünftiger bedrohlicher Möglichkeiten durch den Kopf schießen. Es könnte zum Beispiel ein Bild auftauchen, wie wir auf einem Stuhl vor dem Gremium sitzen, das die Fragen stellt, und uns ein bisschen sprachlos fühlen und ungeschickt dasitzen. Die Fragesteller schauen uns mit kalten und ausdruckslosen Gesichtern an. Wenn man unter sozialer Angst leidet, neigt man dazu, sich vorzustellen, dass andere einen negativ sehen. Oft sind diese negativen Vorstellungen sehr detailliert. Man könnte sich zum Beispiel vorstellen, dass der Sprecher des Gremiums sagt: „Danke, dass Sie gekommen sind, aber ich glaube nicht, dass Sie die Person sind, die wir für diese Position brauchen." Allein wenn man sich das vorstellt, verliert man allen Mut und kommt von diesen Worten nicht mehr los und kreist um sie. Je mehr einem solche Bilder durch den Kopf gehen, umso mehr reagiert unser Bedrohungssystem auf sie.

Ein Denken, das unter dem Eindruck von Gefahr und Angst steht, berührt daher all diese verschiedenen Aspekte unseres Seins und erzeugt ein Muster. Bedenken Sie auch, dass die verschiedenen Elemente, die an diesem Muster beteiligt sind, einander verstärken. Zum Beispiel beeinflussen die Bilder, die man in sich hervorruft, worauf man die Aufmerksamkeit richtet, was man denkt, wie man empfindet und wie man sich verhält – denken Sie an das Beispiel aus dem vorigen Kapitel, wie der Körper reagiert, wenn man sich etwas sexuell Erregendes vorstellt. Genauso beeinflusst die Weise, wie man über die Situation, vor der man Angst hat, grübelt und phantasiert, die Aufmerksamkeit, die Gefühle, die Motivation und das Verhalten. Dies ist der Grund, weshalb man diesen inneren Zustand ein ängstliches *Denken* nennen kann. Es besteht nämlich darin, dass viele Aspekte des Denkens mit dem einzigen Ziel zusammenwirken, zu versuchen, das zu bewältigen, was man als Bedrohung wahrnimmt oder erlebt. Die Tatsache, dass diese Elemente einander verstärken und einen weiter auf dem Weg zu immer mehr sozialer Angst vorantreiben können, ist wichtig: Das Denken kann Angstgefühle antreiben und steigern, und Angstgefühle können ihrerseits Gedanken entstehen lassen, die intensiver um Angst kreisen.

Und machen Sie sich bitte klar: *Nichts davon ist Ihr Fehler.* Wir haben es dank der Evolution mit einem sehr komplizierten Gehirn zu tun. Zusätzlich haben sie vielleicht aufgrund der Dinge, die in Ihrem frühen Leben passiert sind, oder der Weise, wie man Sie behandelt hat, einen Hang zu sozialer Angst und problematischer Schüchternheit. Vielleicht hatten Sie Lehrer oder Eltern, die entwertend oder zu streng waren oder versucht haben, Sie zu einem extrovertierten Menschen zu machen. Vielleicht wurden Sie in der Schule oder später bei der Arbeit gemobbt oder Sie hatten viele Rückschläge zu verarbeiten. Alle diese Erfahrungen haben Sie vielleicht für wirkliche oder vorgestellte entwertende Kritik besonders empfindlich gemacht. Das Gute ist aber, dass es möglich ist, anzufangen, mehr Kontrolle zu bekommen und das Denken in die Richtung zu lenken, die man möchte, statt das System für Gefahr bestimmen zu lassen – und bei alldem gilt, dass Sensibilität und Angst nicht Ihr Fehler sind.

Kontrolle übernehmen: Verständnis und Mitgefühl

Wie fangen wir dann an, Kontrolle zu übernehmen? Den ersten Schritt haben wir damit gemacht, dass wir uns bewusster geworden sind, wie unser Bewusstsein im Zustand der Bedrohung und Angst in uns funktioniert. Von da aus können wir weitergehen und diesen Zustand erkennen – ihn „achtsam" wahrnehmen –, wenn er in uns entsteht, und ihn als Teil des Bedrohungssystems verstehen. Wir können lernen, Schritte zu unternehmen, um eine andere Art Denken zu aktivieren, das der sozialen Angst entgegenwirken kann, die von ängstlichem Denken hervorgerufen und genährt wird.

Sie haben wahrscheinlich schon erraten, was ich sagen will. Diese andere Art Denken, das uns wirklich helfen kann, mit dem sozial ängstlichen und schmerzhaft schüchternen Denken umzugehen, ist *mitfühlendes Denken*. In gewisser Weise hat man das nun schon vor sehr langer Zeit verstanden. Wie erwähnt kann man diese Ideen über 2500 Jahre zurückverfolgen. Der Buddha verstand, dass *Kultivieren von Mitgefühl* eine beruhigende Wirkung auf den Geist hat und Qualitäten des Selbst stärkt, mit denen man aktiv beruhigen kann. Viel später erkannte auch im Westen eine Gruppe von Therapeuten – die Behavioristen (denen es um die Veränderung unseres Verhaltens geht, wozu auch das Denken gehört) –, dass man eine Emotion hervorrufen kann, um eine andere zu zerstreuen. Sie meinten, wenn man lernt, sich zu entspannen, nimmt die Angst ab, weil der Zustand der Entspannung nicht gleichzeitig mit dem Zustand intensiver Angst existieren kann. Das führte zu Methoden der Behandlung von Angst, zu denen gehört, auf die Atmung zu achten und bewusst alles zu verlangsamen, wenn man sich eine soziale Situation vorstellt, die Stress hervorruft. Deshalb wendete man in der Frühzeit der Arbeit mit Angst Entspannungstechniken an, um zu lernen, mit Angst umzugehen.

Heute liegt die Betonung viel mehr darauf, zu lernen, Angst anzunehmen und zu tolerieren, und auf der Einsicht, dass sie zwar unangenehm ist, aber dass man vor ihr keine Angst haben muss. Aber manchmal ist es immer noch nützlich, die Erfahrung zu machen, wie die Weise, wie man atmet oder den Körper anspannt – vielleicht ohne sich dessen bewusst zu sein –, die Angst unnötig steigern kann. Das Entscheidende ist, dass man lernt, innere Zustände (besonders Mitgefühl) hervorzurufen, die verhindern können, dass unnützes, ängstliches Denken Gefühle, Verhalten und Handeln beherrscht. Der Lernprozess, wie man mit Angst umgehen kann, vollzieht sich also auf zwei Wegen. Zum einen lernt man, Angst zu verstehen – was zu der Angst beiträgt, was man gegen ihre Verstärkung tun kann – und sie zu ertragen. Zum anderen lernt man, dass Tolerieren und Akzeptieren von Angst leichter wird, wenn man Selbstmitgefühl entwickelt, statt sich vorzuwerfen oder sich über sich zu ärgern, weil man Angst hat.

Mitfühlendes Denken in Aktion

Was meinen Sie, was passieren würde, wenn Sie lernen könnten, Ihr Denken mit Mitgefühl neu zu orientieren, wenn Sie sich sehr schüchtern fühlen und große Angst haben? Könnte Ihnen das helfen? Könnten Sie Ihr Denken darin üben, besser mit problematischer und chronischer Schüchternheit umzugehen? Und wenn Sie Ihren Fokus so verändern könnten – wie könnte das am besten gehen? Worauf sollten Sie Ihre Aufmerksamkeit richten? Dieser Abschnitt soll Ihnen helfen, Antworten auf diese Fragen zu finden.

Als Erstes möchten Sie aber vielleicht innehalten und darüber nachdenken, was mitfühlendes Denken für Sie bedeuten würde. Gehen Sie zu Abbildung 3.1 zurück und schauen Sie sich die andere Hälfte, den „Mitgefühlskreis", an. Denken Sie der Reihe nach über jedes einzelne Element nach. So bekommen Sie ein Bild davon, wie Ihr Denken wäre, wenn Sie es auf Mitgefühl richten würden.

Worauf würde mitfühlendes Denken *achten*? Sie könnten sich Momente in Erinnerung rufen, als Sie Erfolg hatten, als Sie sich mit Menschen gut verstanden. Sie könnten sich an eine Situation erinnern, als bestimmte Leute freundlich zu ihnen waren.

Bei mitfühlendem *Argumentieren* geht es darum, zu verstehen, dass chronische Schüchternheit und soziale Angst sehr verbreitete Probleme sind. Man erkennt an, dass wir alle mehr oder weniger unter sozialer Angst leiden, weil wir ein Gehirn haben, das so angelegt ist, wie es ist. Die Evolution hat uns ein Gehirn hinterlassen, mit dem wirklich nicht leicht umzugehen ist. Das ist eine wichtige Einsicht, die schon Mitgefühl ausdrückt. Man könnte sich auch daran erinnern, dass zu viel Schüchternheit zwar von Nachteil sein kann, dass Schüchternheit aber auch viele positive Seiten hat.

Mitfühlendes *Verhalten* kann oft darin bestehen, dass man Mut entwickelt und lernt, sich auf Dinge einzulassen, auch wenn man davor Angst hat. Mit Mitgefühl kann man sich Mut machen, Dinge zu tun, die man tun möchte, aber vor denen man Angst hat, und mehr über problematische Schüchternheit, soziale Angst, und wie man damit umgeht, zu erfahren. Zum Beispiel könnte man bei einem Vorstellungsgespräch wie dem, das wir oben als Beispiel näher betrachtet haben, Fähigkeiten lernen und üben, die man bei so einem Gespräch braucht. Man könnte dafür sorgen, dass man bei der nächsten Gelegenheit so gut wie möglich vorbereitet ist. Oder man kann sich darauf konzentrieren, Fähigkeiten und Geschicklichkeit bei sozialen Anlässen oder im Reden vor Publikum zu entwickeln. Entscheidend ist, dass man diese Dinge nicht macht, um mehr von sich zu verlangen, sondern um sich zu nähren. Man könnte lernen, dass es am besten ist, langsam zu üben, sich Schritt für Schritt vom Ausprobieren neuer Fertigkeiten in einfacheren Situationen allmählich zu den schwierigsten Situationen vorzuarbeiten, in die man sich hineinversetzen kann. Zum Beispiel könnte man anerkennen, dass man Qualitäten wie Selbstbewusstsein am besten erwirbt, bevor man sie braucht. Schließlich lernt man Schwimmen nicht erst bei Sturm auf offener See. Viel besser ist es, am flachen Ende eines warmen Swimmingpools Selbstvertrauen zu entwickeln. Das ist leicht nachzuvollziehen, aber wenn man sehr schüchtern ist, möchte man manchmal nicht im Voraus an schwierige Situationen denken. Daher bereitet man sich nicht auf sie vor, indem man nützliche Fähigkeiten ausprobiert und probt.

Mitfühlende *Emotionen* haben mit Gefühlen von Wärme, Hilfsbereitschaft, Freundlichkeit und Verbundenheit zu tun. Wenn Sie versuchen, sich mit Gedanken Mut zu machen, können Sie sie dann in sich hören und Freundlichkeit und Wärme darin empfinden? Wenn Sie zu einem Vorstellungsgespräch gehen und im Stillen meinen: „Ich habe das schon früher gemacht, und wenn ich diesmal keinen Erfolg habe, bin ich enttäuscht, aber ich kann damit umgehen", hören Sie das dann in einem wirklich freundlichen und besorgten Ton oder im Ton einer Ermahnung: „Reiß dich zusammen und hör auf, so dumm zu sein und dich aufzuregen"? Die Emotionen, die wir hervorrufen, können beeinflussen, wie nützlich unsere Gedanken sind, wenn wir sie in uns hören. Es ist also wohl wert, zu versuchen, mitfühlende Töne und Gefühle in sich zu erzeugen, wenn man sich unterstützen will. Mit den Übungen in diesem Buch haben wir viel Gelegenheit, das zu üben.

Mitfühlende *Motive* sind solche Motive, die dazu beitragen, uns dem übergeordneten Ziel der Erleichterung von Leiden näher zu bringen. Jetzt könnte man meinen, die beste Weise, Leiden zu lindern, wenn man Angst hat, bestünde einfach darin, alles zu vermeiden, was Angst macht – denn dann gäbe es keine Angst mehr! Das Problem ist, dass man genau damit eine andere Quelle von Leiden öffnet: das Bedauern und die Frustration darüber, dass man nicht erreichen oder tun konnte, was man wollte. Erinnern Sie sich an den Abschnitt in Kapitel 2, wo wir besprochen haben, was Sie wirklich wollen? Wenn man Mitgefühl hat, kann man sich den Raum nehmen, aufrichtig zu sein und darüber nachzudenken, welche Werte man eigentlich hat, was für ein Mensch man sein möchte und wie man das verwirklichen könnte. Später werden wir in diesem Buch ein paar Übungen durcharbeiten, die Ihnen dabei helfen können. Im Moment aber genügt es, wenn man erkennt, dass es bei mitfühlenden Motiven darum geht, das Verlangen zu nutzen, unser Leiden zu verringern, sowohl in Form sozialer Angst als auch die Folgen sozialer Angst, wie das Vermeiden von Dingen, die man eigentlich machen möchte.

Bilder, die Mitgefühl verkörpern, können Verständnis und Freundlichkeit sich selbst gegenüber unterstützen und Mut machen. Wenn man ängstlich ist, kommt es sehr leicht dazu, dass man furchterregende Bilder erzeugt, mit denen man sich entwertet. Aber man kann bewusste Anstrengungen unternehmen und üben, andere Bilder zu erzeugen, und damit andere Systeme im Gehirn stimulieren – besonders das Beruhigungssystem, das wir in Kapitel 2 besprochen haben.

Um den Fokus auf Mitgefühl halten zu können, braucht es besonders am Anfang ein wenig Anstrengung, weil das Denken, das von der Angst vor Gefahren oder Bedrohungen bestimmt ist, dazu tendiert, um diese Empfindungen von Gefahr und Angst zu kreisen, sie zu erhalten und zu verstärken. Das ist natürlich sein Job, die Evolution hat es so eingerichtet, und es ist nicht unser Feind. Es dient nur unserem Schutz. Aber Mitgefühl bietet eine andere Möglichkeit, wie man sich schützen kann. Wenn man Mitgefühl entwickelt, wird man damit nicht notwendigerweise ängstliches Denken los, aber es kann uns, wie ich glaube, helfen, besser zurechtzukommen und ein besseres Gleichgewicht zwischen den Systemen zur emotionalen Kontrolle zu finden. Wenn das Bedrohungssystem das Sagen hat, ist es so, als säßen wir in einem Kanu ohne Paddel auf einem reißenden Fluss mit Stromschnellen. Mitgefühl kann uns sozusagen zu Paddeln verhelfen. Mit ihrer Hilfe kann man das Kanu lenken, so dass man es mehr unter Kontrolle hat, auch wenn man Angst hat.

Mitfühlendes Denken
in einem weiteren Zusammenhang

Wir sind jetzt so weit, dass wir die Idee des mitfühlenden Denkens ein wenig genauer anschauen können. Wir haben schon die interessante Frage berührt, warum wir mitfühlend sein sollten. Die kurze Antwort lautet, dass der Impuls zu Mitgefühl unseren Fähigkeiten und Motiven entstammt, aneinander Anteil zu nehmen und füreinander zu sorgen. Diese Fähigkeiten und Motive haben sich in uns im Laufe Evolution entwickelt. Wir sorgen für unsere Babys und Kinder, weil dies im Laufe der Jahrtausende unserer Spezies geholfen hat, sich fortzupflanzen und zu gedeihen. Deshalb sorgen wir für unsere Kinder und freuen uns daran, wie sie wachsen und sich entwickeln, und wir sind unglücklich, wenn sie leiden oder Probleme haben. Als Kinder fangen wir an wahrzunehmen, dass wir diese Gefühle auch für Menschen außerhalb unserer Familie haben können, und zwar besonders denen gegenüber, die wir mögen. Die werden dann unsere Freunde. Wir freuen uns, wenn es ihnen gut geht, und leiden, wenn sie leiden oder unglücklich sind.

Das bedeutet nicht, dass wir manchmal nicht auch sehr eigennützig und egoistisch, streng kritisch und grausam sein können. Entscheidend ist aber, dass wir als Spezies hoch motiviert sind, wenigstens für ein paar andere Menschen zu sorgen.

Interessanterweise kommt es dann am wahrscheinlichsten dazu, dass man sich von Anteilnahme und Fürsorge abwendet, wenn das Bedrohungssystem aktiviert ist. Man ist weniger geneigt, Menschen fürsorgliche Gefühle entgegenzubringen, die einem Angst machen oder die man für mächtiger als sich selbst hält und denen man zutraut, dass sie diese Macht missbrauchen, oder die man nicht mag. Gegenüber Menschen, die man so empfindet und wahrnimmt, verhält man sich oft vorsichtig und defensiv und versucht, sich zu schützen. Da verliert man natürlich das Interesse an mitfühlender Fürsorge! Wir bombardieren unsere Feinde, und sie sind uns gleichgültig. Später werden wir sehen, dass dasselbe auch gilt, wenn es um unsere Beziehung zu uns selbst und darum geht, wie wir uns selbst finden. Wenn man sich über sich ärgert und sich kritisch bewertet, ist es mit Selbstfürsorge und der Bereitschaft, sich selbst zu beruhigen, vorbei. Aber das sind gerade die Gefühle, die man braucht, wenn man sein Bedrohungssystem beruhigen will.

Natürlich sind unsere Motive für Anteilnahme und Fürsorge und für ihr Gegenteil, Vernachlässigung und Gleichgültigkeit, für Freundlichkeit und für Grausamkeit komplex. Hier aber brauchen wir nur zu verstehen, dass Mitgefühl tiefe Wurzeln in der menschlichen Psyche hat, und zu lernen, wie man es nutzt und anwendet, um mit problematischer Schüchternheit und sozialer Angst besser umzugehen. Ein nützliches Hilfsmittel ist dabei der „Mitgefühlskreis", den ich jetzt vorstellen werde. Paul Gilbert hat ihn auf der Grundlage der Forschung und der Ideen vieler Menschen und Traditionen entwickelt.

Multimodales Training mitfühlenden Denkens

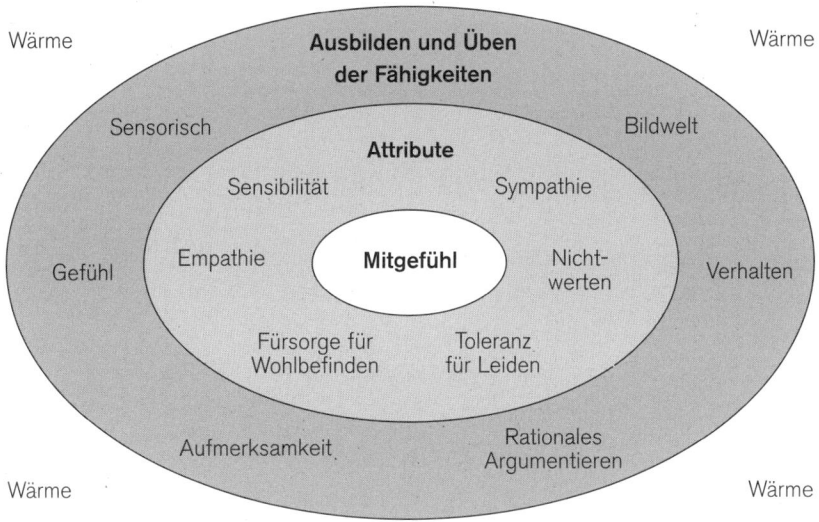

Abbildung 3.2: Der Mitgefühlskreis
Leicht verändert übernommen aus Paul Gilbert, Mitgefühl. Freiburg: Arbor, 2011.

Den ganzen Kreis zeigt Abbildung 3.2. Lassen Sie sich nicht abschrecken, wenn er ein bisschen kompliziert aussieht. Ein paar seiner Hauptelemente kennen wir schon. Der wichtigste neue Punkt ist die Unterscheidung von mitfühlenden *Attributen* und mitfühlenden *Fertigkeiten*. Die Attribute sind das, was Mitgefühl Kraft verleiht und ausmacht. Die Fertigkeiten sind die Form, in der wir diese Attribute nutzen und anwenden, wenn wir handeln. Diese Fertigkeiten (in der äußeren Ellipse der Abbildung) fallen unter die Kategorien, die wir oben besprochen haben, als wir „Mitfühlendes Denken in Aktion" betrachtet haben. Hier geht es mir um die Attribute.

Motivation

Auf der linken Seite der inneren Ellipse sehen wir „Sorge für Wohlbefinden". Diese Formulierung erfasst die *Motive für fürsorgliches Verhalten*: die Entscheidung und die innere Verpflichtung, dass man bei sich und anderen Leiden lindern möchte. Natürlich gibt es Menschen, die sich schwer vorstellen können, gegenüber ihrer unangenehmen Schüchternheit und sozialen Angst eine fürsorgliche und mitfühlende Haltung zu entwickeln. Oder sie haben kein Interesse an diesem Ansatz, auch wenn sie sich anderen gegenüber vielleicht fürsorglich verhalten. Damit werden wir uns befassen müssen. Man könnte damit beginnen, die Vorteile und Nachteile anzuschauen, die damit verbunden sind, wenn man Mitgefühl entwickelt. Man kann sich fragen, ob man etwas zu verlieren hat, wenn man es einmal versucht. Oder ob es so viele Gedanken und Phantasien gibt, die mit Ärger oder anderen unangenehmen Gefühlen verbunden sind, dass man sich einfach nicht vorstellen kann, freundlich mit sich umzugehen. Und vielleicht findet man es auch schwer, anderen gegenüber fürsorglich zu sein, auch wenn uns dieses Problem an der Shyness Clinic eher selten begegnet ist. Denn auch wenn jemandem seine Neigung zu Ärger, Misstrauen und Groll sehr bewusst war, verhielt er sich tendenziell kooperativ und behutsam, um andere nicht zu verletzen.

Auf alle Fälle kennen alle Menschen schwierige Gefühle und Phantasien. Was immer Ihre Schwierigkeiten sind – es bedeutet in keinem Fall, dass Sie weniger *fähig* sind, fürsorglich zu sein. Es kann nur sein, dass Sie sich dieser Fähigkeit bewusst zuwenden und sie üben müssen.

Sensibilität

Wenn wir uns im Uhrzeigersinn um die innere Ellipse des Diagramms bewegen, kommen wir als Nächstes zu *Sensibilität*. Dies bezieht sich auf die Eigenschaft oder Qualität, in Ihrer Aufmerksamkeit offen sein zu können, lernen zu können, aufmerksam zu sein, und wahrnehmen zu können, wenn Sie oder andere leiden. Sie ist für schüchterne Menschen sehr charakteristisch, denn sie neigen dazu, für Anzeichen sehr offen und wach zu sein, dass jemand leidet, es sei denn, sie sind selbst gerade sehr in Not. Aber manchmal – vor allem wenn sie schüchtern und zugleich deprimiert sind – versuchen sie, es nicht wahrzunehmen. Man versucht, schmerzhafte Gefühle zu vermeiden, weil „man da nicht hingehen will". Auch ärgert man sich leicht über sich selbst, wenn man Angst bekommt – „Meine Güte, schon wieder. Warum bin ich so schüchtern? Was ist los mit mir? Warum kann ich nicht wie andere sein?!" Man ärgert sich, statt Verständnis für sich zu haben. Man sagt manchmal unangenehme Dinge zu sich, die man im Traum nicht zu jemand anders sagen würde, den seine Schüchternheit im Griff hat. Eigentlich fehlt es einem in dem Fall an Sensibilität und Verständnis für die eigene Schüchternheit.

Sympathie

Das nächste Attribut ist *Sympathie*. Manche Menschen halten sie für etwas Schlechtes. Man verwöhne oder bedauere oder – noch schlimmer – habe Mitleid mit sich oder anderen. Das ist ein *großes* Missverständnis dessen, was Sympathie ist. Sympathie ist einfach die Fähigkeit, sich emotional berühren zu lassen. Angenommen man sieht ein dreijähriges Kind fröhlich mit seiner Mutter die Straße entlang zockeln. Sie lächeln, weil Sie von seiner Fröhlichkeit berührt sind. Aber dann stolpert es, schlägt hart mit dem

Kopf auf und tut sich richtig weh. Sein Lachen verwandelt sich in Tränen intensiven Schmerzes. Sofort empfindet man einen Stich von Traurigkeit und Angst im Bauch, und man möchte hinlaufen, es halten und ihm irgendwie etwas Gutes tun. Sympathie ist diese *emotionale Berührbarkeit durch Schmerz*. Sie entsteht, ohne dass man nachdenken muss, man ist unmittelbar berührt. Man kann sich vielleicht schwerer vorstellen, Sympathie mit sich selbst zu entwickeln, aber es ist dasselbe Prinzip. So wie man lernen kann, für seine Emotionen empfindsam und offen zu sein, kann man lernen, sich von den eigenen Schwierigkeiten berühren und bewegen zu lassen. Man kann Sympathie mit seiner sozialen Angst haben, statt sich über sich zu ärgern, weil man Angst hat und sich schwach oder unterlegen fühlt.

Toleranz für Not und Leiden

Wir haben gesehen, wie uns das Bedrohungssystem, wenn es uns im Griff hat, in eine Vermeidungshaltung bringen kann. Wir haben auch erwähnt, dass es auf lange Sicht nicht hilft, wenn man Schwierigkeiten vermeidet, auch wenn das kurzfristig Erleichterung von Angst bringen kann. Die Unfähigkeit, schmerzhafte oder angsterregende Empfindungen und die Situationen, die sie auslösen, anzunehmen und zu ertragen, ist sogar die Wurzel vieler unserer Schwierigkeiten. Das Problem ist, dass man nicht lernt, mit schwierigen Gefühlen umzugehen, wenn man diese Gefühle und Situationen vermeidet. Man erwirbt so auch nicht die Geschicklichkeit, die man braucht, um mit schwierigen Situationen umzugehen. Schlimmer noch, es entsteht ein Teufelskreis: Es liegt in der Natur der Dinge, dass Vermeidungsverhalten *die Macht der Angst* sogar *verstärkt*. Das heißt, je mehr man vermeidet, was einem Angst macht, umso mächtiger wird die Angst. Es kann also sehr wichtig sein, zu lernen, wie man soziale Angst erträgt, um schwierige Situationen zu bewältigen.

Es ist wichtig, uns daran zu erinnern, dass man große Angst haben und zugleich gut funktionieren kann. Die ersten 13 Wochen Sozialen Fitnesstrainings sind ganz dem Nachspielen von Situationen gewidmet, in denen man aktuell Angst hat. Man nennt das ein Expositionsverfahren. Dabei setzt man sich bewusst angsterregenden oder gefürchteten Situationen aus. Das ist das wirksamste Element der Behandlung schmerzhafter Schüchternheit und sozialer Angststörungen. Man fordert die Klienten auf, vor und nach der Erfahrung mit einer schwierigen Situation ihr Angstniveau einzuschätzen. Ihre Einschätzungen in sehr schwierigen Situationen beginnen oft bei 90 auf einer Skala, die von 0 bis 100 reicht. Aber wenn sie später eine zehnminütige Übungssitzung durchgemacht haben – in der sie zum Beispiel zu einer Verabredung einladen, einen Vortrag vor Publikum halten oder ein Vorstellungsgespräch führen –, ist das Angstniveau oft auf 20 oder 30 gesunken. So macht der Klient die Erfahrung, dass er sozial funktionieren kann, auch wenn er noch Angst hat.

Manchmal geht die Angst während einer Übung nun nicht so stark zurück. Manchmal geht sie zunächst nur um fünf oder zehn Punkte zurück. Dann können eine Reihe von Wiederholungen des Rollenspiels nötig sein, damit sie weiter nachlässt. Es kommt auch vor, dass sie sogar stärker wird, bevor sie nachlässt. Wir machen Klienten darauf aufmerksam, dass das passieren kann. Aber Ausdauer zahlt sich aus: Sie lernen, dass *Sie Ihre soziale Angst aushalten und unabhängig von ihr gut funktionieren können.* Klienten sind oft erstaunt, wenn sie entdecken, dass Freiwillige, die an dem Rollenspiel teilnehmen, sich der Intensität ihrer Angst oft nicht bewusst sind. Ich will damit sagen, dass es möglich ist, dass man mit Übung lernen kann, Not auszuhalten. Und Mitgefühl hilft dabei, denn man lernt dadurch, Angst ohne Ärger oder Bewerten zu akzeptieren.

Es kann einem merkwürdig vorkommen, dass man lernen soll, Leiden zu ertragen, wenn es bei Mitgefühl doch gerade darum geht, Leiden zu verringern. Es ist also sinnvoll, innezuhalten und ein anderes Beispiel dafür anzuschauen, warum das wichtig ist. Wir nehmen das Beispiel von Eltern und Kindern – was uns daran erinnert, wie es kommt, dass man Leiden nicht aushalten will. Sie erinnern sich vielleicht aus Kapitel 1, dass Kinder, die stark unter sozialer Angst leiden, oft sehr ängstliche Eltern haben. Normalerweise sind diese Eltern überprotektiv, um ihre eigene Angst zu vermeiden, das heißt, sie beschützen im Übermaß und versuchen, dem Kind jede Aufregung oder Angst und jeden Schmerz zu ersparen. Wenn ein Kind zum Beispiel davor Angst hat, auf eine Party zu gehen, zu der

Kinder eingeladen sind, die es nicht gut kennt, behalten die Eltern es zu Hause. Unabsichtlich bringen sie ihm eine Reihe von Dingen bei: erstens, dass schmerzhafte Gefühle nicht ausgehalten werden müssen. Zweitens, dass schmerzhafte Emotionen einen überwältigen, und drittens, dass es richtig ist, den Anlass – eine Begegnung irgendeiner Art – und damit die schmerzhaften Gefühle zu vermeiden. Unter dem Strich lernt das Kind, dass Vermeidung die beste Strategie ist, statt die Erfahrung zu machen, dass es weniger Angst hat, wenn es auf mehr Partys geht und seine neuen Freunde kennenlernt. Weil das Kind die erste Party vermieden hat, lernt es die anderen Kinder nicht näher kennen. Was wird es also wahrscheinlich das nächste Mal tun, wenn es zu einer Party mit diesen Kindern eingeladen wird? Und wie wird es dem Kind gehen, das es eingeladen hat? Wird es gekränkt sein oder wird es von der Annahme ausgehen, dass das andere Kind sich nicht mit ihm anfreunden möchte und es deshalb nicht mehr einladen? Und wie wird sich dann dieses übermäßig beschützte Kind fühlen? Ohne das zu wollen, helfen dessen Eltern ihm leider nicht zu verstehen, wie seine Seele funktioniert, oder wie man sich schwierigen Gefühlen und Situationen stellt und mit ihnen umgeht. Manchmal müssen Eltern erst ihre eigene Angst ertragen lernen, bevor sie ihren Kindern helfen können – und das ist sehr schwierig. Aber Sie sehen, worum es geht: Mitgefühl hat nichts damit zu tun, für vorübergehende Erleichterung durch Vermeiden zu sorgen. Es geht darum, das zu tun, was wirklich auf lange Sicht hilft. Das ist Mut, den man mit Mitgefühl entwickelt.

Ich habe einen Freund, der als Teenager auf Partys sehr schüchtern war. Er besuchte eine private Grundschule für Jungen und hatte schreckliche Angst, wenn er mit Mädchen in seinem Alter sprechen musste. Er musste sich immer sehr überwinden, ein Mädchen zu fragen, ob sie mit ihm ausgehen wollte. Wenn es so weit war, wurde ihm übel, wenn er sich auf den Weg machte, und er war unsicher, ob er sich nicht wirklich übergeben würde. Seine Mutter brachte ihn zur Tür, und wenn er zögerte, sagte sie einfach: „Sie wartet." Partys waren für ihn zwar weiter schwierig – manchmal sind sie es immer noch –, aber er weiß jetzt, dass er damit umgehen kann, und normalerweise genießt er sie, wenn er da ist. Ich kenne seine Mutter, und ich weiß, wie schwer es für sie war, ihn mit seiner Angst zu erleben, aber ich sehe immer noch ihr entschlossenes ruhiges Gesicht vor mir. Sie wusste, was auf lange Sicht besser für ihn war.

Ein anderer Grund, weshalb es sinnvoll ist, Not und Leiden zu tolerieren, besteht darin, dass manche denken, dass es bei Mitgefühl darum geht, *schmerzhafte unangenehme Gefühle wegzutrösten,* das heißt, sie loszuwerden. Natürlich kann man schmerzhafte Gefühle manchmal wegtrösten, aber das geht nicht immer und ist oft auch nicht erstrebenswert. Wenn man aus irgendeinem Grund sehr wütend oder ärgerlich ist, muss man vielleicht erst lernen, mit Ärger oder Wut umzugehen – aufrichtig zu Gefühlen und Phantasien zu stehen, und dabei freundlich zu sein und selbstbewusst aufzutreten. Mitgefühl hat nichts mit einer Weigerung zu tun, Themen oder Probleme anzusprechen. Der Dalai Lama zum Beispiel drückte sich gegenüber den Chinesen, die ihn aus Tibet vertrieben haben, sehr hart aus. Jesus ließ die Geldverleiher, die den Tempel benutzten, um Geld zu verdienen, seinen Ärger sehr deutlich spüren. Manchmal muss man lernen, mächtige Gefühle zu tolerieren – auch Gedanken und Gefühle des Hasses –, statt sie zu unterdrücken, sie zu verbergen oder zu verleugnen. Permanente brutale Aufrichtigkeit ist zwar auch nicht immer hilfreich, aber auch nicht Verdrängen und Verleugnen.

Natürlich ist dies keine Ausrede dafür, grob oder unangenehm zu sein. Ärger und auch Wut müssen oft mitgeteilt werden, weil sie Freundschaft und Intimität behindern. Man kann sie auch liebevoll zur Sprache bringen. Es gibt viele Möglichkeiten, sich zu behaupten und zugleich respektvoll und stark zu sein. Es gibt auch Momente, wenn ein Ärger einfach ohne Vorankündigung aus einem herausbricht, für uns selbst oder andere unerwartet – das passiert gewöhnlich dann, wenn man Gefühle unterdrückt hat. Manchmal weiß man nicht, wie stark ein Gefühl ist, bevor so etwas passiert. Solche Ausbrüche müssen keine Katastrophe sein. Danach kann man einem problemlösenden Ansatz folgen und in Ruhe analysieren und verstehen, was eigentlich los ist, und damit eher selbstbewusst als aggressiv auftreten. Wenn man aber dazu neigt, sich etwas so aufstauen zu lassen, kann es sein, dass man es sich sehr übel nimmt, dass man so einen Ausbruch zugelassen hat. Statt also das darunter liegende Problem anzusprechen, tut man dann den Deckel wieder auf die Gefühle. Die stauen sich natürlich wieder auf, und man befindet sich in einem Teufelskreis. Mitgefühl kann erkennen helfen, dass Konflikte normal und zu Wachstum dazugehören. Man muss und soll sie nicht vermeiden, vielmehr sind sie etwas, was man ertragen lernen und womit man arbeiten kann. Wenn man seine Emotionen unterdrückt, um offenen Konflikt zu vermeiden – weil man sie schwer erträgt oder weil man Angst vor ihnen hat –, und wenn man versucht, sie vor anderen zu verbergen, dann hält man einen potentiellen Wachstumsprozess an.

Empathie

Empathie ist die Fähigkeit, über das Wesen unseres Denkens und das anderer Menschen nachzudenken und es zu verstehen. Anders als andere Tiere erkennen wir, dass Menschen etwas aus bestimmten Gründen tun: weil sie etwas haben wollen und weil sie Begierden haben, weil sie Angst haben oder ärgerlich oder wütend sind, weil sie das ganze Bild einer Situation vielleicht nicht kennen oder erkennen und weil sie motiviert sind, sie zu tun – manchmal unbewusst. Wir sehen, dass Menschen sich in ihrer Sicht der Dinge irren oder täuschen können (besonders wenn sie anderer Meinung als wir sind!) und in Bezug auf etwas unwissend sein können, über das andere etwas wissen.

Und genauso, wie man das Denken anderer verstehen kann, kann man auch sein eigenes verstehen lernen. Man kann darüber nachdenken, wie das eigene Denken funktioniert. Mittels Empathie kann man verstehen, was Schüchternheit ist und wie sie zu einem Problem werden kann. Man versteht, dass es eine universelle, eine allgemein verbreitete Emotion ist, die sich entwickelt hat, weil sie Menschen nützt. Sie wird nur dann zu einem Hindernis, wenn sie zu intensiv und chronisch wird. Man kann auch verstehen, wie und warum sich die eigene soziale Angst entwickelt hat. Man kann die Situationen erkennen und verstehen, die sie verschlimmern können, und was man tut, wenn man sich unangenehm schüchtern fühlt oder Angst bei Begegnungen mit Menschen hat. Unsere Empathie, unsere Fähigkeit, zu erfassen, wie unser Denken und unsere Psyche funktionieren und wie sich die soziale Angst auswirkt, bildet die Basis unseres Mitgefühls.

Nichtwerten

Nicht zuletzt ist das Attribut des Nichtwertens zu erwähnen. Es bedeutet, dass man nicht übereilt urteilen oder verurteilen soll. Es bedeutet, dass man das Verlangen loslässt, aus Ärger anzugreifen und zu entwerten. Es ist auch ein essentieller Teil dessen, was man „Achtsamkeit" nennt (mehr dazu im nächsten Kapitel). Manchmal reagiert man auf etwas, was in oder um einen passiert, spontan mit einem Angriff oder einer Kritik. Je mehr man aber darauf verzichtet, umso mehr Chancen hat man, innezuhalten und nachzudenken, wie man am besten mit dem umgeht, was passiert ist. Je schneller man problematische Schüchternheit und soziale Angst bewertet, umso schwieriger kann es sein, Toleranz und Akzeptanz zu entwickeln und damit zu arbeiten.

Der Mitgefühlskreis

Hier ist er also – der Mitgefühlskreis. Wenn man jetzt auf Abbildung 3.2 zurückblickt, dann sieht man alle Attribute von Mitgefühl, die wir eben besprochen haben, im inneren Ring, und die Fähigkeiten von Mitgefühl, die wir im ersten Teil des Kapitels untersucht haben, im äußeren. Sie können wahrscheinlich sehen, wie die Attribute alle aufeinander aufbauen und wechselseitig bei ihrer Entwicklung helfen. Je motivierter man also ist, mitfühlend zu werden, und je mehr man das entwickeln kann, umso stärker können die anderen Attribute hervortreten. Ebenso wird man umso motivierter dazu sein, je empfindsamer oder empathischer man für seine problematische Schüchternheit und soziale Angst wird. In den folgenden Kapiteln werden wir an dieser Gruppe von Attributen arbeiten und dabei auch berücksichtigen, wie sie einander verstärken können.

Dasselbe gilt für die Fähigkeiten, in denen sich Mitgefühl ausdrückt. Man kann lernen und üben, Bilder herzustellen und aufzubauen, die nützlich und mitfühlend sind und das Beruhigungssystem anregen können. Man kann Fähigkeiten zum Argumentieren und Denken ausbilden, um mit Mitgefühl bei den eigenen Erfahrungen zu sein. Man kann sich in mitfühlendem Verhalten üben, das heißt, so zu handeln, dass man damit seinen langfristigen Interessen dient und zugleich mitfühlend mit sich und anderen ist. Man kann seinen Körper trainieren, Mitgefühl zu empfinden und wahrzunehmen (zum Beispiel mit Hilfe von Bildern, wie wir das später genauer beschreiben werden). Wir können Bilder und andere Vorstellungen verwenden, um Gefühle des Mitgefühls hervorzurufen, und nicht zuletzt kann man mitfühlende Aufmerksamkeit üben. Das heißt, man kann *bewusst seine Aufmerksamkeit lenken*. Man kann nach eigenen nützlichen unterstützenden Bildern und Gedanken und nach nützlichem unterstützendem Verhalten anderer Ausschau halten, statt sich von dem Bedrohungssystem ständig zu Dingen hinlenken zu lassen, vor denen man Angst hat oder die einen ärgern.

Sie haben wahrscheinlich mittlerweile bemerkt, dass wir bei dem Ansatz bei mitfühlendem Denken sehr an Kreisen interessiert sind. Das ist so, weil wir die Vorstellung von Interaktionen vermitteln wollen, bei denen Attribute und Fähigkeiten einander beeinflussen und aufeinander aufbauen. Aber es ist auch sinnvoll, weil Kreise Ganzheit und Mitgefühl symbolisieren. Ein Beispiel dafür sind die Mandalas der buddhistischen Tradition.

Wir haben zwar gesehen, wie verschiedene innere Zustände einander blockieren können (so dass zum Beispiel von Angst beeinflusste Gedanken Mitgefühl blockieren), aber das soll nicht heißen, dass schüchterne Menschen kein Mitgefühl haben. Sie haben so viel Mitgefühl wie jeder andere Mensch, sogar wenn sie extrem schüchtern sind – wenn sie nicht gerade intensive Angst vor einer bestimmten Begegnung mit Menschen im Griff hat. Schüchternheit geht bei Kindern sogar oft mit Sympathie für Schulkameraden einher. Und das bedeutet, dass Nähren von Mitgefühl helfen kann, Schüchternheit zu bewältigen.

Hauptpunkte

- Dieses Kapitel gibt eine Übersicht darüber, wie man Mitgefühl verstehen kann.

- Man kann es einfach als eine Offenheit und Sensibilität für eigenes und fremdes Leiden in Verbindung mit einer inneren Verpflichtung verstehen, dieses Leiden zu erleichtern. Wir können aber auch sehen, dass es aus verschiedenen Elementen besteht und dass man sich ausbilden und üben kann, mitfühlendes Denken zu entwickeln.

- In den nächsten Kapiteln werden wir genau das tun, wenn wir erforschen, wie all diese Elemente dazu beitragen, Ihnen bei schmerzhafter Schüchternheit und sozialer Angst zu helfen.

4

Innere Umstellung auf Freundlichkeit und Mitgefühl

In diesem Kapitel werde ich beschreiben, wie man an den Prozess, sich innerlich Mitgefühl zuzuwenden, herangehen kann, indem ich die Idee der Achtsamkeit einführe und erkläre, wie Sie sie im täglichen Leben umsetzen und anwenden können.

Dieses Kapitel und die folgenden enthalten praktische Übungen, die Sie ausprobieren können und die Ihnen helfen können, mit Ihrer Aufmerksamkeit bei Mitgefühl zu sein und sich darauf vorzubereiten, mitfühlend mit Schüchternheit zu arbeiten. In diesem Kapitel beginnen wir mit ein paar einfachen Übungen mit achtsamer Atmung und Entspannung und Fokus auf sinnlicher Wahrnehmung.

Praktische Vorbereitungen

Sie fangen am besten damit an, dass Sie sich ein Arbeitsheft oder eine Mappe zulegen, wo Sie Notizen darüber, wie Sie auf Übungen reagieren, Ihre üblichen Gedanken, besondere Einsichten und auch Ideen sammeln können, wie Sie auf bestimmte Gedanken oder Ereignisse in ihrem Leben anders reagieren könnten oder wie Sie schon anders reagieren. Sie können dies als Ihr „Tagebuch zu Mitgefühl" betrachten. Wenn man Dinge aufschreibt, kann einem das helfen, sich selbst besser zu hören. Das erlaubt einem besonders, auf Gedanken und Gefühle zu achten, die weniger nah an der Oberfläche sind. Es hilft uns auch bei der Klärung unserer Werte und inneren Haltungen.

Sie sollten auch Gedichte, Artikel, Sprüche oder Sätze und Bilder, die mit dem Thema zu tun haben, sammeln. Es ist wichtig, nicht nur die zu sammeln, die mit Sensibilität, Schüchternheit und sozialer Angst zu tun haben, sondern auch solche über angenehme oder spannende soziale Interaktionen. Darüber hinaus sollten Sie Material dazu sammeln, wie Sie im Leben sein möchten, wenn Sie Schüchternheit und soziale Angst, die Sie jetzt belasten, reduziert haben und freundlich und mit Mitgefühl mit sich umgehen. All das können Sie in Ihre Mappe oder in Ihr Tagebuch aufnehmen.

Achtsamkeit einführen

Eine der wichtigsten Fähigkeiten, die man lernen muss, wenn man Mitgefühl entwickeln will, ist *Achtsamkeit*. Achtsamkeit bedeutet einfach, in jedem Moment bewusst da zu sein. Es bedeutet, auf alles zu achten, was in dem Feld unseres Bewusstseins in diesem Moment da ist, sei es etwas in unserer unmittelbaren Umgebung, sei es etwas, was in unserem Inneren, in Geist oder Körper, passiert. Wahrscheinlich haben Sie es schon erlebt, wenn Sie im Wald spazieren gegangen sind oder an einem stillen Teich oder See Rast gemacht haben, oder morgens im Garten mit Ihrer ersten Tasse Kaffee beim Gesang der Vögel. Plötzlich ist man ganz in dem Moment, keine Gedanken oder Gefühle lenken einen ab. Die wichtigste Qualität von Achtsamkeit ist Bewusstheit, ohne zu werten oder zu urteilen, nur beobachten, was innerhalb und außerhalb von Körper und Geist in diesem Moment passiert.

Nehmen Sie sich jetzt einen Moment Zeit und versuchen Sie, sich an eine Situation zu erinnern, als Sie vollkommen da waren, ohne ablenkende Gedanken oder Gefühle. Sie waren im Einklang mit Ihrer Umgebung und ganz in dem Moment anwesend und präsent. Nehmen Sie Ihre Gefühle, die Sinnesempfindungen in Ihrem Körper, Ihre ruhige und regelmäßige Atmung wahr, wenn Sie wieder in die Gegenwart zurückkommen.

Eine neue Beziehung mit unserem alten Gehirn

Es geht darum, eine neue Beziehung mit dem alten Gehirn und seinen Emotionen, Wahrnehmungen, Begierden, Trieben und Abneigungen zu entwickeln. Sie werden wahrscheinlich merken, dass man den Kontakt mit dem gegenwärtigen Moment verliert, wenn man anfängt, sich um belastende Schüchternheit und was in der Zukunft sein wird (dass man vielleicht kein Date mehr mit jemandem bekommt, den man mag, oder in diesem Vorstellungsgespräch versagt) Sorgen zu machen. Das Gleiche passiert, wenn man sich auf Enttäuschung oder Traurigkeit über soziale Situationen konzentriert (als man eine unvernünftige Anfrage nicht abgelehnt oder in einer Konferenz nicht seine Meinung gesagt hat oder einem auf einer Party nichts eingefallen ist, worüber man hätte reden können). Und der gegenwärtige Moment ist schließlich der einzige Moment, den man jemals hat. Das bedeutet nicht, dass man sich nicht absichtlich mit der Vergangenheit oder der Gegenwart befasst, um aus der Erfahrung für die Zukunft zu lernen. Es bedeutet nur, dass man von Gedanken und Gefühlen nicht automatisch in der Zeit vor- und zurückgeworfen wird.

Gedanken, Emotionen und Körperempfindungen werden bewusst

Durch Achtsamkeit können wir auch lernen, uns unserer Gedanken, Gefühle und Körperempfindungen bewusst zu sein, wenn uns soziale Angst oder Frustration im Griff hat. Wie oft haben Sie sich Körper und Geist zugewandt, wenn Sie in so einem Zustand waren, um zu spüren, woher die Emotion kommt? Oder um zu sehen, welcher Teil des Denkens die Ängste vor einer Katastrophe und Sorgen lenkt? Bei den meisten von uns muss die Fähigkeit zu Achtsamkeit noch entwickelt werden. Sonst geht das alte Gehirn einfach mit uns durch oder hebt ab. Achtsame Bewusstheit hilft einem, der sozialen Angst und dem, was in einem bestimmten Moment in Geist und Körper passiert, keinen Widerstand entgegenzusetzen und sie nicht zu unterdrücken. Wenn man sehr schüchtern oder scheu ist oder Angst vor Menschen hat, hilft sie einem, sich der Angstgefühle bewusst zu sein, sie anzunehmen und ihnen keinen Widerstand entgegenzusetzen. Man kann die Emotionen dann leichter verstehen und Mitgefühl mit sich haben, wenn man mit Problemen konfrontiert ist.

Dies verlangt natürlich eine gewisse Anstrengung, und wir werden uns Zeit dafür nehmen müssen, Achtsamkeit täglich zu üben – um uns daran zu gewöhnen, alles, was von Moment zu Moment in unser Bewusstsein kommt, wahrzunehmen. Auf diese Weise nutzen wir unsere Aufmerksamkeit bewusst, um neue Verbindungen im Gehirn zu entwickeln, Muster der Aktivität der Hirnzellen zu stimulieren, die uns helfen, unser Denken mit Mitgefühl zu beruhigen, wenn wir sehr schüchtern sind oder Angst vor Menschen haben. Zu Achtsamkeit gehört, dass man lernt, Aufmerksamkeit auf eine Weise zu richten, die einem bei Ausgeglichenheit im Ganzen, Leichtigkeit und Heiterkeit hilft, damit man soziale Situationen bewältigen kann, auch wenn man Angst hat oder frustriert ist.

Probieren Sie eine einfache Übung aus. Wenn ich Sie auffordere, sich auf den Rücken Ihrer linken Hand zu konzentrieren und auf alle Empfindungen zu achten, die da sind, welche auch immer, werden Sie bestimmte Wahrnehmungen von Wärme oder Kühle, Trockenheit oder Feuchtigkeit oder vielleicht einen Juckreiz wahrnehmen. Wenn ich in meine linke Hand spüre, kann ich die Kühle der Luft im Zimmer und ein Kribbeln auf der Haut spüren, wenn ich tippe. Wenn ich Sie nun auffordere, sich auf Ihr rechtes Ohr zu konzentrieren, werden Sie etwas anderes wahrnehmen. Wenn ich in mein rechtes Ohr spüre, kann ich innen ein leichtes Klingeln hören, außen nehme ich über und hinter dem Ohr auf der Haut einen leichten Druck der Bügel meiner Brille wahr.

Klarheit und fokussierte Aufmerksamkeit

Achtsamkeit verleiht auch die Klarheit, mit der wir beobachten. Stellen Sie sich vor, wie Sie eine Traube essen und das achtsam tun (probieren Sie es, wenn möglich, mit einer wirklichen Weintraube aus). Nehmen Sie eine einzelne Traube und nehmen Sie ihre Farbe und die Struktur der Oberfläche wahr. Wenn Sie sie waschen, achten Sie auf die Wassertröpfchen, die an ihr hängen. Nehmen Sie die glatte Haut wahr, wenn Sie sie zwischen Ihren Fingern halten. Halten Sie sie vor die Nase und nehmen Sie Ihren frischen Duft wahr. Wenn Sie wollen, schälen Sie sie und sehen Sie sich genau das schwammige, ein wenig glasige Fleisch unter der Haut an. Lassen Sie sich Zeit. Nehmen Sie sie in den Mund und spüren Sie ihre Oberfläche. Beißen Sie hinein und spüren Sie, wie der Saft in Ihren Mund dringt. Widerstehen Sie der Versuchung, sich zu beeilen, sondern kauen Sie die Traube langsam und schmecken Sie ihre Süße. Dabei nehmen Sie wahr, wie Ihnen das Wasser im Mund zusammenläuft. Sie nehmen einfach die Eigenschaften der Traube wahr. Sie bewerten nicht. Es kann passieren, dass Ihr Geist zu Gedanken wie diesen wandert: „Ich frage mich, ob ich das hier richtig mache" oder „Meine Güte, wie soll mir das bei meiner Angst vor Menschen helfen? Ich muss Trauben auf die Einkaufsliste setzen". Nehmen Sie sie einfach wahr und bringen Sie Ihre Aufmerksamkeit zu der Aufgabe zurück, einfach die Eigenschaften der Traube zu erforschen. Fokussieren Sie auf den Geschmack und die Empfindungen beim Schlucken. Sie haben jetzt ihr Aussehen, wie sie sich anfühlt, Ihren Duft, ihre Oberfläche und ihren Geschmack erforscht.

Bei Achtsamkeit geht es darum, einfach in der Gegenwart anwesend und präsent zu sein. So oft sind wir abgelenkt: Manchmal tagträumen wir sogar, wenn wir Auto fahren, so dass wir uns manchmal nicht mehr daran erinnern können, welche Strecke wir nach Hause gefahren sind. Wir werden auch dadurch abgelenkt, dass wir uns Sorgen machen, ob es uns gelingen wird, bei einem geschäftlichen Termin selbstbewusst aufzutreten oder einen Termin mit unserem Vorgesetzten zu machen, um ihn wissen zu lassen, was für nützliche Dinge wir zu einem Projekt beigetragen oder welche Erfolge wir in letzter Zeit hatten. Sie haben wahrscheinlich auch die Wirkung wahrgenommen, wenn Sie in Ihrem Büro etwas an der falschen Stelle abgelegt haben, ohne es zu merken, oder wenn Ihnen jemand auf einer Konferenz plötzlich eine Frage stellt oder eine Bemerkung an Sie richtet, wenn Sie gerade nicht zugehört haben. Das löst einen Adrenalinschub aus, der Herzklopfen und vielleicht Panikgefühle zur Folge hat und damit Ihre Angst steigert. Wenn Sie mit Ihrer Aufmerksamkeit aber ganz im Moment sind, geraten Sie nicht in so einen „Hinterhalt".

Übung

Achtsam atmen

Wir fokussieren jetzt auf unsere Atmung, bringen Bewusstsein dazu, wie wir atmen, so wie wir mit Bewusstheit dabei waren, als wir die Traube gegessen haben. Wir üben normales Atmen. Es kann sein, dass uns Gedanken wie diese kommen: „Und wenn ich das nicht richtig mache?" oder „Wie kann mir Atmen bei meiner Schüchternheit helfen?" oder „Das kann ja ewig dauern. Ich brauche schnellere Ergebnisse". Dann nehmen wir sie wieder einfach mit Mitgefühl wahr und bringen unsere Aufmerksamkeit zu unserer Atmung zurück.

Achtsam atmen bildet die Grundlage der Meditationspraxis. Neben Ihrer Praxis der Atemübungen, die in diesem Buch beschrieben sind und durch die Sie mit dem Prozess vertraut werden, sollten Sie sich einen Meditationslehrer und eine Gruppe suchen, die zusammen meditiert – man nennt so eine Gruppe einen *Sangha*. Dort kann man seine Praxis vertiefen und mit anderen zusammen praktizieren. Man kann sich auch eine Gruppe suchen, in der Stressbewältigung durch Achtsamkeit (MBSR) unterrichtet wird und die sich besonders mit Arbeit an Schüchternheit beschäftigt. So eine Gruppe kann ein freundlicher und sicherer Ort, an dem man diese sehr wichtige Kunst, sich selbst zu beruhigen, weiterentwickeln kann. Dann steht sie einem zur Verfügung, wenn eine bevorstehende schwierige soziale Situation Sorgen macht oder wenn man in eine Situation gerät, die Schüchternheit auslöst.

Suchen Sie sich zuerst einen stillen Platz, an dem Sie nicht gestört werden. Sie können auf einem Stuhl mit gerader Rückenlehne, mit den Füßen flach auf dem Boden und mit geradem Rücken sitzen. Ihre Hände können auf Ihren Knien oder in Ihrem Schoß liegen. Sie können auch auf einem Meditationskissen oder auf einem Bänkchen sitzen (ein Kissen ist sehr fest, ein Bänkchen niedrig und kompakt). Wenn Sie ein Kissen nehmen, können Sie die Beine vor sich auf dem Boden kreuzen. Wenn Sie ein Meditationsbänkchen benutzen, dann knien Sie und setzen sich rittlings so, dass entweder Ihre Füße unter dem Bänkchen nach hinten gerichtet sind oder die Waden an beiden Seiten neben dem Bänkchen zu liegen kommen. Man kann auch auf dem Rücken auf dem Boden liegen. Das ist vielleicht am bequemsten, aber es kann passieren, dass man einschläft. Der Sinn ist aber, dass man eine Art wacher Aufmerksamkeit und Bewusstheit entwickelt, und das macht man am besten, wenn man bequem und aufrecht mit geradem Rücken sitzt.

    Konzentrieren Sie sich jetzt einfach darauf, durch die Nase zu atmen, und seien Sie sich dabei an der Spitze Ihrer Nase oder im Bauch Ihres Atems bewusst. Man kann spüren, wie sich bei jedem Einatmen der Bauch ausdehnt und beim Ausatmen nachgibt. Legen Sie Ihre Hand auf das Zwerchfell, knapp unterhalb des Brustkorbs, wobei der Daumen nach oben zeigt. Nehmen Sie wahr, wie sich Ihr Zwerchfell bei jedem Einatmen ausdehnt und beim Ausatmen kontrahiert. Machen Sie das ein paar Atemzüge lang, bis Ihnen das vertraut ist und sich Ihre Atmung natürlich und leicht anfühlt. Nehmen Sie erst ein leichtes Lächeln wahr und dann, wie Ihr Gesicht einen ruhigen, mitfühlenden Ausdruck annimmt.

    Legen Sie jetzt Ihre Hände an die Seiten Ihres Brustkorbes, die Ellbogen weisen dabei nach außen. Das kann sich ein bisschen unbequem anfühlen, aber keine Sorge. Atmen Sie sanft und nehmen Sie wahr, wie sich Ihr Brustkorb nach den Seiten hin ausdehnt. Ihre Lunge ist wie ein Blasebalg. Sie können spüren, wie sie sich in Ihnen ausdehnt. Ihr Atem strömt durch die Nase ein und hinab bis zum Zwerchfell, wobei er den Brustkorb zu den Seiten hin ausdehnt. Ihre Atmung sollte sich angenehm leicht anfühlen. Sie brauchen sie nicht zu forcieren, aber es kann sein, dass Sie wahrnehmen, wie sie sich vertieft. Yogalehrer empfehlen drei bis acht Sekunden für das Einatmen und dieselbe Zeit für das Ausatmen. Es ist wichtig, dass man den Rhythmus findet, der zu einem passt und sich nicht angestrengt anfühlt. Beim Atmen nehmen Sie vielleicht wahr, dass Sie ein wenig schneller oder langsamer atmen, bis Sie Ihren eigenen natürlichen Rhythmus finden. Wenn Sie einen guten Rhythmus gefunden haben, werden Sie spüren, wie Sie langsamer werden. Ihr Körper bestimmt das Tempo und Sie sind mit Ihrer Aufmerksamkeit dabei.

Es ist nützlich, wenn Sie in einem Winkel von etwa 45 Grad vor sich hinschauen. Manche Menschen schließen die Augen, aber das kann müde machen oder den Geist einladen, mehr abzuschweifen. Wenn Sie wollen, können Sie wieder eine Hand auf Ihr Zwerchfell und dann beide Hände an die Seiten Ihres Brustkorbs legen. Nehmen Sie einfach wahr, was Sie in Ihrem Körper spüren, wenn Ihr Atem durch die Nase ein- und ausströmt. Manche fokussieren gern auf die Nasenspitze, wenn die Luft ein- und ausströmt, andere spüren lieber, wie sich der Bauch beim Einatmen ausdehnt und wie er beim Ausatmen nachgibt. Wichtig ist, dass man einen Fokus findet, der angenehm ist, statt sich zu einem zu zwingen.

Wenn Sie Ihren Rhythmus gefunden und sich eine Weile auf Ihre Atmung konzentriert haben, erlauben Sie – wenn es sich richtig und passend anfühlt – Ihren Augen behutsam, sich ganz zu öffnen. Nehmen Sie sich jetzt ein paar Momente Zeit, um die Wirkung der Übung zu spüren. Wenn Sie aufstehen, bewegen Sie sich leicht. Vielleicht sollten Sie zu Beginn nur ein paar Minuten meditieren und dann, wenn Sie täglich praktizieren, allmählich immer länger, bis Sie 20 bis 30 Minuten erreichen, wenn das möglich ist.

Was haben Sie wahrgenommen?

Manchmal weckt diese erste Übung sogar Gefühle der Angst. Falls das bei Ihnen der Fall ist, keine Sorge. Mit Übung wird es besser werden, auch wenn Sie sie anfangs nur ein paar Sekunden machen. Im Laufe der nächsten Wochen, wenn Sie die Übung allmählich länger machen, werden Sie erfahren, dass Sie sich an diese Empfindungen gewöhnen und sie deutlich weniger unangenehm empfinden.

Wenn Sie keine Angst bekommen haben, wie war dann das Atmen für Sie? Was haben Sie wahrgenommen? Hatten Sie das Gefühl, langsamer zu werden und sich ein wenig schwerer zu fühlen, und haben Sie wahrgenommen, wie der Stuhl Sie aufrecht hielt? Wie waren die ablenkenden Gedanken? Wie hat es sich angefühlt, die Aufmerksamkeit einfach und freundlich zur Atmung zurückzubringen? Ablenkende Gedanken (bei der Praxis von Achtsamkeit oft „Affengeist" genannt), ablenkende körperliche

Beschwerden, Jucken und alles Mögliche andere gehört zur Meditationspraxis. Sie haben vielleicht die Erfahrung gemacht, dass Sie – vielleicht nur für ein paar Sekunden – in Sorgen um eine bevorstehende Begegnung mit Menschen abdriften. Werden Sie sich einfach bewusst, wo Sie innerlich gewesen sind, wenn das passiert, und kommen Sie dann mit der Aufmerksamkeit einfach wieder zur Atmung zurück. Vielleicht fangen Sie an, sich Vorwürfe zu machen, weil Sie sich von Sorge ablenken lassen. Wenn das passiert, nehmen Sie wieder wahr, dass Sie innerlich an diese Stelle gegangen sind, und bringen Sie Ihre Aufmerksamkeit wieder zur Atmung zurück. Pema Chödrön, buddhistische Nonne, Meditationslehrerin und Autorin mehrerer Bücher, weist auf einer Ihrer CDs auf die Komik hin, die darin liegt, wenn jemand nach einer Sitzung von „schlechter Meditation" spricht. Meditation ist nämlich nur das, „was sie ist". So etwas wie „schlechte Meditation" gibt es nicht. Die Übung, die Praxis zählt. Man versucht nicht, sich in jedem Moment zu entspannen, etwas zu verändern oder etwas zu erreichen. Natürlich wissen wir, dass achtsames Atmen und Meditationspraxis auf lange Sicht die Wirkung haben, dass Angst abnimmt und mentale Kontrolle und Wohlbefinden zunehmen. Aber das ist jenseits dieses Moments. Was jetzt angeht, ist alles, worauf man die Aufmerksamkeit richten soll, dass man sie spielerisch immer wieder zur Atmung zurückbringt, wenn man die Verrücktheit des Affengeistes spürt: wohin er geht, was er denkt und sich vorstellt und was er heraufbeschwört, wenn man einfach da sitzt und meditiert.

Übung

Achtsam atmen und soziale Angst

Wenn Sie das Gefühl haben, dass Sie dafür bereit sind, stellen Sie sich jetzt eine Situation vor, die bei Ihnen eine milde soziale Angst auslöst (nicht mehr). Nehmen Sie sich etwas Zeit und versetzen Sie sich in die Situation. Nehmen Sie wahr, wie Ihre Angst jetzt, da Sie daran denken, ein wenig zunimmt. Machen Sie jetzt noch einmal die Übung mit achtsamer Atmung und nehmen dabei einfach die Gedanken wahr, die Ihre Angst auslösen. Bringen Sie Ihre Aufmerksamkeit immer wieder zur Atmung zurück. Wenn Sie die Atemübung zuerst in einem ruhigen Zustand gemacht haben, wird Ihnen das bei dieser Übung helfen. Wenn Sie sehen, dass sie starke Angst auslöst, erlauben Sie sich, sie abzubrechen, und werfen Sie sich das nicht vor. Sie können sie später machen, wenn Sie mehr Übung haben.

Was haben Sie wahrgenommen?

Wenn Sie die Übung gemacht haben, was haben Sie wahrgenommen? Haben Sie gemerkt, dass Ihre Angst ein bisschen weniger geworden ist, als Sie dazu übergegangen sind, achtsam zu atmen? Waren Sie ein bisschen ruhiger? Hat sich Ihr Körper ein wenig entspannt? Wenn nicht, ist es kein Problem. Sie können die Übung noch einmal machen, wenn Sie achtsames Atmen eine Weile geübt haben. Sie werden die Wirkung schließlich wahrnehmen.

Einen achtsamen Zustand entwickeln

Achtsamkeit im Alltag

Sie können jederzeit einen achtsamen Zustand entwickeln, wenn Sie Ihre Aufmerksamkeit zur Atmung und zum gegenwärtigen Moment bringen. Probieren Sie das im Auto an einer roten Ampel aus, oder wenn Sie auf einen Bus warten, im Bad oder unter der Dusche, oder wenn Sie Ihre Kinder von der Schule abholen und warten müssen oder im Wartezimmer beim Arzt. Es ist nützlich, wenn man mit ein paar Minuten beginnt, dann fünf, dann zehn und dann schließlich vielleicht 20 bis 30 Minuten täglich zur gleichen Zeit übt. Weil unser Leben normalerweise sehr bewegt ist, kann das ein Problem und schwierig durchzuhalten sein. Wenn Sie keine 20 oder 30 Minuten Zeit erübrigen können, üben Sie nur fünf oder zehn Minuten am Morgen. Wenn sich keine 30 Minuten einrichten lassen, mache ich die Erfahrung, dass ich mehr übe, als ich denke, wenn ich all die kleinen Momente zusammenzähle, die ich zu verschiedenen Zeiten des Tages zwischendurch praktiziert habe.

Hilfen zur Unterstützung von Achtsamkeit

Manche Menschen richten ihre Aufmerksamkeit gern mit Hilfe eines Mantras – eines Wortes oder eines Satzes, den man immer wieder spricht, um einen bestimmten inneren Zustand anzuregen, zum Beispiel „Frieden", „Ruhe" oder „Liebe". Andere fokussieren auf die Flamme einer Kerze oder auf eine Blume. Praktizierende der Zen-Meditation zählen von eins bis zehn und fangen dann wieder von vorn an: eins beim Einatmen, zwei beim Ausatmen, drei beim nächsten Einatmen, vier beim nächsten Ausatmen usw. Wenn man die Aufmerksamkeit so richtet, hilft man damit dem Geist, sich nicht so leicht in Gedanken und Emotionen zu verirren, die sich um soziale Angst drehen. Anlässe dafür können Sorgen sein, die von bevorstehenden sozialen Ereignissen oder öffentlichen Auftritten ausgelöst werden, wenn man einen Vortrag halten muss oder wenn es darum geht, in einer Gruppe das Wort zu ergreifen. Es gibt jetzt CDs mit Aufnahmen von Klangschalen, deren Töne die Meditation unterstützen können. Das Bild, das ich verwende, ist das einer stämmigen Eiche, die ihre Wurzeln tief in den Boden gesenkt hat und deren Äste leicht vom Wind bewegt werden. Meine Gedanken und Gefühle sind die Blätter, die in einer Herbstbrise sanft zu Boden schaukeln, während ich einfach zuschaue.

Gehmeditation

Eine andere Möglichkeit, wie man Bewusstheit des gegenwärtigen Moments vertiefen kann, besteht darin, die Aufmerksamkeit auf Körperempfindungen zu richten, während man sich bewegt oder geht. Das nennt man Gehmeditation. Spüren Sie die Fersen, wenn sie den Boden berühren, dann die Sohle des Fußes, dann die Zehen, wenn Sie den Fuß anheben, während Sie den anderen Fuß absetzen – und alles auf dieselbe Weise mit der gleichen Bewusstheit. Stehen Sie jetzt auf und probieren Sie es aus, wenn Sie möchten. Seien Sie sich nur der Empfindungen bewusst, wenn Sie durch den Raum gehen. Schauen Sie, was Sie wahrnehmen. Wenn Sie möchten und wenn das Wetter gerade schön ist, gehen Sie nach draußen und spüren Sie, wie es ist, im Freien mit Achtsamkeit zu gehen. Nehmen Sie wahr, wie wach Ihre Sinne sind: für Farben, für Geräusche und für die Luft auf Ihrer Haut. Machen Sie alles in Ihrem eigenen Tempo und auf die Weise, die sich für Sie angenehm anfühlt. Vielleicht nehmen Sie wahr, wie Ihre Schüchternheit und soziale Angst zunehmen, und bestimmt werden Sie ablenkende Gedanken wahrnehmen – so geht es uns allen. Es kann sein, dass sie sich besonders um Ihre Schüchternheit drehen. Und bringen Sie wieder Ihre Aufmerksamkeit dahin zurück, wie Sie in diesem Moment einfach nur gehen.

Beruhigende Atmung und Entspannung

Nachdem Sie nun ein wenig achtsames Atmen und Gehen geübt haben – etwa 10 bis 15 Minuten –, versuchen Sie, sich auf einen Atemrhythmus zu konzentrieren, der bewusst beruhigen soll. Wenn Sie die Übungen mit achtsamer Atmung und mit achtsamem Gehen gemacht haben, befinden Sie sich jetzt vielleicht in einem ruhigen Zustand, oder vielleicht auch nicht, wenn ablenkende Gedanken sehr aktiv waren. Aber das ist nur ein natürlicher Teil der Achtsamkeitspraxis. Diesmal konzentrieren Sie sich nun absichtlich darauf, sich mit einem ruhigen Atemrhythmus zu beruhigen. Stellen Sie sich eine soziale Situation vor, die für Sie problematisch ist, oder eine, die Sie vermeiden würden – vielleicht eine Party oder eine Begegnung mit einer kleinen Gruppe, ein Treffen mit Freunden und Nachbarn oder ein Kneipenbesuch mit Kollegen nach der Arbeit. Suchen Sie sich eine Situation aus, die schwierig für Sie ist. Dann lesen Sie die Anleitung zu der folgenden Übung einmal, vielleicht auch ein paar Mal, durch. Dann legen Sie das Buch weg und probieren Sie die Übung aus. Wenn Sie einen Schritt vergessen – kein Problem. Schauen Sie noch einmal in das Buch und rufen Sie sich den Ablauf ins Gedächtnis, dann machen Sie die Übung noch einmal.

Übung

Bewusst entspannen

Wir brauchen Spannung nicht als etwas Schlechtes oder als einen Feind zu sehen, den wir loswerden müssen, sondern nur als eine verständliche Weise, wie der Körper gelernt hat, uns zu schützen und für Handeln bereit zu machen. Wir helfen unserem Körper verstehen, dass er in diesem Moment ausruhen kann, dass es sicher ist, sich in diesem Moment auszuruhen. In diesem Moment gibt es keine sozialen Anforderungen oder Ansprüche. Sie müssen für niemanden irgendwie sein, keine Notwendigkeit, daran zu arbeiten, sich irgendwie zu behaupten.

Sie können in sitzender Haltung oder im Liegen üben, sich zu entspannen. Nehmen Sie jetzt die Position ein, die für Sie bequem ist, und richten Sie Ihre Aufmerksamkeit einfach auf Ihre Atmung. Wenn Sie angespannt sind oder sich ein bisschen unwohl fühlen – keine Sorge. Atmen Sie einfach so, wie es für Sie am angenehmsten ist. Bleiben Sie ein paar Momente dabei und suchen Sie Ihren eigenen Rhythmus. Dann gehen Sie mit Ihrer Aufmerksamkeit zu Ihren Beinen und nehmen Sie einen Moment lang wahr, wie sie sich anfühlen. Nun stellen Sie sich vor, dass die Spannung in Ihren Beinen in den Boden abfließt. Lassen Sie sie einfach los. Wenn Sie einatmen, nehmen Sie jede Spannung wahr. Wenn Sie ausatmen, stellen Sie sich vor, dass die Spannung durch Ihre Beine nach unten und in den Boden fließt. Stellen Sie sich vor, dass es den Beinen gefällt und dass sie dankbar sind, wenn Sie loslassen. Sie lächeln Sie sogar an. Lassen Sie die Spannung einfach mit Freundlichkeit los. Jetzt richten Sie Ihre Aufmerksamkeit auf Ihren Oberkörper, von Ihren Schultern bis zum unteren Rückenbereich. Wenn Sie einatmen, nehmen Sie die Spannungen wahr, wenn Sie ausatmen, spüren Sie, wie die Spannungen nach unten durch den Boden weggleiten. Ihr Körper ist dankbar und Sie empfinden Freundlichkeit für ihn. Spüren Sie, wie sich der Körper freut.

Richten Sie Ihre Aufmerksamkeit jetzt auf Ihre Fingerspitzen und lassen Sie sie von da durch Ihre Handgelenke, Unterarme und Ellbogen zu Ihren Oberarmen und Schultern wandern. Stellen Sie sich vor, wie die Spannung nachlässt. Lassen Sie die Spannung einfach los und spüren Sie, wie sie durch Ihren Körper nach unten und in den Boden davongleitet. Stellen Sie sich nun die Spannungen in Ihrem Kopf und in Ihrem Hals vor. Dieser Bereich ist eines Ihrer Frühwarnsysteme für Schüchternheit, denn vielleicht spannt er sich bei dem Gedanken an eine bevorstehende soziale Situation an, bei der Sie etwa leisten müssen. Sie würden sie jetzt vielleicht gern loslassen, damit Sie ausruhen können. Wenn Sie ausatmen, stellen Sie sich vor, wie die Spannung nach unten durch den Körper und in den Boden fließt.

Richten Sie die Aufmerksamkeit jetzt auf den ganzen Körper und atmen Sie dabei ein. Wenn Sie ausatmen, konzentrieren Sie sich auf das Wort „entspannen" und spüren Sie dabei, wie Ihr ganzer Körper entspannter wird.

Wenn Sie können, machen Sie diese Übung fünf Minuten lang. Wenn sich für den Anfang eine kürzere Zeit besser anfühlt, ist das gut so. Wenn Sie die Übung beenden, können Sie noch tiefer Atem holen, sich bewegen, vielleicht Ihre Arme ausstrecken und dehnen. Nehmen Sie wahr, wie sich Ihr Körper anfühlt und wie er auf eine sanfte Weise dankbar ist, dass Sie sich die Zeit genommen haben, seine Spannung loszulassen.

Die Übung absichtlicher Entspannung

Sie können diese Übung so oft machen, wie Sie wollen. Sie kann Ihnen einschlafen helfen, wenn Sie am Ende des Tages angespannt sind oder wenn Sie nach einem Konflikt bei der Arbeit oder mit Ihrem Partner vielleicht noch unter Spannung stehen. Oder Sie haben Angst gehabt, vor einer Gruppe zu sprechen oder sind nicht so selbstbewusst aufgetreten, wie Sie es gern getan hätten. Denken Sie daran, dass Sie innerlich abschweifen werden, wenn Sie das tun. Bringen Sie Ihre Aufmerksamkeit einfach zu Ihrer Atmung zurück, und lassen Sie Spannung in Ihrem Körper los. Ein leichtes Lächeln des Mitgefühls kann Ihnen helfen, sich zu erden. Wenn

Sie mit Ihrer Aufmerksamkeit bei Ihrem Körper sind, werden Sie sich der Stellen bewusster, wo Sie Spannung halten, und wenn Sie sich ihrer bewusst werden, fangen Sie automatisch an, sie loszulassen.

Sich so dem Körper zuzuwenden, kann an sich schon schwierig sein, besonders wenn man sich für seinen Körper schämt, weil man meint, dass andere einen zu dick, zu mager oder überhaupt irgendwie nicht richtig oder nicht ansehnlich finden. Gedanken dieser Art gehen manchmal damit einher, dass man sehr schüchtern ist und sich sozial unzulänglich fühlt. Wenn man sehr schüchtern ist, lehnt man manchmal seinen Körper ab. Wenn Sie sehen, dass Sie so eingestellt sind, kann diese Übung auf Dauer sehr nützlich sein, auch wenn sie anfangs schwierig ist. Mit der Zeit werden Sie Ihren Körper als Freund sehen lernen, an dem Sie Anteil nehmen und den Sie nähren, für den Sie sorgen und dem Sie entspannen helfen können. Vielleicht machen Sie dann die Erfahrung, dass seine Gestalt Ihnen weniger Sorgen macht, weil Sie ihn akzeptieren und für ihn sorgen. Wenn Sie nicht so schrecklich befangen sind und Ihren Körper nicht so sehr bewerten, ist es interessanterweise auch so, dass Sie wahrscheinlich viel weniger das Gefühl haben, dass andere von Ihrem Körper Notiz nehmen und an ihm interessiert sind. Sie werden mit Ihnen interagieren, nicht mit Ihrer Befangenheit oder mit dem Bild, das Sie von sich selbst haben.

Es ist auch nützlich, in bestimmten Situationen absichtliches Entspannen zu üben, wenn man angespannt ist und Schüchternheit und soziale Angst empfindet. Denken Sie an das letzte Mal, als Sie Angst vor einem Gespräch mit jemandem hatten, den Sie gerade kennengelernt hatten, oder als Sie vor einem Geschäftstermin angespannt waren, für den Sie sich vorgenommen hatten, mindestens ein- oder zweimal das Wort zu ergreifen. Oder denken Sie an die Restspannung, nachdem Sie einen Konflikt ausgetragen hatten, oder an die Scham, die Sie nach einer schwierigen sozialen Interaktion empfunden haben, die nicht wie erhofft verlaufen ist. Oder Sie standen noch unter Spannung, weil Sie das Gefühl hatten, dass Sie eine Situation zu schnell verlassen haben, um Angst aus dem Weg zu gehen. Erinnern Sie sich, wie sich Ihr Körper angefühlt hat, was Sie gefühlt haben und was Ihnen durch den Kopf ging. Wenn Sie sich den Vorfall vorstellen können, folgen Sie der Anleitung, wie Sie

Spannung im Körper loslassen können. Wenn Sie merken, dass Sie mehr Angst bekommen, dann versuchen Sie, sich eine weniger problematische Situation als die erste vorzustellen. Es kann nützlich sein, wenn man mit Situationen anfängt und übt, die nur mäßig aufregend sind, bevor man zu schwierigeren übergeht.

Aktivität loslassen und entspannen

Manchmal kann es einem unmöglich vorkommen, zu sitzen oder sich hinzulegen und sich auf den Atem zu konzentrieren, besonders wenn man nach einer enttäuschenden Begegnung mit einem Vorgesetzten, einem Konflikt mit einem Kollegen oder einer Meinungsverschiedenheit mit einem Partner oder Freund aufgeregt oder verärgert ist. In solchen Momenten kann es helfen, wenn man etwas körperlich macht. Mir hilft dann, wenn ich abwasche oder die Wäsche mache, manchmal auch einfache Aufgaben erledige, wie Rechnungen bezahlen oder einkaufen. Damit bekomme ich auch das Gefühl, dass ich etwas leiste. Oder ich kümmere mich um meine Pflanzen, gehe spazieren oder mache eine Radtour.

Fokussieren auf Sinneswahrnehmung

Als Paul Gilbert und Sue Procter Patienten behandelten, die unter Depression litten, machten Sie die Erfahrung, dass Konzentration auf etwas Konkretes neben der Atmung oder dem Körper ihnen half, einen Zugang zu den Achtsamkeitsübungen zu bekommen, wenn sie damit anfingen. Sie verteilten Tennisbälle und wiesen die Patienten an, bewusst die Oberfläche, die Form und das Gefühl der Bälle in der Hand wahrzunehmen, wenn sie beruhigende Atmung und Aufmerksamkeit übten. Vielleicht möchten Sie auch einmal ausprobieren, wie es ist, wenn Sie einen Tennisball oder einen Gegenstand wie eine Gebetskette oder einen glatten Stein in der Hand halten, während Sie beruhigende Atmung üben.

Wir nennen das „Fokussieren auf Sinneswahrnehmung", weil es uns anregt, nicht nur bei unserer Atmung zu sein, sondern auch bei den Informationen, die uns die Sinne liefern. Eine andere Möglichkeit, sich durch sinnliches Fokussieren zu sammeln, bieten Gerüche und Düfte. Manche verwenden Weihrauch, wenn sie meditieren – man macht das oft in großen Räumen, in denen man als Gruppe meditiert. Andere verwenden Duftöle wie Lavendel. Man kann auch Töne verwenden – zum Beispiel Töne oder Geräusche aus der Natur: der Wind in den Bäumen, oder CDs, wie sie weiter oben erwähnt wurden. Psychologische Forschung hat uns gelehrt, dass man umso leichter mit der Aufmerksamkeit bei dem ist, was man tut, und die Entwicklung neuer innerer Zustände fördert, mit je mehr Sinnen man beteiligt ist.

Übung

Fokussieren auf Sinneswahrnehmung

Wenden Sie jetzt die Ideen aus den vorangegangenen Absätzen an, wählen Sie etwas aus, was Ihnen fokussieren hilft, und probieren Sie eine einfache Übung zum Fokussieren auf Sinneswahrnehmung aus. Richten Sie Ihre Aufmerksamkeit einfach auf einen Gegenstand, ein Geräusch oder einen Geruch und atmen Sie dabei in Ihrem natürlichen Atemrhythmus, wobei Sie in Ihrer Meditationshaltung mit geradem Rücken auf einem Stuhl, einem Kissen oder einer Bank sitzen. Sie können auch von einem Gegenstand zu einem anderen übergehen, wenn Sie achtsames Atmen üben, und ein paar Minuten lang bei jedem bleiben.

Sie können die Übung mit dem Fokus auf sinnlicher Wahrnehmung auch ausprobieren, wenn Sie Schüchternheit oder soziale Angst empfinden – etwa vor einer Verabredung mit jemandem zum Kaffee, an dem Sie im Hinblick auf eine intime Beziehung oder eine Freundschaft sehr interessiert sind. Machen Sie die Übung vor der Begegnung, damit Ihre Angst nicht so intensiv ist. Wählen Sie einfach einen Gegenstand und fangen Sie damit an. Seien Sie sich einfach Ihrer Angst bewusst, ohne sie zu unterdrücken – so gut Sie können. Dann fokussieren Sie auf den gewählten Gegenstand und praktizieren dabei achtsame Atmung. Wenn Ihre Angst dabei zu intensiv wird, machen Sie die Übung einfach in einem neutralen Kontext, das heißt, ohne sie mit Angst vor einer Begegnung in Verbindung zu bringen.

Im Alltag für sich sorgen

Stille Zeit allein, um für sich zu sorgen und sich zu verjüngen, ist wichtig, wenn auch in unserem gehetzten und oft gequälten Leben voller Stress häufig schwer zu finden. Das kann ein ruhiges Bad sein, vielleicht mit Kerzen. Oder man hört ein paar Minuten konzentriert und gesammelt Musik, liest ein Buch oder sitzt einfach still da und schaut aus dem Fenster ins Grüne. Versuchen Sie, für sich zu sorgen, indem Sie so etwas für sich tun, wenn Ihnen am nächsten Tag eine schwierige soziale Aufgabe bevorsteht. Das kann zum Beispiel eine Begegnung mit fremden Menschen auf einer Party, ein Referat bei der Arbeit oder eine Auseinandersetzung mit einem Kollegen sein, bei der Sie selbstbewusst auftreten möchten. Sie können das auch nach einem Ereignis tun, das Ihre Schüchternheit oder soziale Angst ausgelöst hat. Auch wenn man mit sich zufrieden ist, aber noch den Stress in sich spürt, kann das eine enorme Hilfe sein, Ausgeglichenheit wiederzuerlangen. Es kann einem ein paar Momente verschaffen, um sich nach einer aufregenden Begegnung mit Menschen zu erholen – wie nach einer ersten Verabredung, einer Annäherung an eine kleine Gruppe auf einer Party, einem Vortrag auf einer Tagung oder einem geschäftlichen Termin.

Gedanken und Emotionen beobachten und Sätze verwenden, mit denen man sich mehr unterstützen kann

Beobachten Sie Ihre flüchtigen Gedanken und Emotionen in sozial schwierigen und problematischen Situationen:

„Ich kann nicht glauben, was dieser Kerl zu mir gesagt hat! Ich bin es so gründlich leid, Teamgeist zu zeigen, während er einfach hereinmarschiert, erwartet, dass ich alles mache und dann die Lorbeeren dafür einheimst!"
„Dieses Vorstellungsgespräch werde ich nie überstehen. Ich kann mich einfach nicht gut ausdrücken. Die stellen mich nie ein."

Versuchen Sie, sie mit anderen Worten zu beschreiben, mit Worten, mit denen Sie Ihre Gefühle auf eine ruhigere Weise anerkennen und würdigen:

„Himmel, ich bin wirklich wütend und frustriert/ich habe wirklich Angst, aber ich weiß, dass Gedanken und Emotionen, die von Angst vor Bedrohung und Gefahr angeregt sind, nicht unbedingt die Wirklichkeit reflektieren – eigentlich sogar sehr selten. Ich kann diese Dinge denken und fühlen und tun, was ich sowieso für mich tun muss, weil es auf lange Sicht in meinem Interesse ist. Ich kann selbstbewusstes Auftreten üben/ich werde aus diesem Vorstellungsgespräch lernen, ob ich den Job bekomme oder nicht."

Achtsamer Sex

Wenn man schüchtern ist, ist Sex ein Bereich, in dem man sich oft besonders befangen oder gehemmt fühlt, ganz gleich, ob mit einem neuen Partner oder in einer festen Beziehung. Man fühlt sich leicht unter Druck, Leistung bringen zu müssen, und unter diesen Bedingungen können automatische negative Gedanken und Angst vor Versagen so sehr ablenken, dass man sich von seinem Körper und von sexueller Lust getrennt fühlt. Für mich war sehr interessant, dass das, was die sexuelle Erregung eigentlich verhindert oder stört, nicht so sehr Angst ist, sondern ablenkende Gedanken und Sorge um Leistung. Man kann aber Angst haben und zugleich Sex genießen, weil die Sinne immer noch funktionieren. Für viele Menschen, die sehr schüchtern sind, bedeutet diese Einsicht eine große Erleichterung. Wenn man sich wünscht, dass eine neue Beziehung zu einer dauerhaften Beziehung wird, dann möchte man natürlich, dass Sex so gut ist, wie er nur sein kann. Man möchte nicht von der Sorge abgelenkt werden, wie Angst das vielleicht verhindern könnte.

Die sexuelle Erregung eines Mannes, oder wenn sie ausbleibt, ist sichtbar, aber empfindsamen Menschen ist normalerweise klar, ob ein Partner, gleich welchen Geschlechts, entspannt ist und eine sexuelle Erfahrung genießt oder nicht. Achtsamkeit lernen bedeutet, dass man die eigene Freude und Lust wie auch die des Partners jeden Moment genießen lernt. Statt nur auf den Orgasmus aus zu sein und sich zu sorgen, ob die Erregung bis dahin anhält, kann man ganz bei der Lust jedes Augenblicks sein und den Orgasmus ganz von allein passieren lassen. Wenn man an Sex so herangeht, hat man auch Gelegenheit, die Erfahrung zu machen, dass der Orgasmus nur ein Teil gelebter Sexualität ist. Berührung und Nähe sind in jeder sexuellen Begegnung auch ohne einen Orgasmus in höchstem Maß befriedigend. Berührung und Körperkontakt und Nähe in Zuneigung regen das Gehirn an, Oxytocin zu produzieren, das Hormon, dem wir weiter oben schon begegnet sind. Dieses Hormon hat mit Vertrauen und Liebe zu tun und begünstigt und fördert Erregung, weil man sich sicher fühlt. Auch wenn man nicht zu einem Orgasmus gelangt, macht die lustvolle Erregung, die man erlebt hat, die nächste Begegnung noch erregender und befriedigender. Das ist die Grundlage von tantrischem Sex. Vielleicht sollten Sie mehr darüber erfahren, weil es Ihnen helfen kann, den Prozess zu verstehen, und weil es soziale Angst im Hinblick auf Sex reduzieren kann.

Übung

Das halb volle Glas

Man kann im täglichen Leben auch für sich sorgen, wenn man all die kleinen guten Dinge wertschätzt, die der Tag so bietet, all die kleinen Dinge, die man nebenbei genießt. Das ist so, als setzte man den alten Spruch über die Möglichkeit, ein halb volles Glas Wasser, als halb leer oder als halb voll sehen zu können, in die Tat um. Wenn Sie lange schüchtern und einsam gewesen sind, kann es gut sein, dass Sie sich in einem leicht depressiven Zustand mit einer pessimistischen Sicht der Dinge befinden. Sie sehen das Glas dann wahrscheinlich eher als halb leer. Bei chronischer Schüchternheit ist das eine verbreitete Erfahrung. Wenn Sie sie als Ihre eigene Erfahrung erkennen, kann diese Übung besonders wertvoll für Sie sein.

Richten Sie Ihre Aufmerksamkeit als Erstes auf die kleinen Dinge, die Ihnen wichtig sind, sei es die erste Tasse Kaffee oder Tee, die morgendliche Dusche, das Bad am Abend, Toast mit Butter und Marmelade oder Blumen im Garten oder drinnen auf der Fensterbank. Stellen Sie sich vor, wie Sie ein paar Minuten Ihren Lieblingsautor in der Zeitung lesen oder Ihre Lieblingssendung im Fernsehen anschauen oder ein besonderes Buch lesen, das Sie mögen.

Atmen Sie einfach ein und aus und nehmen Sie diese Dinge genau und in ihren Einzelheiten wahr. Lassen sie so gut wie möglich alle Beschäftigung mit der Zukunft und mit Ihrem Auftreten unter Menschen und auch alles Bedauern vergangener enttäuschender sozialer Interaktionen hinter sich. Konzentrieren Sie sich vielmehr auf freudige Momente im Hier und Jetzt. Wenn Sie sich daran gewöhnen, das zu tun, wird der Zustand der Bewusstheit immer angenehmer und wird immer länger anhalten. Einfach lernen wahrzunehmen stimuliert unser Gehirn auf neue Weise und lässt dort neue Muster entstehen.

Wenden Sie sich an einem anderen Tag allen Dingen zu, die Ihnen an Menschen gefallen, mit denen Sie in Ihrem Leben zu tun haben – an den Menschen in Ihrer Familie, an denen, die Sie lieben, an Kollegen und Freunden. Nehmen Sie sich Zeit, die Qualitäten an ihnen wertzuschätzen, die Ihnen gefallen oder die Sie bewundern. Denken Sie an all die Dinge, die andere für Sie tun, um Ihnen Ihr Leben zu erleichtern – angefangen bei dem Mann in der Autowerkstatt über den, der die Zeitung bringt, bis zu den Leuten, die den Gemüsestand in Ihrem Viertel betreiben, so dass Sie zu Beginn Ihres Tages frisches Obst genießen können. Wie wäre es, wenn Sie diesen Menschen sagen würden, was Sie an ihnen schätzen oder bewundern? Über die Wirkung wären Sie vielleicht angenehm überrascht. Ich erinnere mich, wie ich als junge Mutter in einer Sackgasse lebte, wo ich eine Nachbarin hatte, die eine sehr fähige Frau war. Sie konnte eine gute Freundin sein, war manchmal aber auch sehr dominant und kritisch. Ich entdeckte, dass sie auffallend weicher wurde, als ich anfing, ihre Stärken ausdrücklich anzuerkennen und ihr deshalb Komplimente zu machen. Das schien ihre getriebene Intensität, ihre Entschlossenheit zu reduzieren, jeden – und alles – zu korrigieren.

Wenn man auf eine lästige Weise und chronisch schüchtern ist, hat man oft so viel Angst bei der Begegnung mit Menschen, dass man nicht bei den Dingen ist, die man an anderen, an der Umgebung und an Freuden des Alltags schätzt und mag. Man ist dann vor solchen Ereignissen zu sehr damit beschäftigt, sich Sorgen zu machen, und danach geht man eher in sich und grübelt, ob alles gut war. Wenn Sie die Übung des „halb vollen Glases" machen – ob mit Dingen oder mit Menschen –, üben Sie, das System zur das Bedrohungssystem außer Kraft zu setzen. Dieses System sucht Sie zu schützen, indem es Ihnen ständig signalisiert, dass Ihr Glas halb leer ist. Jetzt aber setzen Sie bewusst Ihre Aufmerksamkeit ein, um das andere System zur Regulierung von Emotionen im Gehirn zu stimulieren, das angenehme Gefühle hervorruft – beruhigende Gefühle und innere Zustände der Ruhe und Entspannung.

Denken Sie auch daran, dass es bei diesen Übungen darum geht, spielerisch und freundlich mit sich umzugehen und natürliche Freuden zu genießen. Es geht nicht darum, was Sie fühlen oder denken „sollten". Sie wenden sich nur freundlich Ihrem Gehirn zu und üben, um Ihre natürlichen Fähigkeiten für Freude und Lust zu entwickeln.

Gefühle, die sich bei Achtsamkeitsübungen einstellen können

Manchmal können unangenehme Gefühle auftauchen, wenn man diese Übungen macht: Traurigkeit, Angst, soziale Angst, Schmerz oder Wut. Das ist ganz natürlich und gehört einfach zum Prozess, wenn man sich seiner immer mehr bewusst wird. Sie brauchen sich keine Sorgen zu machen. Nehmen Sie einfach wahr, was für Gefühle es sind, lauschen Sie einen Moment auf sie und kommen Sie mit Ihrer Aufmerksamkeit wieder ruhig zur Atmung zurück. Wenn Sie das machen, während Sie im Sitzen oder Gehen üben, werden sich plötzlich Einsichten einstellen, oft nach dem Ende einer Übung oder wenn in Ihren Sitzungen ein paar Tage hintereinander immer wieder besondere Gedanken und Gefühle aufgetaucht sind. Es kann gut sein, dass Sie Ihre Erfahrungen mit Schüchternheit dann besser verstehen. Wenn Sie die Erinnerungen, die auftauchen, wahrgenommen und Ihre Aufmerksamkeit dann wieder auf Ihre Atmung gerichtet haben, sehen Sie möglicherweise Verbindungen zwischen Schüchternheit und sozialer Angst, die Sie jetzt empfinden, und früheren Erfahrungen und Erlebnissen.

In diesem Prozess entwickelt man achtsame soziale Fitness. In Kapitel 1 haben wir über physische und soziale Fitness gesprochen. Jetzt entwickeln wir durch tägliche Praxis emotionale Fitness, emotionale Regulierung und emotionales Gleichgewicht.

Es ist eine gute Idee, die Übungen zu machen, wenn man relativ ruhig ist, denn dann ist es leichter, Bewusstheit zu entwickeln wie auch zu üben, Gedanken und Gefühle wahrzunehmen und dann zur Atmung zurückzukommen. Je mehr man Achtsamkeit übt, umso mehr wird man wahrnehmen, dass auf einen Schub intensiver Gedanken und Gefühle normalerweise mit der Zeit eine Verringerung der Intensität und ein stillerer Zustand folgen, in dem man mehr nur beobachtet. Wenn die Gefühle, die auftauchen, intensiv sind, ist es sehr nützlich, mit jemandem zu sprechen, dem man vertraut. Wenn man niemanden kennt, dem man so vertraut und mit dem man reden kann, sollte man vielleicht einen Therapeuten oder einen Meditationslehrer aufsuchen. Vielleicht gibt es auch am Ort oder sonst in der Nähe Gruppen für Achtsamkeitsbasierte Stressverringerung (MBSR), oder man beschafft sich Selbsthilfebücher, wie das kürzlich erschienene von Steve Flowers, *Der achtsame Weg durch die Schüchternheit* (Arbor, 2011).

Wir sind jetzt auf dem Weg dahin, mitfühlendes und ausgeglichenes Denken zu entwickeln. Im nächsten Kapitel werde ich beschreiben, wie man mit störenden unangenehmen Gedanken und Gefühlen arbeiten kann, indem man Ausgleich herstellt und sich auf Mitgefühl konzentriert. Wenn man so mit Schüchternheit arbeitet, kann man lernen, sich selbst zu vertrauen und sich anzunehmen und dabei Verantwortung für eigenes Verhalten zu übernehmen. Dann kann man darauf hinarbeiten, seine Ziele im Leben zu verwirklichen. Wir werden auch darüber sprechen, wie wichtig das Schreiben ist, und dabei Übungen aus der auf Mitgefühl basierenden Therapie verwenden.

Hauptpunkte

- Ein Arbeitsheft oder Tagebuch ist nützlich, wenn man Achtsamkeits- und Entspannungspraxis entwickelt – und auch zum Aufzeichnen Ihrer Gedanken zu den anderen Übungen in diesem Buch.

- Eine tägliche Achtsamkeitspraxis ist nützlich, wenn man lernen will, soziale Angst zu akzeptieren und dabei einen mitfühlenden Fokus zu entwickeln, ohne Widerstand gegen die Gefühle und ohne sie zu unterdrücken.

- Beobachten von Gedanken und Gefühlen in Verbindung mit Gedanken, mit denen wir uns unterstützen, helfen uns, unser Denken auszugleichen und unserer Schüchternheit mit Mitgefühl zu begegnen.

5

Training mitfühlenden Denkens und Arbeit mit inneren Bildern

In diesem Kapitel werden wir üben, mit Hilfe von inneren Bildern unser mitfühlendes Denken zu entwickeln, um ruhig zu werden und in unserem Gehirn mitfühlende Muster zu entwickeln. (Arbeit mit inneren Bildern ist eine der Techniken, wie man mit Mitgefühl arbeiten kann, wie Sie sich vielleicht aus Kapitel 3 erinnern.) Wir werden unser Beruhigungssystem entwickeln. Das soll uns helfen, mit unseren Erfahrungen umzugehen und aus ihnen zu lernen. Damit kann man Kontrolle über einige Muster des alten Gehirns bekommen, die einen daran hindern können, zu verfolgen, was man im Leben wirklich will.

In diesem Kapitel werden Übungen beschrieben, mit denen wir Geist-Körper-Zustände stimulieren, die uns helfen können, mit den Schwierigkeiten des Lebens umzugehen, auch mit der Angst vor Nähe. Wenn wir das tun, begegnen wir unserer Verletzlichkeit als Menschen. Wenn man schüchtern ist, hat man Angst davor, enttäuscht und verletzt zu werden, wenn man auf andere zugeht. Man hat Angst, dass andere einen kritisieren oder Fehler oder Schwächen entdecken. Man hat Angst, bei einem Vorstellungsgespräch oder bei einem ersten Rendezvous nicht den Eindruck zu machen, den man so verzweifelt gern machen möchte. Obwohl diese

Angst ein natürlicher Teil des Bedrohungssystems (das Gefahr und Selbstschutz reguliert) ist, ist Nähe mit oder zu Menschen eine Vorbedingung für ein befriedigendes und erfüllendes Leben. Ohne menschliche Nähe kann man verkümmern und manchmal sogar sterben. Aufgrund unserer Natur wie unseres Bedürfnisses nach Nähe als lebensnotwendiger Nahrung sind wir uns der Folgen menschlicher Ablehnung höchst bewusst. Unsere Sensibilität kann ein Geschenk wie auch eine Last sein.

Seien wir aufrichtig: Manchmal *werden* wir tatsächlich enttäuscht. Wir werden verletzt, und wir werden abgelehnt. Aber genauso wichtig, wenn nicht wichtiger, ist, dass wir verstehen, dass wir weitergehen und ein reiches und lohnendes Leben haben und andere und uns selbst besser verstehen, wenn wir uns aufraffen und es noch einmal versuchen, weiter teilnehmen, auf andere zugehen und lernen. Wir werden uns wahrhaft lebendig und mit anderen und uns selbst verbunden fühlen, und wir werden aufblühen.

Wenn Sie diese Übungen ausprobieren, erleben Sie vielleicht relativ schnell Freundlichkeit und Wärme für sich. Aber keine Sorge, wenn das nicht so ist. Diese Übungen wirken bei verschiedenen Menschen unterschiedlich schnell. Es spielt keine Rolle, ob es eine Weile dauert oder ob manche Übungen bei Ihnen eine Wirkung haben und andere nicht. Am wichtigsten ist, dass Sie mit Ihrem eigenen Timing und Tempo in Kontakt sind und die Übungen finden, die bei Ihnen am besten wirken.

Es ist wichtig, sich daran zu erinnern, dass die Bilder, die durch Phantasie bei diesen Übungen entstehen, nicht so deutlich wie ein gut entwickeltes Foto oder wie ein Video sind. Normalerweise bestehen sie nur aus flüchtigen Eindrücken, oft auch Sinnesempfindungen, Stimmen, Tönen oder Gefühlen. Es geht um den Eindruck oder das Gefühl, das in Ihnen hervorgerufen wird. Seien Sie deshalb freundlich mit sich und offen für alles, was an Bildern in Ihnen auftaucht.

Das Verlangen, glücklich zu sein

Übung

Das Verlangen, in Frieden zu sein

Bei dieser Übung geht es um den Wunsch, in Frieden und frei von Leiden zu sein. Dazu gehört jede Art inneren Unbehagens oder inneren Schmerzes und besonders alles, was mit Schüchternheit und sozialer Angst zu tun hat.

Suchen Sie sich einen ruhigen Platz, an dem Sie ruhig, aber wach auf einem Stuhl, Kissen oder einem Bänkchen Ihre bevorzugte Körperhaltung für achtsames Atmen einnehmen können. Ihr Rücken sollte gerade sein und Sie sollten sich körperlich wohlfühlen. Anfangs können Sie auch liegen, wenn sich das besser anfühlt. Nehmen Sie ein leichtes Lächeln wahr und werden Sie sich dann bewusst, wie Ihr Gesicht einen sanften, mitfühlenden Ausdruck annimmt. Nehmen Sie sich ein paar Momente Zeit dafür, um in diesem Gefühl anzukommen. Falls das anfangs schwierig ist, könnten sanfte beruhigende Musik, Töne von Klangschalen oder Geräusche aus der Natur im Hintergrund, wie ich sie in Kapitel 4 erwähnt habe, eine gute Wirkung haben.

Sagen Sie jetzt still zu sich: „Möge ich glücklich sein, möge es mir gut gehen und möge ich frei von Leiden sein." Dies ist die grundlegende buddhistische Meditation Liebender Güte. Richten Sie Ihre Aufmerksamkeit darauf, frei von Leiden und in einem Zustand des Wohlbefindens zu sein, während Sie mit Ihrem Wunsch vertraut werden, in Frieden zu sein. Nehmen Sie wahr, dass das Selbst, in dem der Wunsch nach Frieden seinen Sitz hat, weise und liebevoll *ist*. Es grübelt nicht und ist nicht von der Sorge erschöpft, kritisiert oder bewertet zu werden. Es kann in Ihnen eine Stimme geben, die sagt: „Ich gäbe alles für eine Pause von sozialer Angst und Sorge." Aber das weise Selbst, das immer in Frieden ist, macht sich keine Sorgen. Es ist ruhig.

Mir selbst haben folgende Sätze gut gefallen: „Möge ich glücklich sein, möge ich frei von Quellen inneren und äußeren Schadens sein, möge ich stark und gesund sein und in Leichtigkeit leben, möge ich frei von Leiden, möge ich in Frieden sein." Aber wenn Sie wollen, bleiben Sie bei der ersten, einfachen Meditation. Probieren Sie beide aus und schauen Sie, was am besten zu Ihnen passt.

Versuchen Sie etwa fünf Minuten bei diesen Sätzen zu bleiben und wiederholen Sie sie innerlich immer wieder. Dann schreiben Sie Ihre Gedanken und Reaktionen in Ihr Tagebuch. Das kann Ihnen helfen, sich an Ihre Erfahrungen mit dieser Übung zu erinnern, und Sie auch anregen, über Ihre Erfahrungen und Einsichten zu reflektieren. Haben Sie zum Beispiel einen Widerstand wahrgenommen, als Sie die Übung gemacht haben, wie zum Beispiel Gedanken, dass Sie keinen Frieden verdient haben? Oder dass es schwer ist, dass Sie etwas verpassen würden, dass Sie in den Augen anderer vielleicht keinen Wert haben, dass es an Ihrer Schüchternheit nichts ändern würde, dass Sie sich nicht wehrlos machen dürfen oder dass Sie zu verletzlich sein würden? Nehmen Sie einfach mit Interesse *alle* Ihre Gedanken und Gefühle wahr, auch wie es sich anfühlt, wenn Sie sich bewusst sind, dass Sie sich wirklich wünschen, dass es Ihnen gut geht. Nehmen Sie sich danach etwas Zeit und schreiben Sie auf, was Sie wahrgenommen haben.

Übung

Gelassene Lebensfreude

Bei dieser Übung geht es um den Wunsch, glücklich zu sein, um den Wunsch nach Freude und in Frieden zu leben. Wenn man sich der Freude zuwendet, entsteht eine Verbindung mit dem Antriebssystem. Damit stimuliert man im Gehirn auch ein etwas anderes Muster als das, das allein mit dem Beruhigungssystem assoziiert ist. Versuchen Sie, still zu sich zu sagen: „Möge ich glücklich sein, möge ich Freude haben und in Frieden sein." Wenn Sie diese Übung machen, werden Sie wieder wahrnehmen, wie Sie in Gedanken abschweifen. Kommen Sie einfach wieder mit Ihrer Aufmerksamkeit zu Frieden und Freude zurück. Vielleicht nehmen Sie Gedanken wahr, die mit Irritation oder Ärger über Ihre Schüchternheit zu tun haben, oder diese Gedanken kreisen um Vorstellungen, sozial zu versagen, und blockieren den Weg zu Selbstmitgefühl und Wohlbefinden. Nehmen Sie diese Gedanken wieder nur einfach wahr und bringen Sie Ihr Bewusstsein zu Frieden und Freude zurück.

Ich habe manchmal Angst davor, mich Frieden und Freude zu überlassen, weil ich dann die Befürchtung habe, wenn diese Dinge vorherrschen, könnte ich meine Verantwortlichkeiten vernachlässigen. Ich hatte Angst, ich könnte meinen Antrieb verlieren, etwas zu leisten, oder vernachlässigen, etwas zu tun, was mir wichtig ist. Wie viele von uns – besonders in der westlichen Welt mit ihrem extremen Fokus auf individueller Leistung – haben Angst vor Zufriedenheit und Erfüllung? Angst davor, an Motivation, an Schwung zu verlieren oder aufzuhören, darauf hinzuarbeiten, auf Menschen zuzugehen und Freundschaften zu schließen, oder Anzeichen zu übersehen, die potentielle soziale Gefahren anzeigen? Wenn Sie können, lassen Sie mit einem inneren Lächeln jede Sorge um diese Ängste vor Zufriedenheit und Erfüllung los und erlauben Sie sich in diesem Moment einfach, dankbar dafür zu sein, dass Sie lernen, innerlich zu arbeiten. Sie können auch daran denken, wie Sie angesichts Ihres Widerstandes in jedem Fall weitergehen und daran arbeiten wollen, friedliche und freudige Zustände zu kultivieren. Beschreiben Sie nach der Übung diese Gefühle in Ihrem Arbeitsheft.

Zufriedenheit und Ziele

Es lohnt sich, hier einen Moment innezuhalten und darüber nachzudenken, was Zufriedenheit bedeutet und was Zufriedenheit nicht bedeutet. Zufrieden zu sein bedeutet nicht, dass man weniger entschlossen ist, wichtige Ziele im Leben zu verfolgen. Das können Ziele wie eine Aufgabe von allgemeinem Interesse, ein sinnvolles Leben oder einfach unsere zwischenmenschlichen Beziehungen sein. Der Dalai Lama ist dafür ein gutes Beispiel. Das Oberhaupt der weltweiten buddhistischen Gemeinde fühlt sich der Aufgabe tief verpflichtet, Mitgefühl in der Welt zu mehren, und seine vielen Reisen dienen dieser Arbeit. Zugleich lebt er ganz in Frieden und zufrieden, wobei er anerkennt, dass auch er immer noch mit einem eigenwilligen Geist kämpft. Der Dalai Lama hat sich auch der Aufgabe verpflichtet, östliche Achtsamkeitspraktiken und westliche Wissenschaft zu integrieren. Er verwendet sehr viel Zeit darauf, westlichen psychologischen Forschern zu ermöglichen zu studieren, wie sich Meditation auf

Gehirn und Körper auswirkt. Dabei nutzt er seine hervorragenden Verbindungen mit Mönchen, die sehr lange und intensive Erfahrung in Meditation haben.

Einige dieser Studien haben gezeigt, dass Teilnahme an einem achtwöchigen Programm von achtsamkeitsbasierter Stressverringerung soziale Angst reduzieren kann. In Großbritannien und den USA wird eine breite Öffentlichkeit mit diesen Ergebnissen bekannt gemacht. Sie haben einen beträchtlichen Einfluss auf westliches Denken. Das zeigen die steigenden Zahlen von Menschen, die Meditationszentren in beiden Ländern besuchen, und auch die Zahlen von Menschen, die diese Praktiken in nachhaltige Geschäftsstrategien und in Non-Profit-Organisationen integrieren.

Wir müssen aber aufpassen, dass wir friedliches Verhalten nicht davon abhängig machen, dass wir unsere sozialen Ziele erreichen, wie zum Beispiel bei der Arbeit unsere Meinung zu sagen, jemanden zum Essen einzuladen, im Büro ein privates Gespräch anzufangen oder einen Nachbarn anzusprechen, den man oft gesehen, aber nie gegrüßt hat. Man könnte zum Beispiel der Ansicht sein, dass man nur in Frieden sein kann, wenn es einem gelingt, diesen Job zu bekommen oder sich mit jenem Menschen zu einem Rendezvous zu verabreden, oder wenn man eine bestimmte Person als Partner gewinnt. Ich kann mich lebhaft daran erinnern, wie ich erkannte, dass ein Einsatz mit voller Kraft für das, was ich wollte, und in Verbindung mit der Einsicht, vielleicht nie zu bekommen oder zu erreichen, was ich mir erhoffte, für mich das Geheimnis eines sinnvollen Lebens war. Was zählte, war, mich wirklich rückhaltlos für das Ziel einzusetzen, so dass ich unabhängig davon, ob ich es erreichte oder nicht, immer wissen würde, dass ich mein Bestes getan hatte. Damals war mir nicht klar, dass Frieden und Freude an diesem Streben beteiligt sein konnten. Ich lernte, dass Freude da sein konnte. Aber ich brauchte länger, um zu begreifen, dass ich auch mit dem Bewusstsein und der Erfahrung von Frieden und Zufriedenheit intensiv daran arbeiten konnte, meine Ziele zu erreichen.

Vielleicht sollten Sie deshalb Folgendes überlegen: Welches sind Ihre Ziele und Werte? Was wollen Sie für sich in Ihrem Leben erreichen und was ist Ihnen wirklich wichtig? Was wollen Sie beitragen? Oder wie wir in der Shyness Clinic sagen: *Wer* möchten Sie sein? Und *wie* wollen Sie sein? Vielleicht sollten Sie zu diesen Themen ein paar Notizen in Ihrem Arbeitsheft machen. Das kann Ihnen helfen, Ihre Gedanken zu klären und Ihnen vielleicht in Ihrer Praxis eine Richtung geben.

Übung

Erinnerungen verwenden

Diese Übung kann Ihnen helfen, mit Hilfe Ihrer Erinnerungen Mitgefühl mit sich selbst zu erzeugen. Nutzen Sie dieselbe oder eine ähnliche Haltung mit einem geraden Rücken, die Sie bei den früheren Übungen eingenommen haben. Nehmen Sie bewusst Ihre Atmung wahr und beobachten Sie, bevor Sie anfangen, ein paar Momente lang, wie sie sich vertieft.

Versuchen Sie, sich an eine Situation zu erinnern, in der jemand freundlich, liebevoll und warmherzig zu Ihnen war. Wenn Sie können, richten Sie Ihre Aufmerksamkeit auf ein bestimmtes Ereignis, auch auf die Einzelheiten. Es kann eine Situation gewesen sein, in der Sie schüchtern waren und jemand auf Sie zugegangen ist. Vielleicht hat diese Person Sie in ein Gespräch einer kleinen Gruppe mit einbezogen. Nehmen Sie eine Situation, die nicht zu unangenehm war, sonst kann Ihre Aufmerksamkeit von dem Schmerz selbst erfasst und überwältigt werden. Versuchen Sie, in sich wieder wachzurufen, wie Sie sich gefühlt haben, als Sie die Freundlichkeit eines Menschen erlebt haben, den Sie nicht kannten. Konzentrieren Sie sich auf den Gesichtsausdruck, die Stimme und das allgemeine Auftreten dieser Person. Erinnern Sie sich an so viele Einzelheiten wie möglich. Welche Gefühle haben Sie wahrgenommen – bei sich und bei Ihrem Gegenüber? Können Sie sie in Ihrem Körper spüren? Spüren Sie, wie sie in Sie hineinfließen. Nehmen Sie sich ein paar Minuten Zeit und erleben Sie so deutlich Sie können, wie es war. Wenn Sie fertig sind, schreiben Sie auf, was Sie empfunden haben und wie es sich angefühlt hat, zu diesen Erfahrungen zurückzukommen.

Denken Sie jetzt an eine Situation, in der Sie selbst für jemanden Freundlichkeit empfunden haben, wobei Mitgefühl in Ihnen entstand und Sie es einem anderen Menschen entgegenbrachten. Versuchen Sie, sich an eine Situation zu erinnern, als Sie sich warm, freundlich und liebevoll gegenüber einem Menschen in Not gefühlt haben. Vielleicht war das jemand, der schüchtern war oder dem es peinlich war, weil er einen Namen vergessen hatte. Nehmen Sie wieder keine Situation, in der um sehr intensives Leiden ging, denn das kann komplexere Gefühle an die Oberfläche bringen, und Sie könnten an zu viel Angst und Unsicherheit erinnert werden. Der Fokus ist hier bei Ihren Gefühlen von Wärme und Freundlichkeit. Sie möchten, dass es jemandem gut geht und er Wärme empfindet, und Freundlichkeit fließt von Ihnen zu ihm. Versuchen Sie, sich so genau wie möglich zu erinnern, auch an Töne, Gesichtsausdruck und Gefühle und andere sinnliche Einzelheiten. Wenn nichts auftaucht, macht es nichts. Nehmen Sie einfach wahr, wenn etwas auftaucht. Wenn Sie die Übung beendet haben, schreiben Sie wieder auf, was Sie gedacht und gefühlt haben.

Schauen Sie nun auf die zwei Teile dieser Übung zurück. War einer leichter als der andere? War es leichter, sich an Freundlichkeit zu erinnern, die Ihnen entgegengebracht wurde, oder war es leichter, sich an die zu erinnern, die von Ihnen ausging? Es spielt keine Rolle, was die Freundlichkeit jeweils ausgelöst hat: Wichtig ist, dass Sie die Wärme fühlen, die mit Freundlichkeit und Anteilnahme verbunden ist.

Übung

Der Wunsch, dass andere glücklich sind

Sie können nun eine Übung ausprobieren, bei der man mit Bildern in der Gegenwart arbeitet. Beginnen Sie mit Menschen, die Ihnen nahestehen und an denen Ihnen liegt. Verwenden Sie dabei dieselben Sätze wie in der ersten Übung dieses Kapitels: „Mögest du glücklich sein, möge es dir gut gehen und mögest du frei von Leiden sein." Versuchen Sie, die Gesichter Ihrer Lieben zu sehen, stellen Sie sich ihr Lächeln vor und wie sie sich bewegen und wie ihre Stimme klingt. Schauen Sie die Gefühle an, die aus Ihrem Wunsch entstehen, dass sie glücklich und in Frieden und frei von Leiden leben mögen. Denken Sie daran, dass Sie sich einfach hier vorfinden, wie wir alle, und Ihr Bestes tun. Sie empfinden vielleicht

Wärme für sie, und möglicherweise spüren Sie, wie andere Gefühle entstehen. Sie machen sich vielleicht Sorgen um sie oder Sie sind traurig über einen Verlust, den sie erlitten haben. Wenn Sie können, machen Sie sich in Ihrem Tagebuch über die verschiedenen Gefühle, die aufkommen, Notizen. Wenn Sie weiter in dieser Weise üben und dann in Ihrem Tagebuch zurückblättern, werden Sie sehen, wie bestimmte emotionale Zustände im Gehirn verschiedene Muster stimulieren und zugleich an sich bedeutsame Erfahrungen sind.

Wenn Sie möchten, könnten Sie mit jemandem beginnen, zu dem Sie aufschauen oder dem Sie dankbar sind – vielleicht mit einem Mentor, oder mit jemandem, der Sie geführt hat oder ein Vorbild für Sie war, der Sie ermutigt oder unterstützt hat. Vielleicht mit jemandem, der Ihnen bei Ihrer Schüchternheit geholfen hat – und dann können Sie zu anderen weitergehen, mit denen Sie intimer verbunden sind. Nehmen Sie sich für jeden dieser Menschen ein paar Minuten Zeit.

Wir haben damit angefangen, dass wir an diejenigen denken, zu denen wir aufschauen und denen wir dankbar sind, und dann an die, die uns am nächsten sind. Jetzt können wir Liebende Güte auf unsere Freunde ausdehnen. Stellen Sie sich die Gesichter Ihrer Freunde und ihre anderen Eigenschaften, ihr Lächeln und auch ihre witzigen Züge vor, und zwar so detailliert und mit so vielen Einzelheiten, wie Sie können. Richten Sie Liebende Güte auf sie und wünschen Sie ihnen, dass sie glücklich sind und dass es ihnen gut geht und sie frei von Leiden sind. Nehmen Sie sich für jeden einzelnen dieser Menschen Zeit, damit Sie diesen Wunsch, dass sie erfüllt und glücklich sind, deutlich fühlen können. Visualisieren Sie ihr Glück und ihren Frieden, so gut Sie können. Wenn Sie abschweifen, nehmen Sie wahr, wohin Sie abschweifen, und bringen Sie Ihre Aufmerksamkeit einfach zu der Meditation Liebender Güte zurück.

Wenden Sie sich jetzt Menschen zu, die Sie nicht so gut kennen. Dies sind Menschen, denen gegenüber Sie neutrale Gefühle haben – Nachbarn und Bekannte, vielleicht Menschen, die Ihnen in der Post oder im Supermarkt, flüchtig bei der Arbeit oder auf dem Tennisplatz oder beim Sport begegnen. Dehnen Sie Ihre Liebende Güte und Wünsche, dass sie glücklich, in Frieden und frei von Leiden sind, auch auf sie aus. Visualisieren Sie ihr Glück und ihren Frieden. Wenn Sie abschweifen, dann nehmen Sie wieder wahr, wohin Sie abgeschweift sind, und bringen Sie Ihre Aufmerksamkeit zu der Liebenden Güte für Menschen zurück, für die Sie neutrale Gefühle haben.

Wenn Sie mit Ihrer Aufmerksamkeit ein paar Minuten lang bei Menschen waren, denen gegenüber Sie ein neutrales Gefühl empfinden, dehnen Sie Ihre Liebende Güte jetzt auf Menschen aus, die anderer Meinung als Sie sind, und auf die, die Sie verletzt oder gedemütigt haben. Weiten Sie sie auch auf solche Menschen aus, auf die Sie ärgerlich sind oder denen gegenüber Sie Groll oder Wut empfinden, oder die Sie offen als Feinde betrachten. Dieser Teil der Übung ist für viele nicht leicht, aber diese Wendung kann sehr erhellend und nützlich sein. Genau wie wir haben sich diese Menschen nicht dafür entschieden, hier zu sein, und sie haben sich auch nicht ihre Gene oder die Umgebung ausgesucht, in der sie aufgewachsen sind. Unter den gegebenen Bedingungen und Ihrem Verständnis entsprechend tun Sie Ihr Bestes. Wir verletzen einander durch Unwissenheit und Mangel an achtsamer Kontrolle unserer Gedanken und unseres Verhaltens. Es kann besonders nützlich sein, diese Akzeptanz, diese Möglichkeit und Fähigkeit zu spüren, denjenigen Liebende Güte anzubieten, von denen man sich beschämt, abgelehnt, herabgesetzt oder sogar gedemütigt gefühlt hat oder fühlt. Aber es kann sein, dass es viele Versuche mit der Übung und über einen längeren Zeitraum braucht, bis man an diesen Punkt gelangt ist.

Nehmen Sie sich jetzt, nachdem Sie diese Übung zum ersten Mal ausprobiert haben, ein paar Minuten Zeit und schreiben Sie Ihre Erfahrung auf. Erinnern Sie sich, wo Sie Widerstand empfunden haben, und an jede Stelle, an der Sie sich während der Übung entwertet haben. Schreiben Sie auf, wie Sie mit Ihrem Widerstand und mit Ihren negativen Emotionen umgegangen sind, und ob Sie Ihre Aufmerksamkeit zu Liebender Güte zurückbringen konnten.

Man muss bewusst daran arbeiten, wenn man diese Fähigkeit erwerben will, Liebende Güte auf Menschen auszudehnen, die einen verletzt haben oder in irgendeiner Hinsicht Gegner waren. Nehmen Sie sich also Zeit zum Üben und Lernen. Es lohnt sich. Manchmal erzählen Leute von plötzlichen Momenten der Befreiung von schmerzhaften Zuständen der Wut, des Grolls und des Schmerzes, die während ihres ganzen Lebens ständige, schmerzhafte Begleiter gewesen sind. Zu diesen Momenten der Befreiung kommt es zusammen mit der Einsicht, dass die Verantwortung für das, was andere getan haben, bei ihnen liegt und nicht bei einem selbst. Es kann erleichternd sein, wenn man erkennt, dass die Folgen der Taten eines anderen Menschen in der Welt von ihm bewältigt werden müssen. Wir müssen uns nur um das kümmern, wofür wir selbst verantwortlich sind: um die Wirkung unserer eigenen Worte und Taten. Wenn man Liebende Güte praktiziert, kann einem das helfen, anderen und uns selbst zu vergeben. Wir versuchen nicht, unsere negativen Emotionen in Bezug auf Handlungen anderer loszuwerden, sondern nur, sie zu transzendieren: angesichts vergangener und gegenwärtiger Verletzungen ein eigenes glückliches Leben zu leben.

Wenn Sie Liebende Güte Menschen entgegengebracht haben, die Ihnen wehgetan haben, und auch denen, die Sie als Feinde betrachten, können Sie sie auf alle Menschen ausdehnen. Und dann schließlich darüber hinaus auf alle Lebewesen: auf Pflanzen und Tiere, und überhaupt auf alles, was lebt, auch auf alles noch Unbekannte, jenseits der Sphäre unseres Planeten und im ganzen Universum. Machen Sie das ein paar Minuten lang und schreiben Sie dann Ihre Gedanken und Gefühle auf.

Liebende Güte für andere: Ein Beispiel

Ein Professor, bei dem ich ein paar Seminare besuchte, pflegte von einem Freund zu erzählen, einem Mann, der den Holocaust überlebt hatte und eine Zeit lang in einem Konzentrationslager gewesen war. Trotz des schrecklichen Traumas, das er erlitten hatte, war dieser Mann einer der glücklichsten Menschen, die mein Professor kannte. Einmal fragte ihn der Professor: „Warum bist du bei allem, was du durchgemacht hast, immer so glücklich und nicht bitter? Hast du nicht mit Wut darüber zu kämpfen, was dir passiert ist?"

Sein Freund antwortete: „Bei allem, was ich durchgemacht habe, sind die Dinge, über die sich die Menschen um mich herum wirklich aufregen, für mich nicht so aufregend. Ich weiß, was es bedeutet, wenn etwas wirklich erschütternd ist, und es hat mit dem Leben und dem Tod der Menschen zu tun, die einem nahestehen und die man kennt. Dies sind alles kleine Fische. Ich danke jeden Tag meinem guten Stern, dass ich hier bin. Ich weiß, was ein gutes Leben ausmacht, und dies ist ein gutes Leben. Warum sollte ich Zeit mit Wut und Bitterkeit verschwenden?"

Überlegungen zur Meditation Liebender Güte

Manche depressive Klienten haben mit dem Ausdruck „frei von Leiden" Schwierigkeiten und sagen lieber „Möge ich Mitgefühl mit meinem Leiden haben". Sie finden, dass sie sich mit diesen Worten leichter identifizieren können und dass diese Form des Satzes ihnen hilft, den Mut aufzubringen, sich schwierigen Dingen zu stellen. Wenn Sie so lange sehr schüchtern gewesen sind und unter sozialer Angst gelitten und viel Leiden durchgemacht haben, geht es Ihnen vielleicht auch so. Es geht nur darum, die Worte zu finden, die für Sie die beste Wirkung haben. Es kann nützlich sein, im Tagebuch festzuhalten, welche Formulierungen bei der Meditation und welche Musik für Sie die beste Wirkung haben, wenn Sie das Beruhigungssystem und ruhige Gefühle und Gedanken anregen möchten.

Wenn man Liebende Güte auf alle Wesen ausdehnt, empfindet man möglicherweise Traurigkeit und hat dann ein Gefühl, als nähme man Anteil am Kummer der Welt. Üben mit Musik, besonders in Molltonarten, kann dieses Gefühl des Kummers und damit den Wunsch leichter entstehen lassen, eigenes Leiden und Leiden anderer Menschen heilen zu helfen. Sie können anfangen, Gedichte zu sammeln, die diese Gefühle ansprechen. Es gibt ein wunderbares Gedicht von Mary Oliver, in dem es darum geht, angesichts der Verluste und Sorgen und des Kummers, die das Leben mit sich bringen, voll zu leben. Es endet mit einer Idee, die vielleicht besonders wertvoll und inspirierend ist, wenn man sich mit Schüchternheit auseinandersetzt.

Wenn der Tod kommt

Wenn der Tod kommt
wie der hungrige Bär im Herbst
wenn der Tod kommt und alle hellen Münzen aus seiner Börse nimmt

um mich zu kaufen, und seine Börse zuschnappen lässt;
wenn der Tod kommt
wie die Masern;

wenn der Tod kommt
wie ein Eisberg zwischen den Schulterblättern,

möchte ich voller Neugier durch die Tür treten und mich fragen;
wie wird es sein, diese Hütte der Dunkelheit?

Und daher betrachte ich alles
als eine Bruderschaft und Schwesternschaft,
und ich betrachte Zeit als nicht mehr als eine Vorstellung,
und ich halte Ewigkeit für eine andere Möglichkeit,

und ich sehe jedes Leben als eine Blume, so einfach
wie ein Gänseblümchen auf der Wiese, und als einmalig,

und jeder Name eine angenehme Musik im Mund,
die wie alle Musik zu Stille tendiert,

und jeder Körper ein Löwe an Mut, und etwas
Kostbares für die Erde.

Wenn es vorbei ist, möchte ich sagen: Mein ganzes Leben
war ich eine Braut, verheiratet mit Staunen.
Ich war ein Bräutigam, der die Welt in die Arme nimmt.

Wenn es vorbei ist, möchte ich mich nicht fragen,
ob ich mein Leben zu etwas Besonderem und etwas Realem gemacht habe.
Ich möchte nicht sehen, wie ich seufze und ängstlich bin
oder voller Streit.

Ich möchte nicht enden und diese Welt einfach nur besucht haben.

Mary Oliver

Voll leben: Liebe ohne Selbstaufopferung

Wenn man schüchtern ist, ist die größte Versuchung, zwischenmenschliche Risiken zu vermeiden und sein Leben zu verpassen, weil man Angst hat, abgelehnt und verletzt zu werden – all die Schönheit und Wärme zu verpassen, die für einen da ist, wenn man andere Wärme und Liebe zu geben hat. Das ist eine Möglichkeit, wie man, wie Mary Oliver sagt, am Ende „diese Welt einfach nur besucht" hat.

Wenn man schüchtern ist, sieht man sich im Gegensatz dazu manchmal als zu liebevoll und unterwürfig und kann dann infolgedessen das Gefühl haben, ausgenutzt zu werden. Ich glaube, die Lösung liegt hier nicht darin, weniger liebevoll zu sein, sondern weniger selbstaufopfernd. Menschen, die einen ausnutzen, handeln aus Unwissenheit und aus Unsicherheit, oder weil sie aufgrund vergangener Kränkungen oder Verletzungen Groll in sich tragen. Um zu lieben, braucht man nicht zu tolerieren, dass man ausgenutzt wird. Es wird immer Menschen geben, die einen lieben und die einen nicht ausnutzen und die sich freuen, wenn man gut für sich sorgt. Oft werden sie von unserer natürlichen Wärme angezogen. Wenn man schüchtern ist, können Sensibilität und hoch entwickelte Intuition für Gefahr sehr nützlich sein. Man kann Risiken eingehen und zugleich klug in der Wahl der Menschen sein, denen man sich öffnet und ungeschützt zeigt. Dies sind Menschen, die gut zuhören können, wenn man von seinen Gefühlen erzählt, die sich an unsere Werte und Bedürfnisse erinnern können und die da sind, wenn man sie braucht.

Wenn Sie bereit sind, Risiken einzugehen, ist es nützlich, einen sicheren Ort zu haben, an den Sie sich zurückziehen können, wenn Sie sich zu sehr bedroht fühlen, einen Ort, an dem Sie Ihre Ruhe und Zufriedenheit wiedergewinnen können. Die nächste Übung hat zum Ziel, so einen Ort in sich zu finden und einzurichten, der immer für Sie da ist und wenn nötig Zuflucht bietet.

Übung

Ihr sicherer Ort

Beginnen Sie mit der Atem- und Entspannungsübung, die Sie kennen. Wenn Sie ein paar Minuten ruhig geatmet haben, stellen Sie sich einen Ort vor, der Ihnen Gefühle von Sicherheit, Ruhe und Zufriedenheit vermittelt, einen Ort, an dem Sie sich wohl und mit sich in Frieden fühlen. Es kann je nach Ihrer Stimmung oder der Situation, in der Sie sich befinden, ein anderer sein. Es muss nicht immer derselbe sein, wenn man diese Übung macht. Aber wahrscheinlich wird man sehen, dass es einen oder mehrere Lieblingsorte gibt, die man immer wieder wählt. Es kann von Nutzen sein, wenn man nur einen oder nur wenige Orte hat, weil sie einem schnell einfallen und stärker mit dem Gefühl der Sicherheit und Ruhe assoziiert werden.

Manchmal werden Innenräume gewählt, vielleicht ein stiller Raum mit Blick in einen Garten, oder ein gemütlicher Raum mit Bildern oder Fotografien an den Wänden, die einem lieb sind. Vielleicht gibt es ein Feuer im Kamin. Oft sind die sicheren Orte im Freien – Stellen wie ein Lieblingsstrand, an dem man beim ersten Licht frühmorgens gern unterwegs ist und beobachtet, wie in der Helligkeit und Wärme die Wellen über Sand oder Kies rauschen. Oder der sichere Ort ist der Strand am Abend, wenn die schräg stehende Sonne den Wellen ein dunkleres Blau verleiht und die Luft die scharfe schmelzende Qualität eines endenden langen Sommertags hat. Meine Mutter, die Malerin war, nannte diese Tageszeit die Zeit der langen Schatten. Es war die Zeit, zu der sie am liebsten malte, aufgrund der Subtilität der Farben, wenn die Schatten langsam über die Bäume und den Sand glitten. Oder vielleicht ist Ihr sicherer Ort Ihr Lieblingsplatz im Wald, wo Sie spazieren gehen, oder eine offene Stelle, an der Sie gern anhalten und in die Weite über die fernen Hügel schauen. Spüren Sie die Luft. Riechen Sie die Tannen oder Kiefern und die Wildblumen, wenn sie blühen. Gibt es weiße Wolken am Himmel? Gibt es dunkle Wolken, die sich in der Ferne aufbauen? Versuchen Sie so viele sinnliche Bilder mit so viel Details zu entwickeln, wie Sie können. Dies ist ein sicherer Platz, an dem Sie willkommen sind und der sich freut, wenn Sie da sind. Es ist gut, wenn Sie sich auf ihr Gefühl der Zugehörigkeit zu diesem Ort konzentrieren. Es ist Ihr eigener Ort und er ist einzigartig. Spüren Sie, wie willkommen Sie da sind.

Sie können diese Übung immer nutzen, wenn Sie merken, dass Sie schüchtern, einsam und traurig sind, oder wenn Sie Angst vor einer Begegnung mit Menschen, Frustration oder Groll empfinden. Wenn es anfangs nicht leicht ist, keine Sorge. Die Fähigkeit, innere Bilder zu nutzen, entwickelt man wie jede andere Fertigkeit oder Geschicklichkeit, die man sich erarbeitet. Es kann sein, dass es sich anfangs ungeschickt, fremd und sogar dumm anfühlt, aber normalerweise verändert sich das Gefühl mit der Zeit. Man empfindet Sicherheit und Beruhigung. Man kann sich jederzeit an seinen sicheren Ort bringen, zum Beispiel kurz bevor man eine Freundin anruft, die man zu einem Spaziergang oder zu einem Kaffee nach der Arbeit einladen will. Es kann dann sogar besonders nützlich sein, weil man von dem eigenen sicheren inneren Ort aus anruft. Es ist ein Ort, an dem es sicher und akzeptiert ist, schüchtern oder sozial ängstlich zu sein, ein Ort, an den man immer zurückkehren kann, unabhängig davon, ob diese Freundin diesmal zusagt oder nicht.

Das Bild eines idealen Versorgers

Wenn einem Mitgefühl entgegengebracht wird, oder wenn jemand freundlich zu einem ist, ist man sich dessen gewöhnlich bewusst – auch wenn man selbst Mitgefühl mit anderen empfindet oder Sympathie für sie und Empathie mit ihrem Leiden. Das ist unabhängig davon, ob es Menschen sind, die wir lieben oder kennen, oder ob wir sie nicht so gut kennen. Wir werden jetzt bewusst Ihren idealen Versorger oder Begleiter ins Leben rufen und entwickeln, der Sie beruhigen kann. Dies ist eine Vorstellung, die von der Psychologin Deborah Lee entwickelt wurde.

Wichtig ist hier, dass man ein besonderes Bild herstellt, das ganz persönlich zu einem selbst gehört. Es gehört einem ganz allein, so wie der sichere Ort. Außer für Sie muss es für niemand sonst ein idealer Versorger sein. Sie brauchen sich in keiner Weise zurückzuhalten. Sie können Ihrem Begleiter jedes denkbare Attribut und jede Qualität von Mitgefühl verleihen, die Sie sich wünschen.

Versuchen Sie, unter diese Attribute folgende vier Grundqualitäten aufzunehmen:

1. einen weisen Geist, der ganz menschlich, mit erwünschten wie unerwünschten mächtigen Emotionen vertraut ist, und mit ihnen umzugehen weiß;
2. Stärke und Mut, schmerzhafte Empfindungen und Situationen auszuhalten und zu tolerieren, und die Stärke, sich wenn nötig zu verteidigen und zu schützen;
3. überfließende Wärme und Freundlichkeit für sich selbst;
4. eine nicht-urteilende Haltung gegenüber sich selbst, die vor allem wünscht und daran interessiert ist, dass es einem gut geht und man wächst und gedeiht.

Die Idee eines idealen Versorgers ist eine andere Weise, wie man sich vorstellen und daran gewöhnen kann, wie das Mitgefühl in einen einströmt. Dieses Bild und die Empfindung von Mitgefühl, das einem von einem anderen Wesen entgegengebracht wird, können einem helfen, mit den Problemen zu arbeiten, die Schüchternheit mit sich bringt.

Übung

Vorstellung eines idealen Versorgers

Suchen Sie sich wieder einen bequemen, stillen Platz, an dem Sie nicht gestört werden, und nehmen Sie die bequeme Körperhaltung mit geradem Rücken ein. Dabei haben Sie im Hintergrund ruhige Musik, wenn Ihnen das hilft, still zu werden. Machen Sie sich bewusst, wie Sie atmen. Sie können Ihren Blick in einem Winkel von etwa 45 Grad nach unten senken, so dass Ihr Blick auf den Boden gerichtet ist. Oder Sie schließen die Augen, wenn Ihnen das lieber ist. Nehmen Sie wahr, wie Ihre Atmung gleichmäßiger und beruhigend wird, und entspannen Sie dabei Ihr Gesicht, so dass sich ein Lächeln einstellen kann, das Mitgefühl ausdrückt. Fangen Sie nun an, sich Ihren idealen Versorger vorzustellen. Wenn Sie innerlich abschweifen, kommen Sie einfach wieder zu seinem Bild zurück.

Was fällt Ihnen ein, wenn Sie an einen idealen Versorger denken? Kommen Ihnen flüchtige Bilder, Farben, Töne oder Strukturen in den Sinn? Vielleicht möchten Sie sich eine Farbe vorstellen, die mit Mitgefühl zu tun hat und die in Ihren Herzbereich strömt. Sie breitet sich dann durch Ihre Brust und den ganzen Körper aus, so dass Sie ihre Wärme in Ihrer Brust spüren können. Nehmen Sie sich eine Minute Zeit, um sich dieser Bilder bewusst zu werden und über sie zu reflektieren. Stellen Sie sich Ihren idealen Versorger so detailliert vor, wie Sie können. Dabei nutzen Sie alle fünf Sinne. Wie sieht er aus? Wie ist er gekleidet, was für Farben hat seine Kleidung? Was für eine Frisur hat er? Was drückt seine Haltung aus, und wie bewegt er sich? Wie alt ist er und was für ein Geschlecht hat er? Fallen Ihnen Töne oder Geräusche oder ein Klang seiner Stimme ein? Gibt es einen Geruch, wie von einem besonderen Rasierwasser oder Parfum, oder den Geruch von Gras, nachdem es geregnet hat? Oder den Geruch des Waldes bei einem Spaziergang am frühen Morgen? Gibt es einen besonderen Geruch wie beim Kochen? Es können Bilder von einer Gruppe oder spirituellen Gemeinschaft auftauchen, der Sie sich zugehörig fühlen. Die Bilder können sich verändern, oder neue Bilder können auftauchen, wenn sich Ihr emotionaler Zustand verändert. Menschen verschiedenen Geschlechts oder Aspekte verschiedener Menschen aus verschiedenen Zeiten Ihres Lebens können mit verschiedenen Gefühlen von Mitgefühl in Verbindung stehen, die in Sie einströmen.

Wenn es Ihnen schwerfällt, ein visuelles Bild zu formen, können Sie aus Zeitschriften Bilder von Menschen oder von Szenen nehmen, die für Sie verkörpern, was Sie als Nähren oder Mitgefühl empfinden. Manche schüchterne Menschen wollen kein Bild von etwas Idealem herstellen. Sie ziehen das Bild eines realen Menschen vor. Es kann Ihnen helfen, sich an Menschen zu erinnern, die freundlich zu Ihnen gewesen sind, oder sich auf die Vorstellung zu konzentrieren, dass Ihr idealer Versorger mit Ihnen in Beziehung treten möchte. Wenn man sich intensiv den Gesichtsausdruck eines realen Menschen vorstellt, kann das auch insofern nützlich sein, weil es Reaktionen in der Amygdala und in anderen Teilen des Gehirns auslöst.

Wenn jemand in seiner Kindheit missbraucht oder schlecht behandelt wurde, kann es sein, dass sich für ihn Bilder von Menschen bedrohlich anfühlen. Deshalb wählt er vielleicht ein Pferd oder einen Hund oder eine Szene aus der Natur aus. Das kann ein See, das Meer, Berge oder der Himmel sein. Wenn es Ihnen so geht, stellen Sie sich das mit so vielen sinnlichen Einzelheiten vor, wie Sie können. Konzentrieren Sie sich darauf, wie das Wasser glitzert und wie es sich anfühlt, wenn es am Körper entlang gleitet, und ob es warm oder kühl ist. Oder spüren Sie, wie die Sonne Ihren Körper erwärmt, nehmen Sie den Geruch des Weißdorns und des Heus wahr, wenn Sie auf dem Land einen Spaziergang machen, oder den Gesang der Vögel und das Geräusch des Windes im Schilf am Ufer. Stellen Sie sich vor, dass dieses Stück der Natur Sie vollkommen annimmt und Ihre Kämpfe und Ihren Schmerz genau kennt. Sie ist auf der Erde, seit es Leben gibt, und hat alles gesehen, auch wie sich die Arten entwickelt haben und wieder verschwanden. Spüren Sie eine Verbundenheit mit etwas unglaublich Altem und Weisem, das Sie als Teil des Flusses des Lebens willkommen heißt und ganz annimmt.

Stellen Sie sich vor, wie Ihr idealer Versorger langsam und mit einer freundlichen und sanften Stimme mit Ihnen spricht. Weisheit und Verständnis sprechen aus ihr. Dieser Mensch, oder dieses Tier oder dieser Ort, ist stark und stabil und tief um ihr Wohlergehen besorgt. Das fühlen Sie und Sie fühlen sich auch verstanden, während Sie zuhören. Der ideale Versorger versteht und akzeptiert Ihre Schüchternheit, Ihre Angst vor Menschen und Ihre Gefühle der Unzulänglichkeit. Er ist für Sie da, wenn Sie auf Menschen zugehen und bestätigt Sie, wenn Sie das brauchen.

Es spielt keine Rolle, ob Sie das Gefühl haben, dass es in dem Leben, das Sie zurzeit leben, wirklich einen Menschen gibt, der Sie nährt, oder nicht. Es geht darum, dass Sie sich in sich einen idealen Versorger vorstellen und ihn Gestalt annehmen lassen. Sie verwenden dieses Bild, damit es Ihnen in Momenten hilft, wenn Sie schüchtern sind und sich sozial unbeholfen fühlen. Es hilft Ihnen, diese Gefühle und Gefühle der Scham anzunehmen, wenn sie sich einstellen, und bestätigt Sie in Ihrem inneren Wert.

Sie können so oft sie wollen üben, sich Ihren idealen Versorger vorzustellen – unter der Dusche oder im Bad, wenn Sie den Tag beginnen oder auf den Beginn einer Konferenz warten oder wenn Sie nach dem Essen noch länger am Tisch sitzen. Wichtig ist, dass Sie sich seine Eigenschaften wirklich vorstellen, damit Sie ihn deutlich ins Bewusstsein holen können.

Übung

Der ideale Versorger in Aktion

Diese Übung baut auf der vorigen auf und hat die Funktion, Ihren idealen Versorger in näheren Kontakt mit Ihnen zu bringen, wenn Sie unangenehm schüchtern sind oder Angst vor einer Begegnung mit Menschen empfinden. Bleiben Sie ein paar Momente in dem Atemrhythmus, der diese beruhigende Wirkung hat, und stellen Sie sich dann eine Minute lang vor, dass Ihr idealer Versorger an Ihrer Seite ist und Sie und Ihre Schüchternheit versteht, Sie akzeptiert und für Sie sorgt.

Wenn Sie diese Fürsorge und Anteilnahme fühlen können, dann stellen Sie sich vor, dass Sie ein Video oder eine DVD von sich selbst ansehen. Sie sind eben aufgestanden und bereiten sich auf den Tag vor. Dann sehen Sie sich in einer Situation, die Ihre Schüchternheit und soziale Angst aktiviert. Beobachten Sie, wie diese Person – Sie – Ihre Nervosität oder Angst, vielleicht Befangenheit oder Unfähigkeit erlebt. Nehmen Sie diese Gefühle bei dem Menschen wahr, den Sie beobachten, und auch seine Sorge, ob er einen guten Eindruck macht oder nicht, und wie er sich zurückziehen möchte.

Nehmen Sie jetzt Ihren idealen Versorger an der Seite dieser Person – an Ihrer Seite – wahr, wie er ihre Emotionen versteht, sie anfeuert, tief an ihr Anteil nimmt und ihren Wert bestätigt. Sie empfinden das tiefe Mitgefühl des idealen Versorgers für diese Person – Sie –, die Sie auf Ihrer inneren DVD beobachten.

Wenn Sie merken, dass Sie zu sehr Angst bekommen oder traurig werden, holen Sie ein paar Mal tief Atem, lassen Sie das Bild verblassen und fangen Sie den Prozess von vorn an, wenn Sie wieder ruhig sind.

Diese Übung soll Ihnen helfen, ein Gefühl dafür zu bekommen, wie Ihr idealer Versorger Mitgefühl, Weisheit und tiefe Anteilnahme zeigt, und seine Anteilnahme in sich einströmen zu fühlen. Diese Anteilnahme hilft Ihnen, Ihrer Angst, Sorge und Ihrer entwertenden Selbstkritik und der Frustration und Wut entgegenzuwirken, die auf das Gefühl von Bedrohung und Gefahr zurückgehen.

Das mitfühlende ideale Selbst

Eine andere Übung, bei der beim Training mitfühlenden Denkens innere Bilder verwendet werden, ist bestimmt, Ihnen dabei zu helfen, die Rolle eines weisen und mitfühlenden Menschen anzunehmen – die schon in Ihnen da ist, aber zu der ein Zugang gefunden und die befreit werden muss. Bei dieser Übung üben wir die Körperhaltungen und körperlichen Zustände von Mitgefühl. Wie ein guter Schauspieler studieren Sie die Rolle eines Menschen, der zu einer vollkommenen, idealen mitfühlenden Person wird, und nehmen sie ein. Es kann sein, dass Ihnen ein Modell für diese Rolle einfällt, und das kann eine Hilfe sein. Aber letztlich ist es der weise mitfühlende Mensch in *Ihnen*, den Sie entwickeln, um zu dem mitfühlendsten Menschen zu werden, der Sie auf Ihre eigene Weise sein können. Wir haben schon erwähnt, dass eine der vielen Stärken von Schüchternheit, wenn man keine Angst mehr in Gegenwart von Menschen hat, eine natürliche Neigung ist, Sympathie mit Menschen zu haben und sich einzufühlen. Dies kann die Grundlage für Ihr Bild sein, das Mitgefühl verkörpert, für das Bild des mitfühlenden Menschen, der Sie sind und der Sie sein können.

Das Wichtige, was jetzt zu lernen ist, besteht darin, wie Sie dieses Mitgefühl *auf sich selbst* ausweiten können. Ich habe schüchterne Klienten in meinen Gruppen erlebt, die in Wort und Tat liebevolles Mitgefühl mit anderen ausdrücken konnten, die es aber kaum für sich selbst empfinden konnten. Dieser mitfühlende Mensch, den Sie in sich haben, muss Mitgefühl mit Ihnen haben, auch mit Ihrer sozialen Angst und Ihrer Sorge, bewertet zu werden.

Übung

Das ideale mitfühlende Selbst imaginieren

Nehmen Sie die vertraute entspannte, wache Körperhaltung ein und gehen Sie für eine Weile einfach in Ihren beruhigenden Atemrhythmus. Spüren Sie, wie sich Ihr Brustkorb an den Seiten ausdehnt, wenn Sie einatmen. Nehmen Sie sich ein paar Momente Zeit, bis Sie merken, dass Sie ein wenig „langsamer geworden" sind. Wenn Sie ruhig und gleichmäßig atmen, stellen Sie sich nun vor, dass Sie ein weiser Mensch sind, der sehr viel Mitgefühl hat. Nehmen Sie sich Zeit, an alle idealen Eigenschaften zu denken, die Sie als mitfühlender Mensch gern besäßen, und stellen Sie sich vor, dass Sie sie schon besitzen. Stellen Sie sich vor, dass Sie stark, selbstsicher, sehr freundlich, warm und ruhig sind. Sie sind angesichts von Feindseligkeit gelassen und tolerant, und Sie besitzen die Weisheit, die aus hart errungener Lebenserfahrung entsteht. Bleiben Sie eine Weile bei diesen Bildern und spielen Sie mit ihnen. Stellen Sie sich vor, dass Sie alle diese Eigenschaften besitzen. Lassen Sie Ihr Gesicht nun einen mitfühlenden Ausdruck annehmen. Stellen Sie sich vor, wie Sie sprechen. Wenn Sie sprechen, kommen Ihre Worte langsam, sie sind freundlich und sanft, voller Weisheit und Verständnis.

Ob Sie meinen, dass Sie diese Qualitäten wirklich besitzen oder nicht, ist nicht wichtig. Sie konzentrieren sich darauf, sie zu visualisieren, sich vorzustellen, über sie und ihre Dimensionen nachzudenken und sich bewusst zu sein, wie gern Sie diese Qualitäten entwickeln und das Gefühl haben würden, dass sie zu Ihnen gehören. Es ist wichtig, so zu tun, als besäßen Sie sie, und sie sich vorzustellen, weil Sie eine Rolle annehmen. Sie stellen ein bestimmtes Selbstgefühl her, und diesen Teil von sich werden Sie nutzen, um sich bei Ihrer Schüchternheit und sozialen Angst zu helfen.

Sie können an Ihr Alter denken, daran, wie Sie aussehen, an Ihre Körperhaltung und wie Sie stehen, an Ihren Gesichtsausdruck und an Ihre Gefühle, wie Wärme und Ruhe. Spüren nun Sie, der Schauspieler, wie Sie anfangen, die Rolle zu verkörpern, und nehmen Sie wahr, wie Sie zu diesen Qualitäten werden. Lassen Sie Ihren Gesichtsausdruck sanft und mitfühlend sein und spüren Sie ihr sanftes, warmes Lächeln. Sie sind ein weiser Mensch, der viel im Leben gesehen hat, und Sie besitzen Augenmaß, tiefes Verständnis und Toleranz. Sie sind ein Mensch, der vergeben kann, und Sie sind nicht nachtragend. Denken Sie an die Qualitäten, die Sie an Mitgefühl schätzen, und werden Sie zu ihnen, wenn Sie sich in der Rolle vorstellen.

Bleiben Sie solange dabei, wie Sie möchten. Spielen Sie mit der Übung und genießen Sie sie. Wie wirkt Sie sich auf Ihren Körper, auf Ihre Körperhaltung und auf Ihre Atmung aus? Wie wirkt Sie sich auf Ihre Muskelspannung aus? Sind Sie jetzt angespannter? Oder entspannter? Nehmen Sie irgendwo Wärme oder Kühle wahr?

Dies ist eine weitere Übung, die Sie jederzeit tagsüber oder während der Nacht und überall machen können – unter der Dusche oder wenn Sie auf einen Bus warten, auf dem Fahrrad auf der Fahrt nach Hause oder im Bett. Wenn Sie sich so durch den Tag bewegen, können Sie sie immer machen, wenn Sie daran denken. Es kann besonders nützlich sein, sie zu machen, wenn Sie von einer Aktivität oder Aufgabe zu einer anderen übergehen. Probieren Sie sie morgens vor der Arbeit oder vor der Schule aus, um sich auf den Tag einzustimmen. Wenn Sie zu Beginn merken, dass sie sich seltsam anfühlt oder auch alte und schmerzhafte Gefühle an die Oberfläche bringt, gleich, ob sie mit Schüchternheit zu tun haben oder nicht, dann nehmen Sie einfach wahr, was für Gefühle das sind, und kommen Sie zu der Imagination zurück. Nehmen Sie sich Zeit, aber forcieren Sie nichts. Sie können mit nur ein paar Minuten anfangen. Wenn Sie sie später wieder machen, kann es sein, dass Sie merken, dass Sie länger bei dem Bild bleiben können. Wichtig ist, dass es Ihnen wirklich gelingt, sich diese Qualitäten in sich vorzustellen.

Übung

Das mitfühlende ideale Selbst in Aktion

Jetzt bringen wir das mitfühlende ideale Selbst mit unserer Schüchternheit in Kontakt. Zu Beginn dieser Übung gehen Sie für ein paar Momente in Ihren beruhigenden Atemrhythmus. Dann stellen Sie sich noch einmal Ihr weises, starkes, mitfühlendes Selbst vor. Nehmen Sie sich alle Zeit, die Sie brauchen, um diese Rolle anzunehmen.

Wenn Sie das Gefühl haben, dass Sie zu Ihrem mitfühlenden Selbst Zugang haben, stellen Sie sich vor, dass Sie ein Video oder eine DVD mit Ihrem normalen, vertrauten Selbst anschauen. Vielleicht können Sie sich sehen, wie Sie morgens aufstehen und den Tag beginnen. Dann sehen Sie sich in einer Situation, die Ihre Schüchternheit aktiviert. Von Ihrem mitfühlenden Selbst aus empfinden Sie einfach viel Mitgefühl mit diesem Menschen, der Sie sind, mit dem Menschen, den Sie auf Ihrer inneren DVD betrachten.

Wenn Sie wahrnehmen, dass Sie zu viel Angst bekommen oder traurig werden, wenn Sie sich von Ihrem mitfühlenden Zustand aus beobachten, holen Sie ein paar Mal tief Atem, lassen Sie das Bild verblassen und beginnen Sie, wenn Sie wieder ruhig sind, den Prozess von vorn.

Diese Übung soll Ihnen helfen, eine mitfühlende Haltung gegenüber Ihrer Schüchternheit und sozialen Angst zu entwickeln. Sie soll Ihnen auch lernen helfen, wie Sie Mitgefühl für Ihre Angst und Furcht und die Schwierigkeiten empfinden können, die sie Ihnen bereiten. Dieses Mitgefühl wirkt der Selbstkritik, der Wut und dem Groll entgegen, die aus sozialer Angst und dem Gefühl der Bedrohung entstehen, das sie mit sich bringt.

Eine Anmerkung zu intrusiven Bildern

Wenn Ihre Schüchternheit und soziale Angst auf körperlichen Missbrauch zurückgeht, den Sie erlitten haben, dann kann es sein, dass sehr verstörende oder beunruhigende Bilder auftauchen, wenn Sie diese Übungen machen. Wenn man tatsächlich traumatische Erinnerungen an körperlichen Missbrauch und extreme Ablehnung hat, ist es möglich, den Schmerz zu bewältigen, wenn man darüber sprechen kann. Wenn man traumatische Erinnerungen und die Ängste vermeidet, die sie mit sich bringen, dann können sie sich in Form intrusiver und sehr beängstigender Bilder, Flashbacks oder diffuser Angst ins Bewusstsein drängen – das heißt als Angst, die nicht mit einer erkennbaren, unmittelbaren Ursache verbunden ist. Wenn Sie vermuten, dass Ihre schmerzhafte Schüchternheit mit körperlichem Missbrauch begann, sei es in der Schule durch eine Form von Mobbing oder zu Hause durch ein Mitglied Ihrer Familie, dann empfehle ich Ihnen, einen Therapeuten aufzusuchen, der auf Desensibilisierung traumatischer Erinnerungen spezialisiert ist. Dieser kann auch helfen, soziale Angst zu verringern. Das heißt, er hilft, weniger Angst vor den Erinnerungen zu haben, und auch die Angst zu verringern, die dann entsteht, wenn man sich an die traumatischen Ereignisse erinnert. Dann kann man ruhiger sein, wenn man sich erinnert, und auch ruhiger in Situationen, die jetzt vielleicht nicht wirklich bedrohlich sind, aber die Angst stimulieren, weil sie der ursprünglichen traumatischen Situation irgendwie ähneln.

Mitgefühl mit sich selbst bei Gefahr oder bei innerer Not

Das nächste Mal, wenn Sie etwas aufregt oder beunruhigt – wenn Sie Angst vor einer bevorstehenden Begegnung haben oder traurig oder verärgert sind oder Scham empfinden, weil eine Situation sich nicht so entwickelt hat, wie Sie gehofft hatten –, probieren Sie folgende Übung aus.

Übung

Mit dem mitfühlenden Selbst auf Gefühle von Bedrohung oder Gefahr oder innere Not antworten

Sie sitzen auf einem Stuhl oder in Ihrer Meditationshaltung und werden sich Ihrer Atmung bewusst. Nehmen Sie wahr, wie sie sich vertieft und regelmäßiger wird. Fangen Sie jetzt an, diese Rolle Ihres idealen mitfühlenden Selbst einzunehmen. Stellen Sie sich vor, dass Sie eine tief mitfühlende, warme Person sind, die nie jemanden bewertet oder verurteilt und die weise ist. Stellen Sie sich den ängstlichen oder traurigen Teil von sich gegenüber Ihrem mitfühlenden Anteil vor. Schauen Sie von Ihrem mitfühlenden Selbst aus das Gesicht und das Verhalten Ihres ängstlichen oder traurigen Selbst an. Stellen Sie sich vor, was Sie denken und fühlen. Schicken Sie diesem Teil von sich einfach Mitgefühl, und zwar ohne zu versuchen, etwas zu verändern. Wenn man Emotionen unterdrückt, werden sie dadurch noch intensiver und unangenehmer. Deshalb wollen wir sie erleben und schicken zugleich Mitgefühl zu den leidenden Teilen von uns. Erkennen Sie, dass diese schmerzhaften Emotionen aus dem Bedrohungssystem stammen und einen Sinn haben. Sie sollen einem nämlich helfen, sich bewusst zu sein, was man will und was man nicht will. Wenn Sie Ihre mitfühlende Sicht beibehalten und ihren ängstlichen, traurigen oder wütenden Anteil von sich anschauen können, nehmen Sie vielleicht verschiedene Empfindungen wahr, die Ihnen helfen können.

Übung

Mit dem mitfühlenden vollkommenen nährenden Begleiter auf Gefahr oder innere Not antworten

Machen Sie jetzt dieselbe Übung, aber stellen Sie sich diesmal vor, dass Ihr idealer Versorger an Ihrer Seite ist und dass Sie diese Anteile von sich zusammen anschauen. Wenn sich Gefühle wie Geringschätzung, Entwertung oder Verachtung melden, nehmen Sie sie einfach wahr und kommen Sie zu Ihrer mitfühlenden, empathischen Sicht zurück.

Wenn Sie diese Übungen machen, sollten Sie vielleicht Ihre „Gebetskette" oder schöne, glatte Steine oder etwas anderes in der Hand halten, was Ihnen helfen kann, ruhig zu werden und sich zu erden – vielleicht eine Vogelfeder, die Sie auf einem Spaziergang gefunden haben, oder eine Muschel von Ihrer Lieblingsstelle am Strand. Sie können diese Dinge dann bei sich haben und sie immer berühren, wenn Sie das Bedürfnis verspüren, Ihr ideales Bild von Mitgefühl und die Gefühle von Mitgefühl, die Sie geübt haben, miteinander zu verbinden. Gerüche oder Düfte wie Weihrauch oder Handcreme können auch so ein Hilfsmittel sein, weil sie Reaktionen im Emotions-Zentrum des Gehirns auslösen. Aromatherapeuten können bestimmte Öle empfehlen, deren Duft man beruhigende Qualitäten zuschreibt. Andere Möglichkeiten, sich zu erden oder zu zentrieren, während Sie die Übung machen, sind Mantras oder bestimmte Körperhaltungen. Zum Beispiel kann man mit beiden Händen eine Haltung einnehmen, bei der sich Zeigefinger und Daumen berühren, wenn man sie in den Schoß legt.

Lernen, innere Bilder zu verwenden

Ich sehe das Training mitfühlenden Denkens so, wie ich Soziales Fitnesstraining sehe: als einen fortdauernden Prozess des Lernens, wie wir die Menschen sein können, die wir sein möchten. Man ist sozusagen immer in Ausbildung, wenn man durch das Leben geht und lernt, Risiken einzugehen, neuen Menschen zu begegnen, und anfängt, die zu mögen, die man nicht kennt. Dabei halten wir uns an das, was wir uns vorgenommen haben, und lieben die Menschen um uns herum, und auch uns selbst, so gut wir in jedem Moment können. Für mich ist die Vorstellung einer inneren Verpflichtung zu fortgesetztem Training tief tröstend, stärkend und beruhigend. Das bedeutet, dass man besonders dann, wenn man etwas nicht so gut macht, wie man möchte – seien es die Übungen von Mitgefühl oder Übungen in sozialer Fitness, oder wenn man Leute trifft und für sich eintreten möchte –, immer eine Chance hat, es noch einmal zu versuchen, und dass man mit der Zeit besser werden kann.

Die Arbeit mit inneren Bildern ist ein mächtiges, gut erforschtes Werkzeug und Hilfsmittel, das vielen Menschen – zum Beispiel Leistungssportlern, Schauspielern und Musikern – hilft, sich auf ihr Handeln vorzubereiten. Wir wissen auch aus dem Sozialen Fitnesstraining, dass innere Bilder helfen können, soziale Ängste zu verringern. Wir üben zum Beispiel unsere Vorträge vor dem Spiegel und stellen uns dabei vor, dass wir sie vor wirklichem Publikum halten. Wir stellen uns Formulierungen vor, wie wir ein Gespräch beginnen können, und proben ganze Gespräche im Kopf. Diese Übungen beruhigen und helfen, trotz Nervosität oder Aufregung daran zu denken, was man wirklich tun möchte. Mit Übung können die inneren Bilder helfen, Selbstvertrauen zu entwickeln, erst in den Übungen und dann im Verhalten im täglichen Leben. Das eigentliche Ziel der Arbeit, problematische Schüchternheit und soziale Angst zu überwinden, besteht darin, bei Begegnungen mit Menschen weniger Angst zu haben. Wenn man sich soziale Interaktionen vorstellt, ist das kein Ersatz dafür, sich schwierigen Situationen auszusetzen. Aber diese Übungen helfen, Mitgefühl, Wärme und Verständnis für sich und andere zu entwickeln, die nötig sind, um sein Leben unter anderen Menschen voll zu leben.

Hauptpunkte

- Wir können innere Bilder verwenden, um bestimmte innere Zustände und Emotionen anzuregen. Wir haben uns auf das Beruhigungssystem konzentriert, um damit die Wirkungen des Bedrohungssystems auszugleichen und soziale Angst und schmerzhafte Erregung zu reduzieren.

- Sie können die in diesem Kapitel beschriebenen Übungen verwenden, um sich häufiger beruhigt zu fühlen, Mitgefühl mit sich zu haben und innere Not zu verringern.

- Wenn Sie schwer Zeit zum Üben finden, können Sie sie vor dem Einschlafen, gleich nach dem Aufwachen, im Bad oder unter der Dusche oder sogar an einer roten Ampel oder im Supermarkt machen.

- Wenn Sie diese Übungen regelmäßig machen – täglich ein paar Minuten und/oder etwa eine halbe Stunde mehrmals die Woche –, werden Sie feststellen, dass Sie sich mit der Zeit besser und kräftiger fühlen, da Sie lernen, bestimmte innere Zustände in sich hervorzurufen.

- Wie bei dem Sozialen Fitnesstraining ist dies ein fortlaufender lebenslanger Prozess. Sie bauen das Leben auf, das Sie sich wünschen, und rufen die Emotionen in sich hervor, die Sie fühlen wollen, wenn Sie die Schwierigkeiten, mit denen das Leben Sie konfrontiert, akzeptieren und meistern.

- Haben Sie auch Mitgefühl damit, wie Sie diese Übungen machen. Bewerten Sie sich nicht, sondern seien Sie neugierig und genießen Sie sie!

6

Mitfühlende Denkweisen entwickeln

Was ist mitfühlendes Denken?

Zu mitfühlendem Denken gehören Empathie und Verständnis für unsere schmerzhafte Schüchternheit und Not. Es gehört dazu, dass man angesichts von Rückschlägen freundlich und warmherzig und nicht selbstentwertend kritisch mit sich umgeht. Man weiß, dass Schüchternheit zur Conditio humana gehört, und sieht keinen Grund dafür, sich zu isolieren oder sich für sie zu schämen. Mitfühlendes Denken steigert mentale und soziale Fitness und ermöglicht einem, sich zu akzeptieren und zu unterstützten, wie man ist, und sich zu dem Menschen zu transformieren, der man sein möchte, während man danach strebt, seine Ziele im Leben zu erreichen.

Wie wir die Welt und uns selbst sehen

Wenn man mit Emotionen und Leidenschaften umzugehen hat und man ein menschliches und konstruktives Leben leben will, ist es eine große Hilfe, wenn man die Dinge mit Mitgefühl betrachtet. In fast jeder Form von Psychotherapie gilt der Grundsatz, dass Mitgefühl eine äußerst wichtige Rolle dabei spielt, wie wir denken. Wir sind somit wieder dabei, wie sich unser „altes Gehirn" entwickelt hat. Wenn man sich in einer potentiell gefährlichen Situation befindet, muss man schnell eine Entscheidung darüber treffen, was zu tun ist. Wir tendieren deshalb dazu, Entscheidungen auf der Grundlage von Gegensätzen zu treffen. George Kelly war einer der ersten Psychologen, der bewies, dass man Weltmodelle auf der Grundlage der eigenen Erfahrung und sozialen Beziehungen herstellt. Er war der Auffassung, dass man das tut, indem man Paare kontrastierender Werte oder Werturteile verwendet: gut versus schlecht, nett versus böse, attraktiv versus unattraktiv, komplex versus einfach, schwer versus leicht und so weiter. Wir halten nicht oft an, um zu überlegen, dass es viele alternative Konstruktionen oder Sichtweisen eines Ereignisses oder einer Sache gibt, obwohl es nichts gibt, was man einfach als richtig oder falsch ansehen kann. Diese Urteile über Dinge oder „Konstruktionen", wie Psychologen es nennen, sind wichtig, weil sie die Grundlage unserer Handlungen bilden. Wenn man einmal eine Überzeugung annimmt, sucht man nach Belegen und Beweisen, die sie bestätigen, weniger um sie zu widerlegen. Das Leben ist erheblich leichter, wenn man Informationen schnell kategorisieren kann. Es ist dann viel weniger anstrengend, als wenn man immer einen reflektierenden und kontemplativen Standpunkt einnehmen und jeden Menschen, jede Situation und jedes Ereignis von Grund auf neu einschätzen muss.

Auf der Grundlage dessen, was man gelernt und erfahren hat, entwickelt man seine Überzeugungen über Dinge. Manche Überzeugungen haben die Welt zum Gegenstand – zum Beispiel, dass die Sonne einen wärmt und dass es gut ist, wenn man Gemüse isst. Andere haben mit uns selbst, mit anderen Menschen und mit unseren Beziehungen zu tun: Ich bin gut in Tennis, aber nicht beim Golf. „Ich bin attraktiv und fit" versus „Ich bin unattraktiv und brauche körperliche Betätigung", „Andere Menschen sind nett" versus „Andere Menschen sind wahrscheinlich kritisch". Diese Überzeugungen über uns und andere bilden die Grundlage unseres Identitätsgefühls und formen auch unsere Beziehungen. Schüchternheit hat gerade mit diesen Überzeugungen über uns und andere zu tun. Es lohnt sich, darüber nachzudenken, wie Sie sich selbst als *soziales* Wesen sehen – als Person, die sich unter anderen Menschen bewegt, in der Familie, unter Arbeitskollegen oder unter Menschen, die Sie nicht kennen, zum Beispiel in Geschäften und in öffentlichen Verkehrsmitteln. Welche Überzeugungen haben Sie zum Beispiel darüber, wie Sie in ungewohnten Situationen sind?

Ich habe eben erwähnt, dass wir, wenn wir einmal eine Überzeugung gefasst haben, dazu neigen, nach Belegen zu suchen, die sie bestätigen. Wenn wir also mit Belegen konfrontiert sind, die unseren Grundüberzeugungen über uns oder unserem Selbstbild widersprechen, verwerfen wir diese Belege oft und halten an alten Überzeugungen fest, auch wenn das vielleicht unlogisch klingt. Wir tun das, weil wir als Menschen nach Stabilität, nach einem gefestigten Gefühl verlangen, wer wir sind. Wenn man Überzeugungen von sich selbst ständig verändern müsste, wäre dieses deutliche Gefühl der Identität in Gefahr. Die Forschung zeigt, dass Menschen das sehr beunruhigend finden. Man hält deshalb daran fest, wie man sich und andere sieht – auch wenn diese Überzeugungen nicht ganz genau sind –, denn das gibt einem ein Gefühl von Stabilität und Berechenbarkeit.

Weil wir ferner Beziehungen eingehen, die auf unseren Überzeugungen gegründet sind, bestärken wir uns auch *gegenseitig* darin, wie wir uns selbst und andere sehen. Unser menschliches Bedürfnis, zu einer Gruppe zu gehören und mit anderen eine gemeinsame Identität zu haben, bedeutet auch, dass wir manchmal Überzeugungen unterstützen, obwohl wir wissen, dass sie falsch sind. Wir tun das dann, um zu vermeiden, von anderen Mitgliedern der Gruppe beschämt oder ausgeschlossen zu werden.

George Kelly war der Ansicht, dass es notwendig ist, dass Menschen plausible alternative Überzeugungen über sich selbst, die Welt und andere Menschen sehen und anerkennen. Viele Formen der Psychotherapie arbeiten jetzt auf dieser Grundlage. Wenn man den instinktiven Widerstand dagegen überwinden kann, etablierte Überzeugungen zu verändern, und bereit ist, potentielle neue Weisen zu erforschen, sich selbst, die Welt und andere zu sehen und zu verstehen, dann eröffnen wir uns neue Möglichkeiten – auch von mehr Gesundheit und Wohlbefinden. Wie man das mit Hilfe mitfühlenden Denkens machen kann, versuchen wir jetzt zu lernen.

Die Tendenz, an etablierten Grundüberzeugungen über uns und andere festzuhalten, ist besonders bei sehr schüchternen und sozial ängstlichen Menschen zu beobachten. Wenn man sehr schüchtern ist, bildet man Überzeugungen, die diese Schüchternheit und Angst eher betonen und hervorheben. Sie helfen einem nicht, mit ihnen umzugehen. Dazu gehören Erwartungen, die auf diesen Ängsten beruhen, dass man negativ beurteilt wird, dass es einem nicht gelingt, auf andere einen guten Eindruck zu machen, dass man kritisch bewertet wird oder im Grunde einfach kein Interesse hat, auch wenn man oberflächlich nett behandelt wird. Diese Überzeugungen können ihrerseits mit dem Selbstbild verbunden sein, dass man mangelhaft oder im Wesentlichen unattraktiv ist. Diese Überzeugungen und Selbstbilder können ziemlich kompliziert und differenziert werden. Sie bilden viele Bahnen und Verbindungen im Gehirn, und weil man sehr an ihnen hängt und sich ständig auf sie bezieht, werden sie tief verankert. Man wird so gut geübt in der Suche nach sozialen Gefahren und Bedrohungen und macht sich schlecht, zweifelt an sich und sieht das Schlimmste voraus, so dass das Gehirn automatisch diesen Denkstil annimmt.

Scham und entwertende Selbstkritik

Wenn man meint, dass man irgendwie unfähig oder unsympathisch ist, empfindet man Scham. Alle Menschen empfinden in Verbindung mit dem Gefühl, schlecht, unfähig oder unattraktiv zu sein, Scham. Das kann dann eine „innere" oder eine „äußere" Scham sein.

Wenn man „äußere" Scham empfindet, sich vor anderen schämt, dann meint man, dass andere einen bewerten und zu dem Schluss kommen, dass man nicht vollwertig und irgendwie mangelhaft ist. Äußere Scham hat also damit zu tun, wie man meint, in den Augen anderer zu existieren.

Man glaubt, dass andere einen mit Gefühlen wie Ekel, Wut, Gleichgültigkeit oder Verachtung betrachten, und meint, dass dies an einem selbst liegt. Dann will man sich verstecken, verschließen und vermeiden, anderen nahe zu sein. Vielleicht hat man auch Angst, dass andere etwas über einen herausfinden könnten, was sie nicht mögen, und einen deshalb ablehnen.

Wenn man „innere" Scham empfindet, wenn man sich vor sich selbst schämt, bewertet man sich selbst und kommt zu der Schlussfolgerung, dass man unfähig, minderwertig oder fehlerhaft ist. In diesem inneren Zustand neigt man dazu, sich hart zu kritisieren und zu attackieren, und hält sich für schlecht oder für einen Versager. Wenn man schüchtern ist, meint man, man sei mit diesen Gefühlen allein. Aber eigentlich sind solche Gefühle in westlichen Kulturen sehr verbreitet. Sie sorgen dafür, dass das Bedrohungssystem ständig in einem hoch aktivierten Zustand ist. Sie machen es sehr schwer, ein Gefühl der Zufriedenheit und des Wohlbefindens aufrechtzuerhalten. Die Gefühle, die von innerer Scham hervorgerufen werden, sind das Gegenteil von denen, die von Mitgefühl für uns selbst ausgelöst werden. Wenn Dinge schiefgehen, empfindet man Frustration und Wut und verachtet sich vielleicht sogar, statt Freundlichkeit, Bereitschaft, sich zu unterstützen, und Entschlossenheit zu haben. Wie kommt es zu dieser inneren Scham? Wie man sich findet, beruht auf frühen Erfahrungen mit Menschen. Wenn diese Menschen nicht in der Lage waren, für einen zu sorgen und einen zu unterstützen, und wenn sie grob oder hart waren, hat man das wahrscheinlich als Botschaft verstanden, dass man Fürsorge und Unterstützung nicht wert war. Man sieht, dass äußere wie innere Scham eigentlich mehr mit Problemen und emotionalen Schwierigkeiten anderer zu tun haben können, als mit den eigenen.

„Gute" Scham und „schlechte" Scham

Scham und die Selbstvorwürfe, die sie begleiten, scheinen das zu sein, was extreme und schmerzhafte Schüchternheit so sehr von einer gewöhnlichen Schüchternheit unterscheidet, die alle Menschen von Zeit zu Zeit empfinden. Scham ist eine Erfahrung, die mit hohem Stress verbunden ist und die einem die Lebensfreude rauben und wünschen lassen kann, sich von Kontakten zurückzuziehen.

Es ist trotzdem wichtig, zu verstehen, dass nicht *jede* Scham notwendigerweise etwas Schlechtes ist und überwunden werden muss. Die verkrüppelnde, chronische Scham, über die wir hier sprechen, bezieht sich auf unser ganzes Selbst. Bei so einer schlimmen Scham empfindet man sich als tief unfähig und mangelhaft, im schlimmsten Fall ganz einfach und unwiderruflich wertlos, ohne das irgendwie beeinflussen oder verändern zu können, manchmal ohne jegliche Hoffnung.

Es gibt jedoch eine mildere Form von Scham, die „Signalscham" genannt wird und die nützlich ist und einem helfen kann, sich des Zustandes seiner Beziehungen bewusst zu sein. Diese entsteht, wenn man das Gefühl hat, dass man selbst oder andere irgendwie bloßgestellt oder missachtet, übergangen oder abgelehnt worden sind. Man kann seine Gefühle der Signalscham anerkennen und sie in vertrauensvollen Beziehungen lösen. Diese Art Scham weist uns nicht nur auf unsere eigenen verletzlichen Stellen hin, sondern auch auf diese Stellen bei anderen. Sie erinnert uns daran, dass wir alle einfach menschlich und in der Hinsicht gleich sind. In ihrer milden Form hilft sie uns daher, Mitgefühl mit anderen und letztlich auch mit uns selbst zu empfinden.

Angenommen Sie haben auf einer Party einen Freund nicht beachtet, weil Sie ein Gespräch mit einer anderen Person nicht unterbrechen und ihn miteinbeziehen wollten. Vielleicht wollten Sie auch einfach nicht die Aufmerksamkeit mit jemandem teilen. Das ist ganz natürlich. Es ist keine große Sache, und Ihr Freund hat es vielleicht nicht einmal bemerkt. Aber Sie wissen, dass er in letzter Zeit ein bisschen einsam war und gern mit jemandem gesprochen hätte. Deshalb schämen Sie sich.

Diese Art Scham wird von allem ausgelöst, was einem signalisiert, dass man nicht den eigenen Standards und Werten oder denen der Menschen, die wir respektieren, entsprechend leben oder handeln. Als Reaktion auf das Signal bemüht man sich dann oft ein wenig mehr, rücksichtsvoll zu sein – zum Beispiel darauf zu achten, den Freund das nächste Mal, wenn sich so eine Situation ergibt, in das Gespräch miteinzubeziehen –, auch wenn man nicht wirklich einen Schaden angerichtet hat.

Eltern, Kinder und Scham

Cheri Huber, eine bekannte kalifornische Zen-Lehrerin, zählt in einem wunderbaren Buch mit dem Titel *Nichts an dir ist verkehrt* eine Menge Dinge auf, die Kindern immer wieder gesagt werden. Dies sind ein paar Beispiele:

> *Mach das nicht. ... Hör auf damit. ... Leg das hin. ... Ich habe dir gesagt, dass du das nicht tun sollst. ... Warum hörst du nie zu? Wisch das aus deinem Gesicht. ... Ich werde dir schon einen Grund zum Weinen geben. ... Das ist ein dummes Gefühl. ... Das hättest du wissen können. ... Du solltest dich schämen. ... Schäm dich. ... Wirst du das je kapieren? Du machst alles kaputt. ... Du denkst einfach nicht nach. ... Du spinnst. ... Ich habe alles für dich geopfert, und was bekomme ich dafür? ... Wenn man dir den kleinen Finger reicht. ... Das weiß doch jeder. ... Das ist nicht komisch. ... Was glaubst du, wer du bist? ... Du bist von Grund auf schlecht. ... Was werden die Nachbarn dazu sagen? ... Ich schlag dich grün und blau. ... Es ist alles deine Schuld. ... Du machst mich krank. ... Wenn du weinst, verhau ich dich ...*

Die Liste ist endlos. Cheri Huber sagt, dass wertende Bemerkungen wie diese eine starke Grundlage für selbstentwertende Kritik und sogar Selbsthass legen, wenn sie ständig auf ein Kind einströmen. Irgendwann wird ein Kind, das solche Kommentare zu hören bekommt, den Schluss daraus ziehen, dass mit ihm etwas nicht stimmt.

Die meisten von uns werden einigen dieser Kommentare begegnet sein, als sie aufwuchsen. Manchmal werden sie von Eltern und Lehrern in guter Absicht gesagt, weil sie bemüht sind, Kindern gutes Benehmen beizubringen. Aber manchmal kommen sie von Eltern, die emotionale Probleme haben und nicht in der Lage sind, ihren Kindern die Liebe und Unterstützung zu geben, die sie brauchen. Unabhängig von den Umständen führen solche Aussagen zu innerer und zu äußerer Scham, zu strenger selbstentwertender Kritik und zu der Überzeugung, dass andere einen kritisch anschauen. Ich frage mich, wie viele von Ihnen sich erinnern können, wie

Eltern sagten: „Was werden die Nachbarn denken?", als hinge Ihr Wert in den Augen der Eltern davon ab, was die Nachbarn denken!

Wir alle werden mit dem Bedürfnis geboren, mit anderen verbunden zu sein. Wir möchten uns umsorgt und unterstützt fühlen, also gewollt und wertgeschätzt sein, so dass wir darauf vertrauen können, dass wir Unterstützung bekommen, wenn wir sie brauchen, und sich unsere Welt sicher anfühlt. Wenn die Beziehung mit unseren Eltern warmherzig und liebevoll war, fühlen wir uns angenommen und daher sicher. Wenn sie ablehnend, kritisch wertend oder verbal oder körperlich übergriffig waren, sind wir anfällig für innere und äußere Scham. Eltern extrem schüchterner Kinder sind oft überkontrollierend und zu beschützend (wie in dem Beispiel, das wir in Kapitel 1 besprochen haben), oder sie sind kritisch entwertend und verletzend oder vernachlässigen sie. Menschen, die in Umgebungen der einen oder andern Art aufwuchsen, werden sehr sensibel für auch nur milde entwertende Kritik und neigen dazu, jede Kritik als etwas zu interpretieren, was auf etwas Schlechtes an ihnen hinweist.

Übung

Äußere und innere Scham

Hier eine Übung, die Ihnen helfen soll, sich der zwei Gedankenströme bewusst zu werden, die mit Scham zu tun haben: des einen, der sich darum dreht, was andere über einen denken, und des anderen, der aus dem besteht, was Sie selbst über sich denken. Dazu ein Beispiel:

Sie haben ein Paar zum Abendessen eingeladen, das Sie näher kennenlernen möchten. Sie arbeiten beide in derselben Firma, in der auch Ihre Partnerin arbeitet. Beide sind dafür bekannt, dass sie gut organisiert und effizient sind. Sie haben das Abendessen gut geplant und die Zutaten vor der Ankunft der Gäste so weit vorbereitet, wie sie konnten. Es gibt Lachs mit einer speziellen Soße und gebratenen Spargel. Der Salat ist im Kühlschrank, und der Reis in der Mikrowelle. Vorspeisen und Wein stehen bereit, während Sie warten und auch ein bisschen nervös sind, aber Sie freuen sich auch darauf, die Gäste beim Plaudern kennenzulernen. Die Zeitschaltuhr klingelt und erinnert Sie daran, den Lachs aus dem Ofen und den Spargel aus der Pfanne zu nehmen. Sie richten die Dinge in Schüsseln an und nehmen den Reis aus der Mikrowelle. Zu Ihrem Schrecken entdecken Sie jetzt, dass der Reis verkocht ist und im Behälter der Mikrowelle klebt, der sogar zum Teil geschmolzen ist. Was meinen Sie, werden die Gäste von Ihnen denken und was werden sie empfinden? Was für selbstkritische und wertende Gedanken gehen Ihnen durch den Kopf?

Abbildung 6.1 listet in der ersten Spalte die Gedanken aus „äußerer Scham" auf, die das Ergebnis sein könnten („Wie ich meine, wie andere mich empfinden und sehen"), und in der zweiten Spalte die Gedanken aus „innerer Scham" („Wie ich mich selbst finde und sehe"). Wenn man die zwei Spalten anschaut, sieht man, wie sie einander spiegeln. Wenn man sich entwertet, nimmt man auch an, dass andere einen streng beurteilen. Man geht davon aus, dass sie dasselbe von einem denken, was man von sich denkt. In diesem Fall verhielten sich die Gäste so, als hätten sie volles Verständnis und als würde es ihnen Spaß machen, als Ersatz für den Reis zusammen eine Pasta zu improvisieren. Aber trotzdem machen Sie sich Sorgen, dass sie das nicht wirklich denken und auf dem Heimweg über Sie reden werden. Aus Ihrer Sicht ist sowohl die Außenwelt als auch Ihre innere Welt entwertend und ablehnend. Deshalb fühlen Sie sich von außen wie von innen bedroht, und es gibt keinen sicheren, beruhigenden oder freundlichen Ort, an den Sie gehen könnten. Kein Wunder, dass Sie gestresst sind und sich bedroht fühlen.

Abbildung 6.1: Selbstentwertende Gedanken und Ängste

Gedanken, die auf Scham zurückgehen, die von außen ausgelöst wird: Wie mich meiner Ansicht nach andere empfinden und sehen	Gedanken, die auf Scham vor mir selbst zurückgehen: Wie ich mich selbst empfinde und sehe
Diese Leute werden meinen, dass ich gedankenlos bin und mich nicht konzentrieren kann. Sie sehen, dass ich nervös bin, und werden auf mich herabsehen.	Ich kann nicht fassen, dass ich nicht aufmerksamer auf die Zeit geachtet habe. Was bin ich für ein Idiot! Ich bin immer zu schüchtern und zu ängstlich, um achtsam zu sein. Ich werde mich nie ändern!
Sie werden von meinen gastgeberischen Qualitäten nicht besonders beeindruckt sein. Sie werden mich einfach für unfähig halten.	Was ist los mit mir? Warum kann ich mich nicht konzentrieren? Ich bin so abgelenkt, wenn ich Angst habe.
Sie werden uns sicher nicht noch einmal besuchen wollen. Ich habe auch ein schlechtes Licht auf meinen Mann geworfen, allein schon, weil er mit mir verheiratet ist.	Das Essen wäre schön gewesen. Ich veranstalte wirklich ein Chaos, wenn ich so befangen bin.
Mit jemandem wie mir werden Sie sich nicht anfreunden wollen.	Ich habe es mit meiner Achtlosigkeit und mit meiner Angst vor Menschen verdorben.
Es wird Licht auf meinen Mann werfen. Sie werden denken, ich bin ein Idiot.	Wann lerne ich endlich aufzupassen? Ich hasse mich dafür, dass ich nicht in der Lage bin, meine Angst und meine Befangenheit zu kontrollieren!
Meine Hauptangst, wie andere mich sehen könnten, ist: Ich werde keine Freunde haben und keine Menschen finden, die mich mögen und respektieren.	Bei meinem Gefühl, unfähig zu sein, ist meine Hauptangst: Ich werde nicht in der Lage sein, gute Freunde zu haben. Ich werde einsam und Außenseiter sein.

Was Sie tun können, ist, zurücktreten und erkennen, was Sie denken. Dann haben Sie eine Perspektive, aus der Sie Ihre Gedanken, mit denen Sie sich entwerten und beschämen, ausgleichen können. Nehmen Sie beim Atmen einen beruhigenden Rhythmus an, orientieren Sie Ihre Aufmerksamkeit neu und versuchen Sie, Ihre Gedanken schrittweise mit ein paar Fragen auszugleichen. Achten Sie dabei darauf, dass Ihr Ton freundlich und ruhig ist.

- Hatten Sie den Eindruck, dass der verbrannte Reis einem Ihrer Gäste etwas ausgemacht hat?
- Hat einer von beiden Empathie ausgedrückt oder ein Beispiel dafür angeführt, dass ihm oder ihr Ähnliches auch schon passiert ist?
- Hat einer von beiden Sie beruhigt?
- Haben Sie den Eindruck gehabt, dass sie Ihre Gesellschaft und den Besuch genossen haben?
- Wird Sie dies wirklich davon abhalten, Freunde zu werden?
- Wird dieses Ereignis die Beziehung Ihres Partners mit ihnen wirklich stören?
- Würden Sie diese Leute ablehnen, wenn die Rollen umgekehrt wären?
- Können Sie sich vorstellen, dass der Vorfall mit dem Reis die Atmosphäre vielleicht sogar gelockert und allen geholfen hat, zu entspannen und mehr sie selbst zu sein?

Stellen Sie sich diese Fragen mit so viel Wärme und Freundlichkeit, wie Sie können, und achten Sie mit Mitgefühl auf alle positiven Aspekte der Reaktionen Ihrer Gäste, auf die ihre Antworten Sie hinweisen. Es kann sein, dass das nicht leicht ist. Fokussieren auf das Negative ist so viel leichter, weil Ihr Bedrohungssystem das Sagen hat. So funktioniert das. Wenn einer Ihrer Gäste also nur im Geringsten überrascht gewirkt hat oder einen fragenden Gesichtsausdruck hatte, konzentrieren Sie sich sofort darauf. Können Sie sich aber als Reaktion auf Ihre Fragen mit Mitgefühl daran erinnern, wie einer von ihnen gesagt hat: „Au Mist, mir ist das auch passiert. Habt ihr Pasta? Wir können die schnell machen."

Und wie Sie sagten: „Ah ja, haben wir – gute Idee. Machen wir das." Und was für ein Gemeinschaftserlebnis es war, als Sie beide zusammen die Pasta gemacht, den Kühlschrank durchsucht und ein bisschen Pesto und Brokkoli hinzugefügt haben? Währenddessen haben die beiden andern nebenan einfach munter weitergeplaudert. Wenn das bei jemand anders passiert wäre, hätten Sie gedacht: „Toll, das geht nicht nur mir so." Wahrscheinlich wären Sie erleichtert. Menschen mögen einen sogar noch mehr, wenn man hier und da ein paar Fehler macht. Wahrscheinlich wissen Sie aus Ihrer eigenen Erfahrung, dass jemand, der „allzu vollkommen" ist, ein wenig dämpfend, sogar einschüchternd sein kann, und das ermuntert Leichtigkeit und Freundschaft nicht gerade.

Wie haben Sie die Frage danach beantwortet, wie Sie reagiert hätten, wenn diese Panne jemand anders passiert wäre? Sie haben fast mit Sicherheit gesagt, dass Sie jemand anders nicht abgelehnt hätten. Erlauben Sie sich einfach, es für möglich zu halten, dass andere Menschen ebenso freundlich und großzügig sein könnten. Wenn man sehr schüchtern und selbstentwertend kritisch ist, tendiert man dazu, schiefe Vorstellungen davon zu haben, was für andere wichtig ist. Menschen neigen sogar dazu, einen eher zu mögen, wenn man warmherzig, offen und liebevoll ist und ihnen zeigt, dass man sie mag – und zwar nicht, weil man in der Küche (oder woanders) nie Fehler macht. Und allein dass jemand schüchtern ist, ist für niemanden ein Grund, jemanden nicht zu mögen. Auch die neuere Forschung zeigt, dass Anzeichen sozialer Angst irrelevant sind, wenn man vorherzusagen versucht, ob Menschen positiv reagieren, wenn jemand auf sie zugeht. Man kann ein bisschen nervös wirken, wenn man auf andere zugeht, und wahrscheinlich reagieren sie sowieso positiv. Sie reagieren darauf, dass Sie auf sie zugehen.

Die Angst, mangelhaft gefunden und abgelehnt zu werden, ist der Grund für entwertende Selbstkritik. Wenn Sie wirklich davon überzeugt wären, dass Ihre Gäste von Ihrer Panne nicht negativ beeinflusst würden und sie sich bei Ihnen vielleicht sogar noch wohler gefühlt haben, wären Sie dann so streng mit sich? Deshalb enthält Abbildung 6.1 am Ende jeder Spalte einen Kasten mit dem Text „Meine Hauptangst ist ..." Sie können sich diese Frage stellen, wann immer Sie sich entwerten oder von sich enttäuscht oder ärgerlich auf sich sind. Wenn Sie einmal Ihre reale Angst identifiziert haben, können Sie sie mit Ihren mitfühlenden Fragen konfrontieren und Annahmen, auf denen sie beruht, korrigieren und zurechtrücken. Aber entwertende Selbstkritik tendiert dazu, den Weg dahin zu blockieren, diese Angst anzuerkennen und anzunehmen. Aber wenn Sie sie nicht anerkennen und annehmen, können Sie nicht mit ihr arbeiten. Versuchen Sie also, Ihre selbstentwertenden strengen Gedanken mit Hilfe des beschriebenen Frageprozesses sanft zu konfrontieren. Dann nehmen Sie Ihre Angst wahr und versuchen Sie, sie anzuerkennen. Behandeln Sie Ihre ängstliche Seite mit Mitgefühl, wenn Sie dies tun, damit Sie nicht wieder zurückfallen und sich entwerten und emotional verletzen.

Strategien, die der Sicherheit dienen: Unterwerfung, Rückzug, Selbstvorwurf und Wut

Vielleicht entdecken Sie, dass Sie entwickelt haben, was man „Sicherheitsstrategien" nennt. Sie dienen dazu, mit äußerer Scham umzugehen. Wir alle benutzen solche Strategien, um uns auf verschiedene Weise zu schützen. Um zum Beispiel körperliche Verletzungen zu vermeiden, entscheiden wir uns gegen gefährliche Sportarten und gehen Menschen aus dem Weg, die wir für aggressiv halten. Genauso vermeiden wir Enttäuschung und noch schlimmere Gefühle wie Scham und Unzulänglichkeit, indem wir uns unterwürfig verhalten und versuchen, nichts zu tun, was Ärger oder Lächerlichkeit nach sich ziehen könnte. Man bleibt zurückgezogen unkommunikativ und achtet darauf, dass man nichts von sich preisgibt, was belächelt oder abgelehnt werden könnte. Man ist innerlich darauf eingestellt, sich zu schützen. Es ist sogar sehr verbreitet, Bedrohungen und Gefahren zu überschätzen. Wenn man schüchtern ist, kann es also sein, dass man die Welt als gefährlicher erlebt, als sie tatsächlich ist, und sich, um sich zu schützen, unterwürfig verhält und sich von sozialem Kontakt zurückzieht. Man neigt auch dazu, sich alles vorzuwerfen, wovon man meint, dass es schiefgegangen ist – teilweise als Abwehr dagegen, dass einem von anderen etwas vorgeworfen werden könnte. Man macht sich in der Hoffnung Vorwürfe, anderen so zuvorzukommen und ungeschoren zu bleiben.

In Situationen, die man sozial bedrohlich findet, reagiert man oft mit Nachgeben und Unterwürfigkeit, aber das ist nicht die einzige Form. Weil viele von uns Bedrohung mit Aggression assoziieren, ist ironischerweise Wut eine andere wichtige defensive Emotion. Haben Sie sich vielleicht manchmal gedemütigt gefühlt und sind als Ergebnis aggressiv und provozierend, vielleicht arrogant, entwertend und herablassend geworden?

Diese Sicherheitsstrategien sucht man sich nicht bewusst aus. Welche einem besonders liegen, hängt von dem Temperament, von körperlichen und intellektuellen Fähigkeiten und von der momentanen und wie auch der in der Kindheit prägenden Umwelt ab. Das Hauptproblem bei Sicherheitsstrategien ist, dass sie einem keine Gelegenheit lassen, zu lernen, dass die Dinge anders sein können. Wenn man schüchtern ist und andere meidet, lernt man vielleicht nie, wie man mit seiner Angst umgehen und sie allmählich reduzieren kann. Es kann deshalb sehr nützlich sein, allmählich Möglichkeiten zu entwickeln, soziale Angst und Schüchternheit anders zu konfrontieren, und sie nicht diktieren zu lassen, was man macht. Man kann sich zum Beispiel bewusst bemühen, Menschen in die Augen zu schauen, sozialen Kontakt herzustellen, für sich wenn nötig einzustehen, jemanden einzuladen, und Intimität in Freundschaften zu entwickeln, indem man seine Gedanken und Gefühle mitteilt. Anfangs geht das vielleicht nicht ohne Stress, aber wenn man es durchhält, kann es auf Dauer sehr lohnend sein. In Kapitel 8 werden wir besprechen, wie man mit Mitgefühl an seinem Verhalten arbeiten kann, wenn man diese Veränderungen vornimmt.

Als Gegenmittel bei Scham Verletzlichkeit eingestehen

Weit besser, als sich mit „Sicherheitsstrategien" abzuschneiden, ist es, zu lernen, anderen gegenüber offener mit Verletzlichkeit umzugehen, denn dies wird auch helfen, Schüchternheit und soziale Angst zu verringern. Wenn man in einer sicheren Umgebung, in der man akzeptiert und nicht bewertet wird, offen mit der eigenen Verletzlichkeit umgehen und Schamgefühle anerkennen kann, entwickelt man Vertrauen und die Freiheit, zu versagen und mit Freunden und Familie über die Absurdität der Situationen des Lebens lachen zu können. Wenn man einander in einer warmen und akzeptierenden Beziehung die Dinge sagen kann, die einem peinlich sind, hat man begonnen, die Grundlagen für wirkliche Intimität und Vertrauen zu legen.

Ein Hauptprinzip:
Man zwingt sich nicht, etwas aufzugeben

In diesem Sinn ist es wichtig, hier eines der Hauptprinzipien des Ansatzes, der auf Mitgefühl gegründet ist, zu betonen: nämlich dass *man sich nicht zwingt, etwas aufzugeben*. Wenn man will, kann man dahin zurückgehen, wie man war. Wenn man das Gefühl hat, dass man sich zu zwingen versucht, etwas aufzugeben, was bis jetzt anscheinend gut funktioniert und einem Sicherheit verschafft hat, kann das anfangs die Angst sogar steigern. Deshalb denken Sie daran, dass Sie nicht alle Strategien des „Besser sicher als später bereuen" auf einmal aufgeben müssen. Sie können sie so lange benutzen, wie Sie sie nützlich finden. Wir alle benutzen sie ja ab und zu. Lassen wir die Veränderung langsam angehen. Wenn Sie Selbstmitgefühl entdecken und Mut entwickeln, werden Sie in dem Wissen, dass Sie auf sich zählen können, wenn es darum geht, sich angesichts von Rückschlägen zu unterstützen und zu akzeptieren, auch die Erfahrung machen, dass Sie diese Strategien nicht mehr so sehr brauchen und sie ohne Mühe oder Angst loslassen können. Wenn sich Ihr Selbstmitgefühl entwickelt, wird es Ihnen helfen, freundlicher und sanfter zu werden. Sie werden sich mehr akzeptieren, wenn Sie auf andere zugehen, und merken, dass es keinen Fehler und keine peinliche Eigenschaft gibt, die nicht Millionen andere auch machen und haben.

Wie Mitgefühl einem helfen kann, anders zu denken

Stellen Sie sich vor, was passieren könnte, wenn wir anfingen, jeden Tag mitfühlendes Denken zu praktizieren, um die alten Überzeugungen zu verändern, die wir von uns und anderen haben. Was würde passieren, wenn wir absichtlich versuchten, unsere Aufmerksamkeit auf andere Dinge zu richten, nämlich auf solche, die uns helfen? Wenn wir versuchen würden, unsere alten Überzeugungen nicht einfach nur deshalb zu akzeptieren, weil wir sie schon immer hatten? Stellen Sie sich vor, wir würden beobachten, wie wir uns anderen gegenüber verhalten, und uns absichtlich darauf konzentrieren, was wir gut gemacht haben. Das heißt nicht, dass wir so tun sollten, als liefe alles immer gut – es gibt immer Dinge, die nicht so gut laufen, das geht uns allen so. Aber mit Übung können wir unsere Aufmerksamkeit auf das richten, was wir *tatsächlich* gut gemacht und in der Vergangenheit oft übersehen haben. Stellen Sie sich auch vor, was passieren würde, wenn wir unsere Schüchternheit anders sehen würden, wenn wir ihre Stärken wie auch ihre Nachteile sehen und andere Möglichkeiten üben und praktizieren könnten, uns und andere Menschen zu sehen.

Automatische Gedanken und wie man sie in Frage stellen kann

Aaron Beck, ein Psychiater, der in den 1960er Jahren mit Depression arbeitete, war einer der Ersten, der seine Aufmerksamkeit auf die Art der Gedanken richtete, die uns durch den Kopf gehen – wie man sich beurteilt, wenn man sich in bestimmten Stimmungen befindet oder sich in bestimmter Weise fühlt. Zum Beispiel denkt man vielleicht am ersten Tag bei einem neuen Job oder auf einer Party: „Hoffentlich mache ich einen guten Eindruck. Bloß nichts Dummes sagen." Beck stellte fest, dass diese Gedanken die Aufmerksamkeit für das behinderten, was zu einem jeweiligen Moment aktuell geschah. Das konnte eine bestimmte Aufgabe oder ein Gespräch sein. Beck nahm auch wahr, dass sich die Gedanken, wenn jemand mit Wut, Angst oder Depression umzugehen versuchte, je nach dem emotionalen Zustand um Gefahren oder mögliche Verluste der einen oder anderen Art drehten. Wenn jemand zum Beispiel wütend oder ärgerlich war, richteten sich seine Gedanken darauf, ob er in Bezug auf seine Bedürfnisse oder Ziele mit Widerstand zu rechnen hatte. Wenn das Grundgefühl Angst war, ging es in Gedanken zum Beispiel darum, ob eine Herzrhythmusstörung Anzeichen einer bevorstehenden Herzerkrankung sein könnte, und jemand, der depressiv war, dachte an seine Unfähigkeit und Hoffnungslosigkeit.

An diesen Beispielen sieht man, wie verbreitet dieses Denkmuster, diese Neigung, sich unvorteilhaft zu bewerten, bei uns allen ist. Wenn man schüchtern ist, ist diese Neigung besonders stark. Man beobachtet sich und versucht, Fehler oder Probleme zu entdecken (statt positive Dinge wahrzunehmen), und sorgt sich darum, dass andere einen langweilig, unattraktiv, unsympathisch oder dumm finden könnten. Man hat Gedanken wie: „Ich höre mich nicht gut an", „Mir fällt nichts Kluges oder Interessantes ein", „Andere hier sind viel unterhaltsamer als ich", „Er würde lieber mit jemand anders sprechen". Wahrscheinlich wissen Sie nur allzu gut, wie leicht einem ein Strom solcher Gedanken durch den Kopf gehen kann. Diese Gedanken lenken einen ab und man wird von ihnen besetzt. Sie sind unserer Freude, mit Menschen zusammen zu sein, und unserem natürlichen Interesse an ihnen im Weg. Aber Freude und Interesse an Menschen ist genau das, weshalb andere uns mögen. Beck nannte diese von Angst gefärbten, wertenden Gedanken „automatische Gedanken", weil sie spontan auftauchen, ohne Überlegung oder bewusstes Nachdenken. Man weiß nicht einmal, woher sie kommen.

Albert Ellis, ein anderer Psychologe, der etwa zur selben Zeit wie Beck arbeitete, hat beobachtet, dass Menschen oft von Gedanken getrieben waren, die die Form eines „sollte" annahmen. Sein Ansatz bestand darin, diese mentalen Anweisungen zu Vorlieben umzuformulieren. Er ermutigte Klienten dazu, daran zu denken, was sie tun *können,* statt was sie tun *müssen.* Er stellte fest, dass Menschen sich oft sagen, sie könnten mit bestimmten Emotionen unmöglich umgehen und etwas sei einfach zu schrecklich und sogar unerträglich, wenn sie es nicht vermieden. Seiner Beobachtung nach ist das Problem dabei, dass man keinerlei Anreiz hat, zu versuchen, diese schwierigen Emotionen zu ertragen und mit ihnen umzugehen. Man wird nur danach streben, sie zu vermeiden oder ihnen so schnell wie möglich zu entkommen, wenn sie auftauchen. Es ist sehr schwierig zu lernen, wie man mit Emotionen umgehen kann, wenn man sich immer wieder sagt, sie seien unerträglich und nicht nur unangenehm und schwierig.

Die Ansätze von Beck, Ellis und anderen, die darin bestehen, zu lernen, automatische Gedanken und verfestigte Überzeugungen in Frage zu stellen und sich Alternativen auszudenken, verbreiteten sich schnell und wurden in der Forschung überprüft. Ein psychotherapeutischer Ansatz, die Kognitive Verhaltenstherapie (KVT), wurde entwickelt, der sich besonders auf die Gedanken konzentriert, die einem durch den Kopf gehen, wenn man Angst hat, und darauf, wie man sich dann fühlt und verhält. Weitere Forschung hat gezeigt, dass dieser Ansatz gut bei Menschen funktioniert, die unter Schüchternheit leiden. Er stellt nämlich die Überzeugung in Frage, dass man von anderen negativ bewertet und abgelehnt wird. Zur KVT gehört, dass man sich mit Hilfe einer Technik, die man „Expositionsverfahren" nennt, behutsam und schrittweise seinen Ängsten stellt. Dabei nimmt man aktiv an sozialen Beziehungen teil und entwickelt Alternativen zu automatischen Gedanken, die auf dem Gefühl beruhen, bedroht zu sein. Diese Alternativen sind realistischer und helfen, sich selbst zu unterstützen.

Nachdenken darüber, wie wir denken: Ein Beispiel

Mittlerweile können Sie sehen, wie unser Denken, wenn man mit Schwierigkeiten konfrontiert ist, Leiden verstärken kann, indem es auf bestimmte Interpretationen und bestimmte Denkweisen verfällt. Man kann nicht vermeiden, ab und zu schüchtern zu sein oder Angst vor Begegnungen mit Menschen zu haben, so wenig, wie man Rückschläge, Verlust und Trauma vermeiden kann. Aber man kann verändern, wie man diese Dinge versteht, so dass man sich nicht ängstlich und mutlos, sondern unterstützt und ermutigt fühlt und sich aufrafft und weitergeht.

Angenommen mit jemandem hat sich eine Liebesbeziehung entwickelt, doch diese Person ändert ihre Absicht, einem näher zu kommen, und möchte lieber, dass es bei einer Freundschaft bleibt. Wenn Sie die Situation so verstehen, dass Sie vielleicht doch nicht so viel gemeinsam hatten, oder dass die Chemie der Beziehung einfach nicht gestimmt hat und dass es Zeit braucht, um jemanden zu finden, der wirklich passt, dann werden Sie enttäuscht, aber nicht am Boden zerstört sein. Sie könnten sogar eine gewisse Befriedigung darüber empfinden, dass diese Person Sie so sehr schätzt, dass sie weiterhin eine Freundschaft mit Ihnen will. Andererseits könnten Sie meinen, wenn Sie schmerzhaft schüchtern sind, dass es an Ihnen liegt, dass die andere Person ihre Absicht geändert hat, und dass Sie nicht liebenswert sind, sondern mangelhaft, und dass Sie nie einen Partner finden. Wenn Sie um solche Gedanken kreisen, könnten Sie entmutigt und traurig sein und sogar Scham empfinden. Im ersten Fall betrachten Sie die Situation aus einem gewissen Abstand, sie sehen Ihren Partner, sich selbst und die Interaktion sozusagen in rechtem Licht. In der zweiten Situation sind Sie in Ihren Ängsten und Befürchtungen gefangen. Sie sind so auf diese fokussiert, dass die zwei Möglichkeiten – dass Sie beide nicht besonders gut zusammenpassten oder dass die andere Person aufgrund eigener Probleme oder ihrer Geschichte zu dem Schluss gekommen war, doch keine so nahe Beziehung zu wollen – Ihnen vielleicht nicht eingefallen wären.

Wenn unsere automatischen Gedanken sich um uns selbst drehen und Selbstvorwürfe enthalten, werden sie besonders schmerzhaft und hinderlich sein, wenn wir auf andere zugehen, um neue Menschen kennenzulernen oder um einen Partner zu finden, denn sie untergraben unser Selbstvertrauen. Es ist schwer, Risiken einzugehen und neue Möglichkeiten zu lernen, wie man mit anderen in Beziehung sein kann, wenn man sich selbst ständig nur kritisiert. Diese Gedanken und Gefühle können auch zwischen uns und dem anderen Menschen stehen. Dann ist es schwer, jemanden direkt zu fragen, was er meint, was schiefgegangen ist, oder was er für die wichtigen Unterschiede zwischen uns hält. Es kann wirklich nützlich sein, Fragen zu stellen wie: „Was hat dich zu dem Schluss kommen lassen, dass wir nicht gut zusammenpassen?" Manchmal ist das, was der andere dann antwortet, erleichternd, denn dann sieht man, was er meint, und man kann zustimmen. Manchmal erfährt man auf diesem Wege, dass man etwas tut, dessen man sich nicht bewusst war, und was

Menschen zurückstößt oder abstößt. Das ist dann ein wertvolles Feedback für das nächste Mal, wenn man sich wieder auf eine Beziehung einlassen möchte.

Nachdenken darüber, wie wir denken: automatische und intrusive Gedanken

Automatische Gedanken werden außer von bestimmten Ereignissen noch von vielen Dingen ausgelöst. Zu diesen Auslösern gehören bestimmte Zustände des Gehirns, körperliche Zustände, wie Erschöpfung, und Stimmungen im Hintergrund, zum Beispiel, wenn man häufig unter Schüchternheit oder Menschenscheu leidet. Gedanken, Empfindungen und Emotionen, die sich so anfühlen, als kämen sie von nirgendwo, haben fast immer mit etwas zu tun, was einem in dem Moment nicht bewusst ist.

Nehmen Sie eine ungewöhnliche körperliche Empfindung wie eine Extrasystole. Variationen des Herzschlags sind normal und können jederzeit vorkommen, aber wenn man automatisch annimmt, dass diese Unregelmäßigkeit ein Symptom einer Erkrankung des Herzens ist, vielleicht sogar ein Anzeichen dafür, dass ein Herzversagen unmittelbar bevorsteht, kann man in Panik geraten. Das kann zur Folge haben, dass das Herz sehr schnell schlägt, also dass man Herzklopfen bekommt, und die Atmung schnell und flach wird. Das kann wiederum dazu führen, dass man das Gefühl hat, man bekäme keine Luft oder man sei dabei, zu sterben. Dann kann die Angst zu einer ausgewachsenen Panik werden. Wenn jemand einmal diese Erfahrung gemacht hat, ist es möglich, dass er sich dann übervorsichtig verhält und alle Situationen vermeidet, die den Puls beschleunigen könnten, wie Sport – was für das Herz eigentlich sehr gut wäre.

Auf dieselbe Weise können Menschen, die unter starker sozialer Angst leiden, in einer Situation, die sie auslöst, Paniksymptome zeigen oder eine Panikattacke erleben. Danach behandeln sie sich vielleicht als sozial sehr empfindlich und vermeiden alle Situationen, in denen sie bei Begegnungen mit Menschen Angst bekommen könnten, um nicht zu riskieren, wieder in diese erschreckende Panik zu geraten.

Eine andere Art automatischen Denkens ist unwillkommenes unfreiwilliges Denken, zum Beispiel inhaltlich gewaltsamer oder sexueller Art. Solche Gedanken kennen wir alle. Männer haben viele Male am Tag Gedanken mit einem sexuellen Inhalt, und Gedanken, die mit Gewalt zu tun haben, sind auch nicht selten. Wenn man sie als einen Hinweis darauf interpretiert, dass es etwas Schlechtes in uns gibt, kann das eine emotionale Wirkung haben, aus der sich ein psychisches Problem entwickeln kann, nämlich zwanghaftes Denken. Dann kann man nicht aufhören, über die intrusiven Gedanken nachzudenken, man hat Angst vor ihnen und glaubt vielleicht, mit einem stimme etwas nicht, weil man diese Gedanken hat. Wenn man außerdem sehr schüchtern ist, verstärkt diese Angst noch das Unbehagen, das von den Gedanken, die auf die erlebte Bedrohung zurückgehen, verursacht wird. Sie wird zum Anlass, soziale Situationen und andere Menschen noch mehr zu meiden. Ein Ansatz mit mitfühlendem Denken erinnert uns daran, dass unser „altes Gehirn" ganz selbstverständlich eigenartige, unangenehme Gefühle, Phantasien und Gedanken entstehen lässt. Wir alle kennen diese seltsamen Einbrüche. Es hängt nur von unserer Interpretation ab, wie sehr sie uns Angst machen.

Die mitfühlende Alternative

Sie sehen wahrscheinlich mittlerweile, dass es sinnvoll ist, wenn man sich seiner Gedanken bewusster wird, und lernt, sie nicht zu ernst zu nehmen. Zugleich geht es darum, zu lernen, Emotionen zu tolerieren und zu akzeptieren, damit man mit ihnen effektiver umgehen kann.

Mitfühlendes Denken baut auf diesen Prinzipien auf – und fügt ein entscheidendes zusätzliches Element hinzu. Wenn man reale Alternativen zu jenen Gedanken aus Schüchternheit entwickeln will, die die Angst steigern, ist es manchmal nicht so nützlich, wenn man nur „Tatsachen" dazu anführt, wie unsere Gedanken entstellt sein könnten. Wie oft haben Sie sich zum Beispiel schon gesagt: „Klar, ich weiß, dass ich nicht so schüchtern und ängstlich sein muss, und ich weiß auch, dass ich wahrscheinlich besser bin, als ich meine ... Aber ich kann es nicht *fühlen*." Das zusätzliche

Element, das man braucht, ist daher etwas, was hilft, die Alternativen zu *fühlen*, so dass sie nicht nur auf einer intellektuellen Ebene wahr scheinen, sondern auch tiefer überzeugen. Hier kann helfen, wenn man Mitgefühl mit diesen Gedanken verbindet.

Bedenken Sie auch, dass man manchmal wirklich kämpfen muss, wenn man Akzeptanz und Toleranz für schwierige Emotionen entwickeln will und versucht, das nur „rational" zu tun. Wie wäre es, wenn wir lernten, Gefühle der Freundlichkeit und die Gefühle, verstanden, anerkannt und unterstützt zu werden, in uns zu wecken würden, wenn wir zu unseren bedrohlichen Gedanken an soziale Angst alternative Gedanken ins Feld führen? Wie wäre es, wenn wir uns eine freundliche, sanfte, verständnisvolle Stimme vorstellten, die uns bei dieser Anstrengung ermutigt und unterstützt, wenn wir lernen wollen, schmerzhafte Gefühle anzunehmen und zu ertragen? Meinen Sie nicht auch, dass man eher Erfolg hat, wenn man angesichts solcher Schwierigkeiten Freundlichkeit gegenüber sich selbst entwickelt? Ich bin überzeugt davon – und dass das die ganze Basis mitfühlenden Denkens ist. Man lernt, so offen und objektiv zu sein, wie man kann, aber zugleich bewusst bei dem Gefühl der Freundlichkeit zu bleiben und an der Absicht festzuhalten, sich zu unterstützen. Dies ist der Geist mitfühlenden Denkens. Ein entscheidender Teil des mitfühlenden Ansatzes besteht darin, dass man lernt, diese emotionale Qualität im eigenen Denken hervorzurufen. Wenn man lernt, mitfühlend zu denken, lernt man, objektiv zu sein, aber auch einen emotionalen Ton und die fürsorgliche Motivation dahinter zu entwickeln.

Übung

Aufmerksam Gefühle beobachten

Stellen Sie sich vor, dass Sie sich mit jemandem anfreunden, von dem Sie das Gefühl haben, dass er Ihr Partner fürs Leben werden könnte. Sie kommen sich näher und haben immer tiefere und intimere Gespräche. Sie genießen die Zeit, die Sie mit diesem Menschen verbringen. Diese Person lädt Sie für einen Abend ein, und Sie freuen sich darauf. Aber dann erfahren Sie ein paar Tage vorher, dass auch andere Leute da sein werden: andere Freunde und ein Cousin, der etwas weiter entfernt lebt. Vielleicht sind Sie enttäuscht, ärgerlich oder wütend, traurig oder ein wenig verschlossen und emotional zurückgezogen, weil Sie davon ausgegangen waren, es würde ein Abend für Sie zwei allein.

Achten Sie auf die Gedanken und Interpretationen, die Ihnen durch den Kopf gehen, wenn Sie an dieses Ereignis denken. Schreiben Sie auf, was Sie denken und fühlen, indem Sie diesen Satz vervollständigen:

Als ich gehört habe, dass wir nicht allein sein würden, habe ich dies gefühlt:

___

Stellen Sie sich darauf ein, dass Sie mehrere Gefühle wahrnehmen, wenn Sie den Satz vervollständigen, wie Angst, Wut, Enttäuschung und Verwirrung. Wenn Sie verschiedene Gefühle unterscheiden und erkennen können, versuchen Sie die Gedanken zu beschreiben, die diese Gefühle begleiten:

Mein ärgerlicher oder wütender Teil denkt ...

___

Mein ängstlicher Teil denkt ...

___

Der Teil von mir, der das Gefühl hat „Ich geh da nicht hin" denkt ...

___

... und so betrachten Sie alle Gefühle, die Sie erkennen können.

Bleiben Sie eine Weile aufmerksam dabei, wenn Sie können auch spielerisch, und erforschen Sie diese Bereiche Ihres Inneren. Machen Sie sich mit den verschiedenen Gedanken und Gefühlen vertraut, die da sein können. Gehen Sie respektvoll mit diesen verschiedenen Teilen um, als wären Sie wirklich daran interessiert, was sie denken. Wenn Sie die Gefühle und Gedanken schriftlich beschreiben und sich wirklich auf diese verschiedenen Teile in sich konzentrieren, hilft Ihnen das, langsamer zu werden und sie genauer wahrzunehmen. Sie *beobachten* sie hier aus der Nähe, damit Sie sehen können, wie verschiedene Gedanken und Interpretationen verschiedene Emotionen begleiten.

Man kann auch hier mit ein paar Ideen spielen, um dahinterzukommen, wie die Dinge liegen. Wenn Sie schüchtern sind oder Angst haben, könnten Sie auf die Idee kommen, dass die Tatsache, dass Ihr Freund noch andere eingeladen hat, bedeutet, dass er sich mit Ihnen langweilt. Das wäre ein Zeichen dafür, dass sich Ihre Beziehung „abkühlt". Das könnte Ihnen Angst machen oder Sorgen bereiten. Wenn das so ist, können Sie sich beruhigen, indem Sie Ihre Phantasie zu Hilfe nehmen und nach anderen Erklärungen suchen. Folgendes können Sie tun:

Nehmen Sie sich ein paar Momente Zeit und gehen Sie in Ihren beruhigenden Atemrhythmus. Damit werden Sie ein wenig langsamer, und das kann Ihnen helfen, Ihre Aufmerksamkeit zu richten. Stellen Sie sich dann dieses ideale mitfühlende Selbst vor, den Anteil von sich, der Sie und alles, was Sie fühlen, tief versteht.

Als Nächstes erkennen und akzeptieren Sie Ihre Gefühle der Angst und der Sorge – das heißt, fangen Sie nicht an, sich zu sagen, dass Sie dumm sind oder nicht so fühlen sollten. Sie können sich sagen: „Es ist verständlich, dass ich so empfinde, weil …" (zum Beispiel „weil ich wirklich eine Liebesbeziehung mit diesem Menschen haben möchte", oder „weil ich in der Vergangenheit verletzt wurde, will ich, dass es diesmal anders kommt" oder „weil es natürlich ist, ein bisschen Angst zu haben, wenn jemand, der mir wirklich wichtig ist, vielleicht nicht so empfindet wie ich").

Erkennen Sie nun als Nächstes an, dass Ihre Gedanken mit Ihrer Angst zu tun haben und sie deshalb vielleicht nicht objektiv sind und dass es sicher unwahrscheinlich ist, dass sie Ihnen helfen.

Nutzen Sie dann Ihre Orientierung an Mitgefühl und fangen Sie an, sich so viele alternative Interpretationen oder Erklärungen auszudenken wie möglich. Es kann zum Beispiel sein, dass Ihr Freund gern mehr Gesellschaft um sich hat und geselliger ist als Sie und Sie in diesen weiteren Kreis von Freunden und Bekannten aufnehmen und einführen möchte. Das macht Ihnen zwar vielleicht Angst, aber es könnte auch eine Gelegenheit für Sie sein, ein wenig Selbstvertrauen mit neuen Menschen zu entwickeln. Vielleicht möchte der Cousin Sie kennenlernen, und Ihr Freund hielt den Besuch für eine gute Gelegenheit, Sie vorzustellen. Konzentrieren Sie sich darauf, bei diesen Alternativen ein *echtes Gefühl der Wärme und des Verständnisses* zuzulassen.

Nehmen wir jetzt ein anderes Gefühl. Vielleicht sind Sie frustriert und verärgert. Vielleicht denken Sie: „Dass er mich eingeladen hat, war für ihn einfach Nebensache – er hat mich nur aus Höflichkeit eingeladen. Vielleicht hat er jemand anders kennengelernt und ist nicht so anständig, mir das zu sagen. Er weiß, dass ich anderen Leuten gegenüber schüchtern bin. Wie kann er so gedankenlos sein und mir die Dinge so schwer machen?" Mittlerweile sind Sie vielleicht so weit, den Freund fallen zu lassen oder Ihrerseits etwas zu tun, womit Sie ihm die „Gedankenlosigkeit" heimzahlen. Während Sie sich diesen Grübeleien hingeben, sind Ihre Gefühle in Aufruhr und ihr Bauch und Ihre Muskeln sind angespannt.

Schauen wir uns jetzt ein paar Möglichkeiten an, wie man diese Situation mit Mitgefühl betrachten kann.

Erkennen und akzeptieren Sie als Erstes wie immer Ihre Gefühle. Ist es möglich, dass Ihre Wut an die Oberfläche kommt, weil Sie sich bedroht fühlen? Gibt es dahinter ein gewisses Maß an Angst? Man kann langsamer werden und aufrichtig sein, ohne sich dafür zu schämen. Haben Sie Mitgefühl mit sich und rufen Sie vielleicht Ihr mitfühlendes ideales Selbst in den Vordergrund, das weise und warmherzig ist und Sie ganz annimmt. Wenn Sie sehen, dass ein Teil dieses Grolls mit einem Gefühl der Bedrohung oder einer Gefahr zu tun hat und Ihr Ärger oder Ihre Wut eine Reaktion auf diese Bedrohung oder Gefahr ist, dann können Sie alternative Ideen verwenden, wie wir sie oben beschrieben haben.

Vielleicht ist die Wut immer noch da, wenn Sie das gemacht haben. Wenn das der Fall ist, dann ziehen Sie folgende Gedanken in Erwägung.

In allen Beziehungen gibt es verschiedene Sichtweisen, Werte und Dinge, die Menschen tun wollen. Deshalb ist es nur natürlich, dass es gelegentlich Reibung oder Konflikt in der Beziehung gibt. Es wird Dinge geben, die ich machen möchte und die mein Partner nicht machen möchte, und umgekehrt. Wenn einem an einem Menschen liegt, bedeutet das manchmal, dass man Dinge macht, die er machen möchte, auch wenn man selbst das nicht so besonders gern möchte. Aber man tut es, weil man weiß, dass es ihm wichtig ist. Wenn ich mich also meiner Angst stelle und bereit bin, an diesem eher geselligen Abend teilzunehmen, tue ich damit vielleicht sowohl für mich etwas als auch für ihn. Das kann mir helfen, an dem geselligen Treffen teilzunehmen. Zugleich gehört Üben dazu, selbstbewusst aufzutreten und meine Bedenken oder meine Unzufriedenheit auszudrücken, wenn ich lerne, in der Beziehung aufrichtig zu sein. Vielleicht werde ich also an diesem Treffen teilnehmen können, aber wenn sich einmal eine gute Gelegenheit bietet, kann ich dem Freund gegenüber auch erwähnen, dass ich gern mit ihm allein bin. Das kann schwierig für mich sein, wenn ich sehr schüchtern bin oder Angst vor einer Konfrontation habe, aber schrittweise ist es nützlich, wenn ich freundlich und so aufrichtig wie möglich bin.

Wenn Sie sich dabei ertappen, wie Sie über Ihre Frustration und Ihren Groll grübeln, können Sie versuchen, Ihre Aufmerksamkeit auf nützlichere Gedanken zu richten. Vielleicht richten Sie sie wieder auf das mitfühlende ideale Selbst und fangen an, für sich herauszufinden, welche Gedanken und welcher Fokus Ihnen in dieser Situation gut tun.

Betrachten wir noch eine andere Emotion, die in dieser Situation auftauchen könnte: Traurigkeit. Möglicherweise sind Sie mit Gedanken beschäftigt, dass dieser Freund an Ihnen nicht wirklich interessiert ist – wahrscheinlich findet er Sie langweilig und für eine Beziehung ungeeignet. Vielleicht ist Ihnen plötzlich peinlich, dass Sie sich tatsächlich für ihn als möglichen Partner interessiert haben. Bei Ihnen klappt es ja normalerweise sowieso nicht, denken Sie vielleicht. Vielleicht erinnern Sie sich plötzlich an Gespräche in der Vergangenheit und halten nach frühen Anzeichen von Rückzug Ausschau, die Sie übersehen haben könnten. Ihnen fallen Dinge ein, die Sie gesagt haben und die sich dumm oder blöd angehört haben könnten. Oder Sie machen sich jede Kleinigkeit zum Vorwurf, die in der gemeinsamen Zeit schiefgegangen sein könnte. Mittlerweile zieht die Scham Sie in eine tiefere Traurigkeit, und Sie wollen sich nur zurückziehen und nie wieder auf den anderen zugehen. Wenn das so ist, dann denken Sie daran, dass es nicht Ihr Fehler ist, dass Sie so empfinden: So haben sich das menschliche Gehirn und die Emotionen in der Evolution entwickelt.

Wieder ist das Wichtigste, dass Sie die Traurigkeit annehmen und anerkennen, dass sie verständlich ist. Bringen Sie Ihre Atmung in den Rhythmus, der beruhigend wirkt, und weiten Sie Ihr Mitgefühl auf diese Traurigkeit aus. Sie kann auf eine Menge schwieriger Erfahrungen zurückgehen, als Sie sich in der Vergangenheit ausgeschlossen gefühlt haben und verletzt waren.

Versuchen Sie jetzt die Gedanken zu erkennen, die die Traurigkeit begleiten – vielleicht die Vorstellung, dass sie gehofft hatten, ihr Freund würde immer nur mit Ihnen allein sein wollen. Oder dass Sie sich ein bisschen an die Seite gedrängt fühlen, weil Sie teilen müssen. Vielleicht haben Sie auch Gedanken, die mit Angst zu tun haben: Angst ist oft mit Traurigkeit verbunden, weil beide auf frühere Ablehnung zurückgehen. Es kann sein, dass Ihr Freund weit davon entfernt ist, das Interesse an Ihnen verloren zu haben, und Sie nur in andere Bereiche seines Lebens einbeziehen möchte. Ist es möglich, dass Ihre Traurigkeit auf den Gedanken zurückgeht, Ihre Schüchternheit oder soziale Angst könnte Sie daran hindern, diesen Weg mit ihm gemeinsam zu gehen?

Richten Sie Ihre Aufmerksamkeit wieder auf Ihr mitfühlendes ideales Selbst. Lassen Sie sich die Freundlichkeit und Unterstützung empfinden, die dieses Selbst Ihnen bietet, wenn Sie sich auf dieses Gefühl einlassen. Sie brauchen also nicht vor ihm wegzulaufen. Versuchen Sie zugleich, es nicht mit Grübeln oder Angst machenden Gedanken zu nähren, die es nur intensiver machen. Sie könnten sich zum Beispiel vorstellen, dass Sie gut mit der Situation umgehen, zwar vielleicht mit einer gewissen Angst kämpfen, aber doch klarkommen. Sie könnten sich vorstellen, dass Sie mit Ihren Bemühungen im Stillen ganz zufrieden sind, und sich für Ihren Mut loben, weil es nicht leicht war.

Wir haben hier drei mögliche emotionale Reaktionen getrennt behandelt, aber nur um die Übung klarer zu machen. Denken Sie daran, dass diese Emotionen alle zugleich da sein können. Wenn Sie das Gefühl haben, dass Sie von mehreren negativen Emotionen umgeben und beschwert werden, kann Ihr mitfühlendes ideales Selbst eine wirkliche Hilfe für Sie sein.

Im Einzelnen müssen Sie selbst herausfinden und ausarbeiten, welche Gedanken und Imaginationen zu Ihnen und zu der Situation, mit der Sie konfrontiert sind, am besten passen. Wenn Ihnen klar ist, dass Ihre Gedanken, die auf einem Gefühl der Bedrohung beruhen, Sie in intensivere Emotionen dieser Art bringen, während Ihre mitfühlenden Wünsche und Bemühungen Ihnen bei der Auseinandersetzung und Bewältigung helfen, können Sie Ihr eigener Führer und Mentor werden. Ihre Motivation, freundlich zu sich zu sein und in der Auseinandersetzung mit Gedanken, die mit Schüchternheit und sozialer Angst zu tun haben, Ihre objektive Weisheit und Ihr Wachstum zu entwickeln, wird Ihnen helfen, diese alternativen Vorstellungen zu entwickeln. Sie werden nicht mehr zulassen, dass Ihre Schüchternheit Ihr Leben weiter behindert oder stagnieren lässt.

Mitfühlendes Denken entwickeln

In der oben beschriebenen Übung haben wir ein paar grundlegende Ideen und Vorstellungen darüber vermittelt, wie Sie Ihre Gedanken beobachten und mitfühlende Alternativen entwickeln können. Schauen wir uns das jetzt genauer an.

Selbstbeobachtung

Wir haben gesehen, wie unser Denken beim geringsten Anlass in alle möglichen Richtungen abschweift. Wir haben auch gesehen, wie uns unsere Emotionen ganz leicht in einen Strudel immer intensiverer Gefühle ziehen, bevor uns ganz bewusst ist, was passiert. Man ist den automatischen Gedanken und instinktiven Gefühlen aber nicht ausgeliefert. Das „neue Gehirn" kann einem helfen, indem man einfach beobachtet oder anschaut, was man denkt, fühlt und tut. Das ist wirklich wichtig. Erst wenn man sehen kann, was man denkt, fühlt und tut, kann man anfangen, sich zu verändern.

Übung

Das eigene Denken beobachten

Das Ziel dieser Übung ist einfach: Es geht darum, nur den Strom der Gedanken und Emotionen zu beobachten, wie sie einem durch den Kopf gehen. Machen Sie sie zuerst an einem normalen Tag, und probieren Sie sie dann später einmal aus, wenn Sie sich um eine Situation Sorgen machen, die Ihnen bevorsteht und in der Sie sich schüchtern fühlen könnten. Sie können sie auch machen, wenn eine Situation gerade vorüber ist, über die sie nachgrübeln oder wegen der Sie sich Vorwürfe machen, weil Sie meinen, dass Sie nicht entsprechend reagiert haben, oder weil sie nicht nach Wunsch verlaufen ist. Denken Sie daran, in einem beruhigenden Rhythmus zu atmen, wenn Sie den Fluss Ihres Denkens freundlich und mit Mitgefühl beobachten. Nehmen Sie wahr, welche Emotionen und Systeme des Gehirns stimuliert werden, wenn die Gedanken kommen und gehen: das Bedrohungssystem, das Antriebssystem oder das Beruhigungssystem.

Man kann Verschiedenes tun, was bei dieser Übung hilfreich ist:

- Stellen Sie einen Wecker oder einen Timer auf Ihrem Handy so ein, dass Sie in unregelmäßigem Abstand während des Tages ein Signal bekommen – wenn möglich mehr als einmal pro Stunde (Sie können ihn abschalten, wenn Sie einen Termin haben oder wenn Sie das Gefühl haben, Sie sollten ungestört sein). Wenn das Signal ertönt, achten Sie einfach ein paar Sekunden lang auf Ihre Gedanken, Gefühle und Körperempfindungen. Dann kommen Sie mit Ihrer Aufmerksamkeit wieder in den gegenwärtigen Moment zurück. Wenn Sie Spaß an kleinen technischen Spielereien haben, finden Sie alle möglichen im Internet, die Ihnen dabei helfen können, dies zu tun. Ich glaube, es ist wirklich eine Hilfe, wenn man ein kleines Notizbuch bei sich hat, damit man Gedanken in dem Moment aufschreiben kann, wenn sie einem kommen. (Sie können natürlich Ihr Tagebuch zum Thema Mitgefühl benutzen, aber das ist vielleicht zu groß, um es überallhin mitzunehmen.) In vielen Buchhandlungen und Schreibwarengeschäften gibt es schöne, kleine Notizbücher, die von einem Band zusammengehalten werden, und es gibt sie in vielen Farben. So etwas kann sehr nützlich sein, wenn etwas passiert, was überraschend Schüchternheit auslöst oder wenn man als Reaktion auf ein Ereignis intensive Gefühle hat. Es kann in dem Moment beruhigend sein, wenn man seine Reaktionen aufschreibt, und es kann auch helfen, sich und seine automatischen Reaktionen besser und tiefer zu verstehen.

- Sie können auch ein kleines Diktiergerät benutzen und Ihre Gedanken darauf sprechen.
- Manche Menschen schreiben ihre Gedanken gern auf Postkarten mit Bildern oder Fotografien, die ihnen gefallen oder die ihnen etwas sagen.

Übung

Stellen Sie sich als wohlwollenden Interviewer vor

Bei dieser Übung stellen Sie sich vor, dass Sie ein Beobachter sind, der Ihren schüchternen oder sozial ängstlichen Anteil interviewt. Fangen Sie damit an, dass Sie ein paar Momente in der beruhigenden Weise atmen, und stellen Sie sich Ihr mitfühlendes ideales Selbst vor. Dann interviewen Sie sich ruhig und freundlich ein paar Minuten lang.

Verwenden Sie unser Beispiel aus der Übung „Aufmerksam Gefühle beobachten". Sie könnten in einem freundlichen und warmen Ton etwa Folgendes sagen: „Sie sind anscheinend aufgeregt. Können Sie mir etwas darüber sagen, was Sie denken und fühlen?"

Ihr schüchterner Anteil könnte antworten: „Gut, ich bin in diesem Moment schüchtern und habe Angst. Mein Körper ist angespannt, und ich fange an, mir Sorgen zu machen, ob mein Freund an mir interessiert ist oder ob ihm überhaupt an mir liegt. Ich fange an zu glauben, dass ich mich in Bezug auf sein Interesse getäuscht habe, dass er versucht, sich von mir zu distanzieren und mich freundlich loszuwerden. Ich habe den Verdacht, dass es Tratsch gegeben hat oder dass der Cousin unsere Beziehung nicht billigt, und ich verspüre den Impuls, mich zurückzuziehen. Vielleicht sage ich ihm, dass ich schon etwas anderes vorhabe."

Schauen Sie jetzt, ob Sie mit dem Interview fortfahren können, indem Sie sich freundlich, behutsam und interessiert nach Ihren besonderen Gedanken und Gefühlen fragen. Achten Sie besonders darauf, dass Sie diese Gefühle anerkennen und annehmen, indem Sie sagen: „Es ist verständlich, dass du so empfindest, weil ..." Es ist besonders nützlich, eigene neue Gedanken wahrzunehmen, wenn Ihnen welche einfallen. Wenn Sie ärgerlich oder wütend sind, sagen Sie Ihrem freundlichen Beobachter, was Ihr Ärger oder Ihre Wut mit Ihrer Angst und Gefühlen der Bedrohung zu tun hat.

Diese Übung hilft Ihnen, sich Ihrer Gedanken und ihrer Beziehung mit Ihren Empfindungen, Emotionen, Phantasien und Bildern in dem Moment bewusst zu sein, wenn sie auftauchen. Sie können auch wahrnehmen, ob Ihr Gehirn immer dann besonders sprunghaft, unruhig und überaktiv wird, wenn eine Situation Schüchternheit und soziale Angst auslöst.

Bewusstheit, ohne zu versuchen, etwas zu verändern

Bei diesem Beobachtungsprozess versuchen Sie nicht, irgendetwas zu verändern. Sie nehmen einfach Ihre Reaktionen wahr. Das ist das Schöne bei dieser Übung, bei der es um Mitgefühl geht – sie verlangt nicht, dass Sie sich mit irgendwelchen Gedanken auseinandersetzen oder zeigen, dass sie nicht richtig oder nützlich sein könnten. Alles, was Sie tun sollen, ist, sich neugierig Ihren Gedanken und Gefühlen zuzuwenden und sie ruhig mit Freundlichkeit und Wärme zu untersuchen. Erinnern Sie sich an das Grundprinzip, das wir weiter oben in diesem Kapitel formuliert haben? Sie zwingen sich nicht, irgendetwas aufzugeben. Ihre Aufgabe ist einfach, so genau und klar wie möglich zu beschreiben, was in Ihrem Inneren und in Ihrem Körper passiert. Der Interviewer sind Sie selbst – Ihr freundliches, mitfühlendes, unerschütterliches Selbst. Das wird Ihnen keine Vorwürfe machen und Sie auch nicht beschämen. Dieser Teil von Ihnen ist einfach neugierig und aufrichtig daran interessiert, was Sie erleben.

Übung

Mitfühlendes Schreiben

Wir haben weiter oben schon bemerkt, dass für das persönliche Wachstum und in der Therapie Aufschreiben sehr nützlich ist. Es hilft Ihnen, Themen und Probleme in Ihrem Leben zu identifizieren und Verbindungen herzustellen, die Sie bisher nicht gesehen haben. Es hilft auch, die universellen Bedrohungen zu erkennen, die wir alle spüren.

Oft ist es nützlich, in Form eines Briefes an sich selbst zu schreiben, und genau das tun wir hier in dieser Übung. Damit Sie eine Vorstellung von den Themen bekommen, die in so einem Brief angesprochen werden können, und wie Sie darüber an sich schreiben könnten, kommen wir wieder zu dem Beispiel aus der Übung „Aufmerksam Gefühle beobachten" zurück.

- *Angst:* Mein Freund hat auch andere Leute zu etwas eingeladen, was ich mir als ein eher intimes Treffen von uns beiden allein vorgestellt hatte. Es könnte bedeuten, dass er das Interesse an mir verliert. Davor habe ich Angst. Es ist interessant – es erinnert mich daran, als ich einmal auf der Oberschule mit einem Mädchen ging und sie jemanden näher kennengelernt hatte, ohne mir etwas davon zu erzählen. Sie sagte, sie würde mich auf einer Schulfete treffen, und tauchte dann mit jemand anders auf. Alle schienen davon zu wissen, nur ich nicht. Sie hatten den ganzen Abend die Arme umeinander gelegt. Ich dachte, mir würde schlecht, und schließlich ging ich nach Hause. Kein Wunder, dass ich Angst habe, dass jemand mich einfach verlässt, und sich nicht einmal die Mühe macht, mir das zu sagen.

- *Wut:* Mein Freund hat auch andere Leute zu etwas eingeladen, was ich mir als ein eher intimes Treffen von uns beiden allein vorgestellt hatte. Ich frage mich, ob mein Freund interessanteren Leute begegnet ist und jetzt meint, dass ich kein so guter Fang oder nicht beeindruckend genug bin. Ich muss da an ein Erlebnis aus meiner Schulzeit denken, als meine Freundin wegen einer Gruppe von Freunden mit mir Schluss gemacht hat, die lebendiger und beliebter waren. Später tat es mir gut, als diese beliebte Gruppe dann wiederum sie fallen ließ. Jetzt lasse ich das niemanden mehr mit mir machen. Ich ziehe die Konsequenzen, bevor ich weggestoßen werde. Kein Wunder, dass ich mich jetzt zurückziehen will, bevor er das mit mir machen kann.

- *Traurigkeit:* Mein Freund hat auch andere Leute zu etwas eingeladen, was ich mir als ein eher intimes Treffen von uns beiden allein vorgestellt hatte. Das ist schwer für mich, weil ich es so genossen habe, mit ihm zusammen zu sein und jemanden zu haben, mit dem ich wirklich sprechen kann. Ich nehme an, ich bin einfach nicht so interessant. Ich bin nicht so spannend wie andere Menschen, und ich komme mit anderen nicht so schnell ins Gespräch. Ich hänge mich wahrscheinlich auch viel zu sehr an andere und ergreife zu selten die Initiative. Das erinnert mich an einen Freund in der Schule, der immer das Gespräch beherrscht hat – und mich auch. Neben ihm habe ich immer wie eine graue Maus gewirkt und niemand hat mich wirklich beachtet. Kein Wunder, dass ich traurig bin und mich verlassen fühle.

Die Übungen auf eine freundliche und ruhige Weise machen

Ein mitfühlender Ansatz bedeutet, dass man diese Übungen auf eine freundliche und ruhige Weise macht. Das heißt, dass man einfach über eine Erfahrung reflektiert, ohne sie zu vermeiden oder sie – oder sich selbst – zu bewerten. Schauen Sie sich noch einmal den Mitgefühlskreis auf Abbildung 3.2 auf Seite 107 an. Dort sehen Sie, wie Sie bei diesen Übungen die Attribute von Mitgefühl verwenden. Wenn Sie sich Zeit nehmen, um zu verstehen, was Sie denken, zeigen Sie, dass Sie zu sich und zu anderen aufrichtig liebevoll sein möchten. Sie möchten für das sensibel sein, was Sie wirklich denken und fühlen, ohne es von sich wegzuschieben oder sich dafür zu kritisieren. Sie empfinden Sympathie für sich und erkennen an, dass es natürlich sein kann, in dieser Situation eine gewisse Sorge zu empfinden oder unter ihr zu leiden. Wenn Sie bei Ihrer Erfahrung bleiben und sie aufschreiben, dann tolerieren Sie Ihre Emotionen, und wenn Sie sich Zeit nehmen, um über sie nachzudenken, entwickeln Sie Verständnis und Empathie für sich. Sie sind offen, freundlich, konzentriert und akzeptierend.

Sie haben wahrscheinlich wahrgenommen – ich habe das bestimmt –, dass unsere Gedanken, Phantasien und Emotionen in viele Richtungen zugleich gehen. In jeder Situation ist es möglich, dass wir zugleich oder in schneller Folge Angst haben und ärgerlich oder wütend und traurig sind. Das ist der Grund, weshalb ich Sie ermutige, mit Hilfe dieser Übungen anzufangen, verschiedene Teile von sich, verschiedene innere Stimmen wahrzunehmen. Wir alle haben diese verschiedenen Stimmen. Manche von ihnen scheinen uns anzuschreien, andere sind viel leiser und stiller. Wenn das Bedrohungssystem aktiviert ist – zum Beispiel, wenn man kritisiert wird (oder meint, man würde kritisiert) –, sind tendenziell alle drei Emotionen aktiviert, weil man noch nicht weiß, wie man reagieren soll oder wird. Zugleich werden die positiven Emotionen gehemmt, weshalb man diese Stimmen dann nicht so klar hören kann.

Wir haben oft widerstreitende Interessen und Sorgen in uns. Neben der Unsicherheit, was wir eigentlich denken und fühlen, jonglieren wir damit, was und wie wir gern sein würden, wie wir sein sollten und wie weit wir es sein könnten und außerdem mit all den Dingen, die uns hindern oder im Weg sein könnten. Wenn man diese inneren Konflikte als natürlich und normal sieht, kann einem das helfen, auf der Grundlage der Realität der jeweiligen Situation, in der wir uns befinden, vernünftige Entscheidungen zu treffen. Wenn wir in Ichdistanz mit unserer Erfahrung gehen, können wir sehen, wie wir gelernt haben, Situationen auf eine besondere Weise zu bewältigen, und es wertschätzen, auch wenn es nicht ideal ist.

Wir nehmen noch einmal dasselbe Beispiel und schauen uns die Mehrdeutigkeit der Situation an. Wir können nicht die Gedanken unseres Freundes lesen, und es gibt viele verschiedene Möglichkeiten. Aber wir *können* uns vornehmen, mitfühlend mit uns selbst umzugehen, so wie ein warmherziger Freund das tun würde. Wir können auch mitfühlend mit dem Freund umgehen und ihm Gutes unterstellen, solange wir nicht sicher sind. Wir können den Freund treffen und klären, wie es ist. Man kann auch Selbstbehauptung üben, wenn man später das macht, was man „Überprüfung der Wahrnehmung" nennt. Man fragt dann den Freund, wie er die Beziehung sieht und was er meint, wohin sie geht. In der Shyness Clinic nennen wir das „Stärken unserer emotionalen Muskeln". Die Menschen, die in die Klinik kommen, haben natürlich die Gruppe zur emotionalen Unterstützung, wenn sie so etwas ausprobieren. Wenn Sie dieses Buch lesen und diese Fähigkeiten üben und anwenden, sammeln Sie um sich die Empathie, Unterstützung und den weisen Rat Ihres mitfühlenden idealen Selbst und Ihres idealen Versorgers sowie Ihrer Freunde. Wenn Sie aber nicht das Gefühl haben, dass Sie sich an Freunde oder Familie wenden können, und Unterstützung von außen brauchen, kann hier ein Therapeut wirklich von Nutzen sein.

Gedanken ausgleichen

Kognitive Verhaltenstherapeuten haben ursprünglich dabei angesetzt, ob unsere Gedanken rational sind oder nicht. In der Shyness Clinic haben wir uns dafür interessiert, ob Gedanken uns nützen oder nicht oder ob sie unsere Bemühungen unterstützen. Der auf Mitgefühl beruhende Ansatz ergänzt das mit einer starken Wertschätzung unseres Rechtes, irrational zu sein. Das ist sinnvoll, denn eigentlich sind Menschen tief irrational. Wir verlieben uns, wir haben Kinder und ernähren sie während des ganzen Lebens. Wir unternehmen gefährliche Dinge, die wir nicht machen müssen, wie Autorennen, Bergsteigen und Weltumsegelungen. Und manchmal rauchen wir, essen und trinken zu viel, auch wenn wir wissen, dass es schlecht für uns ist.

Man kann sich also fragen: Hilft uns unser Denken oder sabotiert es uns, indem es uns bedroht? Steigert unser Denken unsere soziale Angst und Schüchternheit oder unsere Scham und Traurigkeit? Können wir uns beruhigen und unser Denken relativieren oder neutralisieren, indem wir es einfach beobachten? Im Wesentlichen kann man sagen, dass unser neues Denken eine ausgleichende Kraft dadurch herstellen kann, dass es auf Freundlichkeit und Sanftheit und auf emotionale Unterstützung und Ermutigung fokussiert.

Übung

Gefühle anerkennen

In dem Beispiel, das uns in dieser Übungssequenz begleitet hat, haben wir die Gefühle sozialer Angst, der Schüchternheit, Wut und Traurigkeit anerkannt und sie verständlich gefunden. Wir haben auch gesehen, wie unsere Gefühle mit bestimmten Ereignissen im früheren Leben in Verbindung gebracht werden können. Wir konnten Empathie empfinden und wir konnten unsere Gefühle als gültig *anerkennen* – sie respektieren, sehen, wie sie in unserer Situation Sinn ergeben. Dies ist eine wichtige Fähigkeit. Viele von uns kommen nämlich aus Familien, in denen Gefühle, besonders Schüchternheit und Gefühle der Verletzlichkeit wie Traurigkeit und soziale Angst, vielleicht auch Scham, als schwach, dumm oder falsch angesehen wurden. Manche haben ihr ganzes Leben lang zu hören bekommen, sie seien „übersensibel". Es brachte sie dazu, sich zu entwerten und zu versuchen, keine Angst bei Begegnungen mit Menschen zu haben, und nicht gekränkt, verletzlich, traurig, beschämt, abweisend oder ärgerlich oder wütend zu sein. Die erste Aufgabe für Mitgefühl ist also: „Alles, was ich fühle, ist in Ordnung, gut." Gefühle können wehtun, und sie sind vor dem Hintergrund der Realitäten einer Situation vielleicht unwillkommen und man möchte nicht entsprechend handeln. Sie entdecken vielleicht sogar, dass Sie nicht so fühlen müssen, wie Sie fühlen, wenn Sie andere Möglichkeiten erforschen, wie Sie die Dinge sehen können. Aber die Gefühle selbst sind in Ordnung und verständlich. Sie sind einfach menschlich, wie wir alle.

Dies ist eine wunderbare Gelegenheit, dass Sie Ihr Tagebuch oder Arbeitsheft vornehmen, denn diese Übung fängt damit an, dass Sie diese Aussage aufschreiben: „Es ist verständlich, dass ich dies fühle, weil ..." Schreiben Sie diesen Satz oben auf die Seite oder, wenn Ihnen das lieber ist, auf eine Ansichtskarte, die etwas zeigt, was eine Bedeutung für Sie hat. Dann nehmen Sie sich ein paar Momente Zeit und gehen Sie in den beruhigenden Atemrhythmus. Stellen Sie sich Ihr mitfühlendes ideales Selbst oder Ihren idealen Versorger vor, der sehr verständnisvoll ist, oder einen mitfühlenden Freund. Dann lauschen Sie auf Ihre Gefühle. Sie verstehen sie und erkennen sie an. Falls Sie merken, dass Sie sich dumm oder albern finden oder dass Sie nicht fühlen sollten, was Sie fühlen, nehmen Sie das einfach wahr und kommen Sie mit Ihrer Aufmerksamkeit in Ruhe zur Übung zurück. Machen Sie das ein paar Minuten lang.

Wenn Sie meinen, dass Sie Ihre Gefühle annehmen können oder dass Sie angefangen haben, Sie zu akzeptieren, können Sie wieder in Ihren beruhigenden Atemrhythmus gehen. Stellen Sie sich vor, wie Ihr mitfühlendes ideales Selbst viel Wärme und Verständnis für Ihre Gefühle empfindet, während Sie einfach bei sich sind, wenn Sie sie empfinden. Wenn sich viel Schmerz einstellt, ist das vollkommen verständlich, denn Sie öffnen sich für Emotionen, die Sie vielleicht unterdrückt und vermieden haben. Sie können sehr intensiv sein. Wenn Sie das Gefühl haben, dass diese Gefühle zu stark sind, bleiben Sie einfach einen Moment bei dem, was Sie bisher aufgeschrieben haben. Hören Sie dann mit der Übung auf, gehen Sie in den beruhigenden Atemrhythmus und stellen Sie sich vor, dass Ihr ideales mitfühlendes Selbst an Ihrer Seite ist und Ihnen Wärme und Verständnis schickt. Wenn Sie es nützlich finden, können Sie später wieder zu dieser Übung zurückkommen und üben, Ihre verschiedenen Gefühle auf dieselbe Weise zu erforschen. Dieser Prozess braucht Zeit, um sich zu entwickeln. Sie brauchen sich nicht zu beeilen.

Hauptpunkte

- In diesem Kapitel stand im Mittelpunkt, wie der Ansatz mit Mitgefühl darauf angewandt werden kann, wie wir denken und argumentieren. Wenn man feste Überzeugungen von sich und anderen entwickelt hat, tendiert man dazu, nur das wahrzunehmen, was sie bestätigt, und nichts, was sie in Frage stellt oder widerlegt. Mit Selbstmitgefühl können wir uns ermutigen, uns auf alternative Sichtweisen und Denkweisen über uns und die Welt einzulassen.

- Während milde Scham nützlich sein kann, weil sie uns den Stand unserer Beziehungen bewusst machen kann, ist chronische und lähmende Scham hinderlich und kann sogar schädlich sein. Schwere Scham hat oft ihre Wurzeln in entwertenden Dingen, die uns in unserer Kindheit gesagt wurden.

- Dadurch, dass wir lernen, unsere Gedanken und Gefühle zu beobachten und sie zu beachten, werden wir fähig, uns unserer Gedanken bewusst zu sein, ohne uns in ihnen zu verfangen und sie mit einer absoluten und starren Realität zu verwechseln.

- Wir können Mitgefühl verwenden, um die Gedanken, die unter dem Einfluss des Bedrohungssystems entstehen, mit neuen Gedanken und Gefühlen aus dem Beruhigungssystem auszugleichen und zu neutralisieren.

- Sie versuchen nicht, sich zu zwingen, irgendetwas aufzugeben. Auch wenn Sie allmählich neue Denk- und Handlungsweisen entwickeln, können Sie immer noch jederzeit entscheiden, wieder so zu sein, wie Sie bisher waren.

7

Mitfühlendes Denken weiterentwickeln

In diesem Kapitel werden wir mehr Möglichkeiten kennenlernen und üben, wie wir mitfühlendes Denken entwickeln. Als Gegengewicht zu unseren Gedanken, die auf Bedrohung beruhen, finden wir Alternativen und bauen auf unseren Stärken und Fähigkeiten auf. Es ist nützlich, wenn wir uns weiter daran erinnern, dass wir unter oft schwierigen Bedingungen unser Bestes tun, Mitgefühl zu entwickeln und zu lernen, unsere Gedanken zu neutralisieren, während wir damit ringen, mit Schüchternheit und sozialer Angst und manchmal auch Scham fertig zu werden. Wenn Sie mit den Übungen in diesem Buch experimentieren, haben Sie wahrscheinlich schon bemerkt, dass bei Ihnen manche Übungen besser als andere wirken. In diesem Kapitel werden Ihnen ein paar andere Optionen vorgestellt. Wir werden auch besprechen, wodurch mitfühlendes Denken blockiert werden kann, und Möglichkeiten kennenlernen und praktisch erproben, wie man schriftliche Formulierung von Beobachtungen und Erfahrungen nutzt.

Alternativen zu Gedanken, die auf dem Gefühl beruhen, bedroht zu sein

Kommen wir noch einmal auf unser Beispiel aus Kapitel 6 zurück. Sie entwickeln eine Beziehung mit einem Freund und potentiellen Partner und freuen sich auf eine bestimmte Gelegenheit, zusammen zu sein. Dann entdecken Sie, dass er dazu auch andere eingeladen hat. Das kann Gefühle von Angst, Traurigkeit und/oder Ärger oder Wut auslösen. Vielleicht vermuten Sie, dass der Freund sich von Ihnen distanzieren möchte oder dass er seine Meinung über die Beziehung geändert hat.

Bei Sozialem Fitnesstraining würden wir als Therapeuten oder Gruppenleiter dabei ansetzen, dass wir Ihnen helfen, einige Ihrer Gedanken in Frage zu stellen. Zum Beispiel, indem wir Sie fragen, ob Ihnen die Gedanken in dieser Situation von Nutzen sind. Dies wären zum Beispiel solche Fragen:

„Bedeutet das Verhalten Ihres Freundes notwendigerweise, dass er sich von Ihnen distanzieren möchte?"

„Könnte es andere Erklärungen für das Verhalten Ihres Freundes geben?"

Wir würden hören, welche alternativen Erklärungen Ihnen eingefallen sind, und Ihnen dann ein paar Möglichkeiten vorlegen, die uns eingefallen sind. Zum Beispiel könnte Ihr Freund sich wünschen, dass Sie die wichtigen Menschen in seinem Leben kennenlernen, weil er meint, dass Sie sich mögen könnten, oder gerade auch deshalb, weil Sie sich näher gekommen sind. Aber auch wenn sich Ihr Freund zurückzieht – würde das notwendigerweise heißen, dass Sie nicht gut genug für ihn sind oder dass Sie nicht damit umgehen und auf andere Menschen zugehen können? Mit Situationen dieser Art sind Sie schon früher fertig geworden.

Gedanken und Emotionen kann man manchmal wie Theorien betrachten, die getestet werden müssen. Man kann fragen, ob sie einem von Nutzen sind, ob sie einen motivieren, auf andere zuzugehen, anderen zu sagen, was man braucht und was man denkt und fühlt. Man kann etwas anschauen, was man zu sich sagt und sich fragen, ob man dies auch zu einem guten Freund sagen würde, der mit seiner Schüchternheit ringt. Wir denken uns mögliche Alternativen aus, weil sie uns helfen, uns innerlich in ein Gleichgewicht zu bringen. Sie helfen uns auch, Wohlbefinden zu entwickeln und zu blühen. Wir wollen nicht von Ängsten und abergläubischen Annahmen unseres „alten Gehirns" getrieben werden. Wir wollen frei entscheiden können. Der mitfühlende Ansatz baut auf diesen Vorstellungen auf und betont zusätzlich, dass es wichtig ist, eine freundliche und sympathische Stimme zu finden und alternative unterstützende Gedanken wirklich zu fühlen sowie intellektuell zu würdigen.

Übung

Mit Mitgefühl Fragen stellen

Können wir uns selbst Fragen stellen und auf eine warme, freundliche, sanfte, liebevolle Weise alternative Gedanken entwickeln? In dieser Übung werden Sie aufgefordert, das Beispiel, mit dem wir gearbeitet haben, hinter sich zu lassen und sich eine Situation in Ihrem eigenen Leben vorzustellen, die in diesem Moment bei Ihnen soziale Angst oder schmerzhafte Schüchternheit auslöst. Damit sollen Sie Gelegenheit bekommen, zu üben, mit Mitgefühl Fragen zu einem Thema zu stellen, das Ihnen persönlich nahe ist. Sie sehen dann, wie Sie diesen Ansatz so anpassen können, dass er für Sie so ergiebig und fruchtbar wie möglich ist.

Schauen Sie, wenn Sie diese Übung machen, ob sich die Fragen für Sie sanft, freundlich und mitfühlend anhören. Sie können sich vorstellen, wie die Fragen von Ihrem mitfühlenden idealen Selbst, von Ihrem idealen Versorger oder von einem idealen Therapeuten gestellt werden.

Lassen Sie Ihr Gesicht Mitgefühl ausdrücken und lächeln Sie sanft dabei. Atmen Sie ein paar Momente lang tief und spüren Sie den beruhigenden Rhythmus.

Denken Sie jetzt an eine aktuelle Situation in Ihrem Leben, die bei Ihnen soziale Angst oder schmerzhafte Schüchternheit auslöst. Stellen Sie sich vor, wie Sie sich in dieser Situation befinden, und halten Sie in Ihrem Arbeitsheft oder Tagebuch alle Gedanken fest, die Ihnen kommen.

Stellen sie sich jetzt die folgenden Fragen. Nehmen Sie die, die am besten zu der Situation passen, an die Sie gedacht haben, und fügen Sie die entsprechenden Einzelheiten ein:

- Weiß ich sicher, dass _____?

- Muss _____ bedeuten oder dazu führen, dass _____?

- Wie groß ist die Wahrscheinlichkeit, dass _____?

- Auch wenn _____ – würde seine oder ihre Meinung repräsentativ für die aller Menschen oder allgemeingültig sein?

- Ist dies die einzige Gelegenheit für _____?

- Was kann im schlimmsten Fall passieren? _____

  Wie schlimm wäre das? _____

- Ich habe es in der Vergangenheit geschafft? _____

  Bin ich sicher, dass ich es jetzt nicht schaffe?_____

Schreiben Sie Ihre Antworten auf.

Wenn Sie merken, dass Sie sagen, wenn Sie sich ein paar dieser Fragen stellen: „Also, nein, aber …", erkennen Sie einfach an, dass man das automatisch macht, wenn man sozial ängstlich, verletzt oder verärgert ist. Nehmen Sie die Gedanken wahr und bringen Sie sich ruhig zur Aufgabe zurück.

In Kapitel 6 haben wir gesehen, wie wichtig es bei der Arbeit mit diesen Ängsten ist, die bei problematischer Schüchternheit auftreten, dass man sie nicht bekämpft oder sich sagt, man sei dumm, weil man sie hat. Man muss seine Gefühle so gut man kann anerkennen und zugleich die Aufmerksamkeit erweitern und an Alternativen denken. Wenn wir an das Beispiel von dem Freund denken, der zu dem Abend, das sich seine Freundin als *traute Zweisamkeit* vorgestellt hatte, auch andere Leute eingeladen hatte, können wir fragen:

- Wie sähe ich diese Situation, wenn ich innerlich in einem anderen Zustand wäre, wenn ich zum Beispiel glücklich und entspannt wäre?
- In welcher Hinsicht können diese Gefühle, von denen ich weiß, dass sie zu meinem Schutz entstanden sind, nicht wirklich angemessen sein?
- Welche Beweise habe ich in diesem Moment in dieser Situation, die meine jetzige Sicht unterstützen – auch wenn ich in der Vergangenheit nach Belegen suchen kann?
- Welche anderen möglichen Gründe könnte es dafür geben, dass meine Freundin andere Leute einlädt? Gibt es darunter vernünftige oder wahrscheinlichere als die, die ich fürchte?

Wir können uns verschiedene Fragen stellen, die auf unterschiedliche Aspekte dessen fokussieren, wie wir denken. Zum Beispiel könnten wir die Prinzipien nutzen, die von Albert Ellis beschrieben wurden. Wie wir in Kapitel 6 gesehen haben, hat er herausgearbeitet, dass viele Menschen in absoluten Kategorien denken. Sie haben Regeln dafür, was sie und andere Menschen tun oder nicht tun „sollten" oder „müssen", und glauben, dass bestimmte Gefühle unerträglich sind und man nicht riskieren sollte, sie zu empfinden. Oder man könnte Fragen stellen, um Fähigkeiten anzuregen und zu üben, angsterregende Gedanken und Vorstellungen eigener Unfähigkeit auszugleichen. Man könnte auch eine empathische Haltung einnehmen und versuchen, die Dinge aus der Sicht des Freundes zu sehen. Und man könnte Fragen stellen, die ruhig zu benennen versuchen, was uns davon abhält, alternative Gedanken und Möglichkeiten wirklich anzunehmen. Die folgenden vier kurzen Übungen enthalten ein paar Fragen, die man aus jedem einzelnen dieser Blickwinkel stellen könnte.

Übung

Fragen auf der Grundlage der Prinzipien von Albert Ellis

- Meine ich, dass es total inakzeptabel ist und ich es nicht aushalten kann, falls mein Freund sich zurückziehen will? Ich habe schon früher Rückschläge und Enttäuschungen erlebt und sie überlebt. Ich wäre nicht der einzige Mensch, der so etwas erlebt.

- Meine ich, dass sich Menschen so verhalten *müssen,* wie ich will, statt sie als so fehlbar zu akzeptieren, wie wir alle ja sind? Vielleicht haben sie andere Wünsche und Lebensweisen. Vielleicht verfalle ich einfach auf so ein „Müssen", wenn ich Angst habe.

- Habe ich eine Regel, die besagt, dass Menschen mich nie enttäuschen dürfen oder immer mit mir absprechen sollten, bevor sie etwas tun? Falls das so ist, ist es wahrscheinlich nicht vernünftig.

Übung

Fokussieren auf Stärken und Fähigkeiten

- Ich habe in der Vergangenheit Situationen wie diese bewältigt und überstanden. Sie gehören zum Leben. Dabei habe ich immer etwas gelernt. Ich habe jetzt mein mitfühlendes Bild, das mir den Rücken stärkt, und ich entwickle Fähigkeiten wie Wärme und Verständnis für mich, die mir in dem Prozess helfen.

- Glaube ich wirklich, dass ich mit der Situation nicht umgehen kann? Neige ich dazu, mich zu unterschätzen? Bin ich sicher, dass ich nicht planen kann?

- Was würde ich sagen, wenn ich einen Freund in dieser Situation unterstützen würde? Was würde ich von einem Freund gern gesagt bekommen? Was würde im Mittelpunkt stehen?

Übung

Die empathische Haltung

- Halten wir kurz inne und denken darüber nach, was mit meinem Freund los sein könnte. Wir sind verschieden und haben verschiedene Interessen und Sorgen. Wie könnte er zu der Frage stehen, ob er oder man zu so einem Anlass zusätzlich noch andere einladen oder nicht einladen soll?
- Und wenn es gar nichts mit mir zu tun hat? Wenn es nur sein Stil oder seine Art ist?

Übung

Wahrnehmung von Blockierungen und Widerstand gegen Veränderung

- Was hindert mich daran, von einer günstigen Annahme auszugehen und auf meine eigene Weisheit und Lebenserfahrung zu hören, dass es andere Möglichkeiten gibt?
- Ich halte mich selbst schon lange für wirklich schüchtern. Was hält mich davon ab, mich zu verändern? Was für ein Mensch mag ich sein, wenn ich weniger schüchtern und scheu bin? Gibt es etwas, was mir davor Angst macht, in einer Beziehung oder glücklich zu sein? Habe ich Angst, dass Leben in einer Beziehung für mich bedeutet, dass mein Partner mehr von mir erwartet, als ich geben kann? Und dass ich seine gesteigerten Erwartungen nicht erfüllen kann?

Herausfinden, woher Angst und Wut stammen: Ein weiteres Beispiel

Manchmal sind diese Probleme kompliziert. Einer unserer Klienten in der Shyness Clinic – ich nenne ihn David – hat mit gemischten Gefühlen gegenüber der Möglichkeit zu kämpfen, mit einer Frau intimer zu werden und über ihre Unterschiede offen zu sprechen. Zum Beispiel hatten sie unterschiedliche Gewohnheiten und Lebensstile. Sie stand früh auf, um zu joggen, und liebte den frühen Morgen mit Kaffee und Zeitung. Er blieb abends lange auf und schlief dafür lange. Wenn er sich sportlich betätigte, dann später am Tag im Fitnessstudio. Er hatte Sorge, er müsste sich an ihren Zeitplan anpassen, denn er hatte Angst vor Konflikten und davor, sie zu enttäuschen. Er hatte auch Angst vor ihren Erwartungen, dass er mehr über seine Gedanken und Gefühle sprechen und ihr sagen sollte, wenn er frustriert oder ärgerlich auf sie war, statt das für sich zu behalten. Und er hatte Angst davor, dass die Beziehung sexuell würde, denn er hatte sehr wenig sexuelle Erfahrung und fürchtete, nervös zu werden und sexuell zu versagen. Er hatte Angst, sie würde frustriert von ihm und ihm keine Zeit lassen zu lernen. Er erinnerte sich plötzlich, dass er sich in der Kindheit geschworen hatte, nicht von Menschen abhängig zu sein, weil es nicht sicher war. Sie würden ihn im Stich lassen und enttäuschen. In seiner Kindheit waren sie nicht da, manchmal vernachlässigten sie ihn, und sie reagierten nicht gut darauf, wenn er ihnen sagte, was er wirklich fühlte. Seine Eltern waren sehr beschäftigt und arbeiteten viel und hart, aber sie schienen keine Energie zu haben, sich mit ihren Kindern zu beschäftigen. Seine älteren Geschwister waren sehr auf Konkurrenz aus und für ihn als den Jüngsten hatten sie nicht viel Zeit. Von ihrer Seite gab es so wenig Unterstützung wie von seinen Eltern.

David erkannte, dass zu einer intimen Beziehung auch gehören würde, von einem anderen Menschen abhängig zu sein. Bei der Aussicht, sich wieder so öffnen zu müssen, empfand er Wut und Angst. Er fürchtete die Möglichkeit, wieder enttäuscht zu werden. Seine Furcht machte ihm Angst, weil er dachte, sie bedeutete, dass er schwach sei. Seine Wut machte ihm Angst, weil er fürchtete, er könnte losschlagen und jemanden verletzen.

Eigentlich war David mit Menschen immer gleichmütig und zuverlässig, auch mit den anderen Mitgliedern seiner Gruppe in der Klinik, denn diese Eigenschaften waren ihm wichtig. Entsprechend war es nicht allzu schwer für ihn, zu verstehen, dass seine Gefühle vor dem Hintergrund seiner Lebensgeschichte und seines Temperaments ganz natürlich waren. Das waren sogar Bedenken, die die meisten Menschen in neuen Beziehungen haben. Er konnte auch verstehen, dass andere Gruppenmitglieder sie kannten, dass es für andere wichtig sein könnte, für ihn da zu sein, und dass es sogar interessant und stärkend sein könnte, die Dinge zusammen mit anderen durchzuarbeiten, und dass ihm dies helfen könnte, seine Schüchternheit in anderen Bereichen seines Lebens zu reduzieren.

David erkannte auch, dass die Frau, mit der er eine Beziehung entwickelte, ziemlich zuverlässig und zu ihren Freunden und ihrer Familie offen war. Er beschloss, die Beziehung weiter zu verfolgen und mir ihr über ihre Unterschiede zu reden und ihr auch zu sagen, dass ihn der Gedanke, mit ihr eine sexuelle intime Beziehung einzugehen, nervös machte. Er sah, dass sie auch Bedenken hatte, eine enge Beziehung einzugehen und enttäuscht oder verlassen zu werden. Als sie ihre Bedenken besprachen, half das ihnen beiden erkennen, dass diese Gedanken und Gefühle normaler Teil des Prozesses sind, wenn man sich tiefer auf eine Beziehung einlässt. Sie begannen, sich ein wenig zu entspannen, und er fing an, ihre Beziehung auf eine Weise zu genießen, wie er es noch niemals zuvor mit jemandem gekonnt hatte. David war immer noch traurig, dass seine Angst ihn so lange gefangen gehalten hatte, aber jetzt konnte er auch darüber lachen, wie seine Angst sich mehr wie Erregung anzufühlen begann – mit einer leichten Färbung von Heiterkeit.

Übung

Mitfühlende Alternativen

Haben Sie wahrgenommen, wie es Ihnen hilft, Ihre Gedanken ein wenig anders zu sehen, wenn Sie sie aufschreiben? Schreiben beansprucht einen anderen Teil des Gehirns als den, den man braucht, wenn man nur mit sich selbst spricht oder wenn man denkt. Diese Übung zeigt einem einen Weg, wie man seine Gedanken auf dem Papier organisieren kann, und der einem vielleicht hilft, alternative, mitfühlende Gedanken zu entwickeln.

Teilen Sie bitte eine Seite Ihres Arbeitshefts oder Tagebuchs in zwei Spalten. In einer Spalte tragen Sie nacheinander die Gedanken, die Sie beunruhigen, und Ihre wichtigsten Ängste ein. In die Spalte gegenüber tragen Sie alternative Gedanken und Möglichkeiten ein.

Wenn Sie alternative Gedanken in Ihrem Arbeitsheft oder Tagebuch notieren, können Sie später leicht darauf zurückgreifen. Sie können Sie aber auch anders aufbewahren: Sie können Sie zum Beispiel in einer Mappe sammeln, vielleicht mit Fotos oder Bildern, die Sie beruhigend oder inspirierend finden. Oder Sie schreiben Sie auf Ansichtskarten, die Sie immer bei sich haben können.

Hier eine Sammlung von Beispielen für Gedanken in Verbindung mit Schüchternheit und mitfühlende Alternativen.

Gedanken, die auf Schüchternheit zurückgehen	Mitfühlende Alternativen
Es stimmt etwas nicht mit mir, weil ich schüchtern bin.	Auch wenn Schüchternheit unangenehm sein kann, ist sie nicht anormal. Denken Sie daran, dass es kaum jemanden gibt, der von sich sagen kann, dass er nie schüchtern gewesen ist, und auch herausragende Führer und wirklich berühmte Menschen kennen Schüchternheit. Schüchternheit ist eine universelle Emotion, die darauf zurückgeht, wie sich das Gehirn entwickelt hat. Wenn ich schüchtern bin, gehört das also zum Leben, und es ist nicht mein Fehler. Wenn ich lerne, mehr mit Mitgefühl zu denken, werde ich freier sein, etwas zu unternehmen, damit ich lerne, wie ich mit meiner Schüchternheit umgehen kann.
Ich bin langweilig und nicht wert, dass man mit mir spricht.	Nein. Ich habe viel Interessantes zu sagen. Nur wenn ich in einer Situation Angst vor der Begegnung mit Menschen habe und befangen bin, werde ich abgelenkt und bin nur mit mir beschäftigt. Das macht es dann schwer, es rauszubringen. Das ist etwas, was ich lernen kann, wenn ich freundlich mit mir bin und Schritt für Schritt vorgehe.
Wenn ich in neue Situationen gerate, fällt mir nichts ein, was ich sagen könnte.	Das ist sehr verständlich, weil Angst die Wirkung hat, dass man sich auf ablenkende Gedanken konzentriert, die auf dem Gefühl beruhen, dass man in Gefahr und bedroht ist. Es könnte also sein, dass ich mich zu sehr anstrenge, jemanden zu beeindrucken und mich damit unter Druck setze, statt einfach über Alltagsdinge zu reden. Ich kann auch Leuten Fragen über sich stellen und herausfinden, was wir gemeinsam haben, und dann darüber sprechen. Es muss nicht um mich gehen. Ich kann still sein, aber lächeln und freundlich und an anderen Menschen interessiert aussehen.

Gedanken, die auf Schüchternheit zurückgehen	Mitfühlende Alternativen
Wenn ich jemanden ansprechen und fragen würde, ob er/sie mit mir ausgeht, und er/sie dann Nein sagte, würde ich es nicht aushalten.	Klar, es ist enttäuschend und ärgerlich, wenn man abgelehnt wird – aber es ist nicht wirklich wahr, dass ich es nicht aushalten könnte. Wenn ich lernen würde, meine Gefühle zu ertragen, würde mir das wirklich helfen, denn dann hätte ich nicht solche Angst davor. Schließlich brauche ich nur mit einem einzigen Menschen auszugehen, und wenn neun von zehn mich ablehnen, bedeutet das, dass ich nur zehn fragen muss!
Aber nur ich werde abgelehnt.	Wenn ich mit Freunden spreche, erzählen sie mir auch Geschichten von jemandem, der nicht mit ihnen ausgehen wollte oder eine Liebesbeziehung abgebrochen hat. Das gehört zum Leben. Es ist nicht anormal oder nur bei mir so. Ich kann mir eine Chance geben, wenn ich lerne, wie ich mit diesen Gefühlen umgehen kann, und weiter Menschen anspreche und frage, ob sie mit mir ausgehen wollen.
Wenn ich eine andere Meinung als die anderen habe, werden sie mich nicht mögen.	Ja, bei Meinungsverschiedenheiten können Emotionen geweckt werden, aber das bedeutet nicht, dass man mich nicht mag. Ich habe viele Fernsehsendungen gesehen, in denen Leute Meinungsverschiedenheiten hatten, aber sich trotzdem immer gemocht und füreinander gesorgt haben. Ich habe auch Menschen mit unterschiedlichen Meinungen erlebt, die Freunde geblieben sind. Vielleicht habe ich also nur das *Gefühl,* dass sie mich möglicherweise nicht mehr mögen, und habe das nur noch nicht überprüft. Wenn Leute ärgerlich werden oder sich zurückzuziehen scheinen, kann ich sie fragen, ob ich etwas getan habe, was sie ärgert oder irgendwie abstößt. Wenn ich das, was sie sagen, vernünftig finde, kann ich lernen, anders zu handeln. Ich könnte auch beobachten, was sie tun, wenn jemand anderer Meinung als sie ist.

Gedanken, die auf Schüchternheit zurückgehen	Mitfühlende Alternativen
	Konflikte können schwierig, aber zugleich auch produktiv sein, insofern man etwas übereinander und darüber lernt, was bei einem Menschen geht und was nicht. Und wieder kann es nützlich sein, wenn man lernt, diese Gefühle auszuhalten und zu tolerieren. Wenn ich meine, dass ich aggressiv, ausweichend, mürrisch oder zurückgezogen gewesen bin, kann ich das anerkennen und lernen, stattdessen auf eine freundliche, aber feste Weise anderer Meinung zu sein. Ich kann darüber nachdenken, ob ich mit den „falschen" Menschen zusammen bin – das heißt mit Menschen, die entwertend sind, recht haben wollen und nicht ertragen, wenn andere anderer Meinung sind.
Ich muss einen Vortrag halten und habe große Angst davor.	Die Angst, vor einem Publikum zu sprechen, ist die am meisten verbreitete von allen. Ich nehme aber wahr, dass ich dazu neige, mir vorzustellen, dass es schiefgeht, und dabei hängen zu bleiben, wie es dazu kommen könnte, statt dabei bleiben, dass alles gut geht oder wenigstens O. K. ist. Ich rege also wahrscheinlich meine Psyche an, die ganze Zeit Angst zu haben. Kein Wunder, dass es mir schlecht geht. Ich kann wahrnehmen lernen, wenn ich das mache, und dann bewusst beschließen, meinen beruhigenden Atemrhythmus einzusetzen. Ich kann darauf fokussieren, langsam zu sprechen, und mir vorstellen, wie ich ein Referat Schritt für Schritt durchgehe. Ich kann mich daran erinnern, dass drei Hauptpunkte bei einem Vortrag ausreichen. Ich kann mir vorstellen, dass es ein paar Leute geben wird, die an dem interessiert sind, was ich zu sagen habe, und mich auf sie konzentrieren. Wenn ich merke, wenn mein Denken von Angst besetzt wird und Katastrophen voraussagt, kann ich das einfach wahrnehmen und es mit Freundlichkeit auf unterstützendere Gedanken richten, wie ich mit der Situation umgehen kann. Ich kann auch zu Hause vor einem Spiegel oder mit einem Freund üben.

Gedanken, die auf Schüchternheit zurückgehen	Mitfühlende Alternativen
Wenn andere nach einem Wochenende wieder zur Arbeit kommen, haben sie viel Interessantes zu erzählen, was sie gemacht haben, und ich nicht. Sie werden denken, dass ich langweilig bin.	Manchmal hat jemand interessante Sachen gemacht, aber wenn ich genau hinhöre, dann sehe ich, dass das in Wirklichkeit nicht immer so ist. Statt mich mit mir zu beschäftigen, kann ich auf andere fokussieren und mich darüber freuen, was sie erreicht oder gemacht haben. Ich kann schauen, ob es mein Neid ist, der mich davon abhält, ihnen zu zeigen, dass ich mich für sie freue, und sie danach zu fragen, was sie interessiert. Es wäre natürlich verständlich, wenn ich neidisch wäre – das wäre nicht mein Fehler –, aber es ist nicht nützlich, wenn ich diesem Gefühl entsprechend handeln würde. Damit umzugehen bedeutet also, sich für andere zu interessieren. Wenn ich wirklich wollte, könnte es mich sogar auf Ideen bringen, was ich an den Wochenenden machen könnte. Jedenfalls ziehen wir alle es manchmal vor, zu Hause an etwas herumzuwerkeln, und daran ist absolut nichts falsch.
Ich habe manchmal aggressive oder angsterregende Gefühle, die andere mit Sicherheit nicht haben. Ich darf Menschen nicht wissen lassen, was ich fühle.	Unser Gehirn hat sich im Laufe von Millionen Jahren entwickelt, und es ist voll von allen möglichen Dingen, die wir nicht hineingetan haben. Manchmal schreiben Menschen sogar ihre Gefühle und Phantasien auf und verdienen viel Geld mit Romanen oder Horrorgeschichten. Es ist nichts verkehrt daran, wenn ich diese Gefühle habe, auch wenn sie unangenehm sein können. Wir alle haben ein privates Leben und Bereiche, die wir für uns behalten. Die Hauptsache ist, dass ich daran arbeite, mitfühlend und für andere und mich selbst nützlich zu sein.

Dies sind natürlich nur Anregungen. Das Entscheidende ist, dass Sie ein paar der Gedanken, die Ihnen Sorgen machen, aufschreiben und sich dann vorstellen, wie Ihr mitfühlendes Selbst oder Ihr mitfühlendes Gegenüber mit Ihnen spricht und Ihnen hilft, bei der Bewältigung des aktuellen Problems eine freundliche und unterstützende Perspektive einzunehmen. Sie lernen hier, sich nicht abzuwerten und zugleich mit schwierigen Situationen und Emotionen zu arbeiten.

Das Entscheidende ist, so viel Mitgefühl in diese alternativen Gedanken zu legen, wie Sie können. Wenn Sie diese Übung gemacht haben, lesen Sie daher die Kommentare durch, die Sie in die rechte Spalte geschrieben haben. Lesen Sie sie langsam der Reihe nach und atmen Sie in dem Rhythmus, der die beruhigende Wirkung auf Sie hat. Sie sind mit so viel Freundlichkeit und Verständnis bei diesen Bemerkungen, wie Sie können. Es ist nicht wichtig, ob Sie an diese alternativen Gedanken glauben oder nicht. Nehmen Sie sie einfach mit Freundlichkeit in sich auf. Schauen Sie, was passiert, wenn Sie sie so betrachten, und konzentrieren Sie sich auf die Wärme und Freundlichkeit, die in den Worten enthalten sind, und auf das aufrichtige Verlangen, sich damit zu helfen. Wahrscheinlich fallen Ihnen noch ein paar andere alternative Gedanken ein, die noch eine bessere Wirkung für Sie haben. Schreiben Sie auch die auf.

Karten zur Erinnerung

Wenn es bestimmte Ideen oder Vorstellungen gibt, die Ihnen besonders helfen, dann probieren Sie Folgendes aus. Nehmen Sie eine Ansichtskarte mit einem Bild, das auf irgendeine Weise beruhigend wirkt oder Mitgefühl anregt. Schreiben Sie dann auf die Rückseite Ihre Gedanken, die Bewältigung mit Mitgefühl unterstützen oder verkörpern. Nehmen Sie sich etwas Zeit und lesen Sie diese Gedanken mit einer freundlichen und ruhigen Haltung. Diese Karte kann Ihnen helfen, mit schwierigen Situationen mit Mitgefühl umzugehen. Sie können sie immer bei sich haben und sich vornehmen und sie lesen, wenn Ihre Angst unangenehm wird. Denken Sie daran, dass Sie so gut Sie können diesen unterstützenden, verständnisvollen und freundlichen Ton beibehalten, wenn Sie sie verwenden und Ihre Alternativen lesen.

Mitfühlende Selbstkorrektur

Wenn man versucht, problematische Schüchternheit zu überwinden, lernt man, sich zu beobachten und alternative Möglichkeiten zu finden, wie man Situationen verstehen kann. Man versucht, sich zu verändern. Dazu gehört, schädliche oder nicht nützliche Denk- und Verhaltensweisen zu korrigieren, die zur Gewohnheit geworden sind. Deshalb ist es wichtig, den Unterschied zwischen dem, was man mitfühlende Selbstkorrektur nennen könnte – mit der man sich sanft, unterstützend und geduldig dahin führt, hilfreicher zu sein und zu handeln –, und den Formen von Selbstkritik zu verstehen, mit denen man sich selbst attackiert und die zu Scham und Demütigung führen. Zu Beginn beschreiben wir die Unterschiede zwischen Schuld, Scham und Demütigung.

- Wenn man sich *schuldig* fühlt, ist die Aufmerksamkeit auf den Schmerz gerichtet, den man einem anderen Menschen zugefügt hat. Man empfindet Traurigkeit und Bedauern oder Reue über das Verhalten, das den Schmerz verursacht hat. Man empfindet Sympathie und Empathie mit dem Schmerz der anderen Person, d. h., man versucht, sich in sie hineinzuversetzen und die Verletzung aus ihrer Sicht zu sehen. Man entschuldigt sich für das eigene Verhalten und versucht, den Schaden wiedergutzumachen.

- Wenn man sich *schämt* oder *Peinlichkeit empfindet,* ist die Aufmerksamkeit auf die Gefahr und den potentiellen Schaden für das Ansehen bei einem selbst und bei anderen gerichtet. Man ist dann oft sehr ängstlich, manchmal gelähmt, verwirrt, leer und ärgert sich über sich selbst. Man denkt daran, dass andere vielleicht meinen, man sei schlecht, inkompetent oder böse. Das Verhalten ist unterwürfig, man ist darum bemüht, zu beschwichtigen, und möchte entkommen. Möglicherweise leugnet man, was man getan hat, und versucht, Verantwortung zu vermeiden, und sich sogar emotional oder körperlich zu schädigen, wenn die Scham sehr intensiv ist.

- Wenn man sich *gedemütigt* fühlt, wirft man dem anderen etwas vor und sieht ihn als die Ursache eines Schadens, den man erlitten hat. Man ist voller Wut und will Gerechtigkeit und Vergeltung. Man denkt daran, wie unfair der andere gewesen ist und wie er einen verletzt hat und verurteilt ihn hart. Das Verhalten ist darauf ausgerichtet, sich selbst zu rechtfertigen und sich zu rächen.

Aus dieser kurzen Zusammenfassung sieht man, wie Gefühle intensiverer Scham und Demütigung auf unser aktiviertes Bedrohungssystem zurückgehen. Es intensiviert Angst und Schmerz, indem es versucht, uns zu schützen. Schuldgefühl ist mit dem Beruhigungssystem assoziiert, das uns so den Impuls vermittelt, uns zu entschuldigen und den anderen zu beruhigen, zu trösten und das Gefühl der Sicherheit mit uns wiederherzustellen.

Wenn man etwas falsch gemacht hat, fühlt man sich schuldig. Man empfindet Kummer und Reue und möchte Dinge besser oder wiedergutmachen. Wenn man intensive Scham empfindet, neigt man andererseits dazu, sich zu verurteilen und zu bestrafen, gewöhnlich für vergangene Fehler und Fehltritte. Man behandelt sich mit Verachtung, Ärger, Frustration und Enttäuschung. Man richtet seine Aufmerksamkeit auf das, was man an sich für fehlerhaft oder falsch hält, und hat Angst davor, bloßgestellt zu werden. Unsere Scham ist umfassend und richtet sich auf unser ganzes Selbst und auf unsere Angst vor Versagen und Scheitern. Es kann dann gut sein, dass man sich zurückzieht und Menschen aus dem Weg geht. Wenn man meint, dass man etwas falsch gemacht hat, hat man Angst, wird mutlos, die Stimmung sinkt und manchmal verhält man sich aggressiv. Wenn man sich außerdem gedemütigt fühlt, wird man vielleicht ärgerlich oder wütend und brütet darüber, was einem vermeintlich angetan wurde.

Bei mitfühlender Selbstkorrektur geht es um ein Verlangen, besser zu werden, und um emotionales Wachstum. Man denkt darüber nach, was man das nächste Mal besser machen kann. Deshalb macht man sich Mut und ist freundlich zu sich. Man versucht zu sehen, was man gut gemacht hat, und darauf aufzubauen. Man fokussiert auf besondere Attribute und

Qualitäten, die man gern verbessern würde, und auf die Hoffnung auf Erfolg. Man lernt, mit Schuldgefühlen freundlich und mit leichter Hand umzugehen, und arbeitet daran, besser zu werden, ohne sich zu schämen und zu demütigen.

Der Lehrer in Ihrem Kopf – beschämend oder mitfühlend?

Stellen Sie sich ein Kind vor, das nur schwer lernt und oft Fehler macht. Ein stark wertender Lehrer interessiert sich für die Fehler, weist darauf hin, was falsch ist und klingt gereizt. Damit lässt er durchblicken, dass er der Auffassung ist, dass das Kind unaufmerksam ist oder besser sein könnte, wenn es nur wollte. Er versucht, daraufhin zu wirken, dass das Kind Angst und Scham empfindet, denn er glaubt, dass diese Gefühle es motivieren werden, besser zu werden. Ein mitfühlender Lehrer dagegen sieht und weiß, wie schwer es sein kann, Neues zu lernen. Der Lehrer richtet seine Aufmerksamkeit auf das, was das Kind gut macht, und baut darauf auf. Er lobt, wie es sich anstrengt, und versucht herauszufinden, womit es Schwierigkeiten hat. Er gibt genaue und klare Rückmeldungen darüber, wie es besser werden kann, und gibt dann Gelegenheit zum Üben. Er sorgt für eine unterstützende, freundliche Umgebung, in der Fehler als natürlicher Teil des Lernprozesses betrachtet werden.

Was für einen „Lehrer" haben Sie im Kopf? Wenn Sie die Erfahrung machen, dass Sie sich selbst entwerten, wenn Sie Fehler machen oder einen Rückschlag erleiden, dann wird ihnen allein schon helfen, wenn Sie sich dieser Tatsache bewusst sind. Wenn Sie immer wieder zu mitfühlender Selbstkorrektur übergehen, werden Sie allmählich damit aufhören, sich zu beschämen. Das ist einfach nur schädlich und führt zu nichts. Mitfühlende Selbstkorrektur wird dann zur Gewohnheit. Sie ist Teil der Entwicklung von Selbstmitgefühl, die allmählich zu Ausgeglichenheit führt und das ganze Leben lang andauert.

Mitfühlende Selbstkorrektur gegenüber selbstentwertender Kritik, die auf Scham beruht: Ein Beispiel

Stellen Sie sich eine Frau vor – wir nennen sie Sarah –, die bei der Arbeit an einem wichtigen Projekt beteiligt war. Ihre Aufgabe war es, in einem kurzen Referat eine zusammenfassende Darstellung der Ergebnisse des Projekts zu liefern. Sie feilte intensiv an dieser Darstellung, besonders weil sie große Angst davor hatte, bei einem so bedeutenden Anlass für ihr Team vor einem Raum voller Menschen zu stehen. An dem Morgen vor dem Vortrag hatte sie so große Angst, dass sie ein paar der aktuellsten Lichtbilder und das Informationsmaterial, das sie verteilen wollte, vergaß, als sie morgens das Haus verließ. Sie hatte das Material am Abend zuvor mit nach Hause genommen, um es noch einmal zu überprüfen. Die Folge war, dass sie abgelenkt war und keinen so guten Vortrag hielt, wie sie sich vorgenommen hatte.

Unten finden Sie in der linken Spalte Sarahs automatische, selbstentwertende Gedanken. Die rechte Spalte enthält die alternative Perspektive, die sich bei mitfühlender Selbstkorrektur ergibt.

Auf Scham beruhende Kritik, mit der Sie sich attackieren	Mitfühlende Selbstkorrektur
Man ist enttäuscht von mir und frustriert; man meint, ich sei dem Job nicht gewachsen, ich hätte nicht genug Selbstvertrauen, ich würde zu leicht verunsichert	Es ist verständlich, dass ich so empfinde, weil ich mich nur sicher gefühlt habe, wenn man mich bestätigt hat und nicht wütend auf mich war. Zu Hause und in der Schule habe ich mich immer allein gefühlt. Ich habe an diesem Projekt gute Arbeit geleistet, und andere wissen das. Der Chef hat mir letzte Woche Komplimente gemacht. Ein paar Leute haben mich nach diesem Vortrag unterstützt und mir gesagt, sie hätten auch Dinge vergessen, und ich hätte ja die meisten wichtigen Punkte vorgetragen. Das nächste Mal werde ich am Abend davor alles an der Tür zurechtlegen und zweimal überprüfen, damit ich sicher bin, dass ich die neuesten Dias und meine Unterlagen dabei habe.

Auf Scham beruhende Kritik, mit der Sie sich attackieren	Mitfühlende Selbstkorrektur
Meine Arbeitsgruppe wird mich nicht in ihrem Team haben wollen. Sie werden jemand anders haben wollen.	Es hat eine Menge Aufhebens und Druck um dieses Projekt gegeben. Andere Teammitglieder sind auch unter Stress und machen Fehler. Niemand hat sie aufgefordert zu kündigen. Ich habe mein Bestes getan und schwer gearbeitet.
Ich sollte es nicht einmal versucht haben. Ich bin einfach nicht gut genug.	Es ist verständlich, dass ich so empfinde. Aber dass ich das Gefühl habe, dass ich nicht gut genug bin, hat mit meiner Vergangenheit und damit zu tun, dass meine Eltern ziemlich gleichgültig und kritisch mir gegenüber waren, und nicht damit, was jetzt ist. Ich bin froh, dass ich es gemacht habe. Das sagt etwas über meinen Mut und mein Standvermögen, und auch darüber, dass ich meine Ziele wahrscheinlich erreiche.
Ich bin ein Versager und werde immer Außenseiter sein.	Auch das ist verständlich. Ich habe mich in meinem Leben oft viel einsam gefühlt, aber ich habe ein Team und Beziehungen, die mich unterstützen. Meine Frustration und mein Ärger auf mich selbst gehören zu dem Stress bei diesem Projekt.
Ich sehe meine kritischen Eltern vor mir, wie sie sagen: „Wer glaubst du, wer du bist? Wir haben dir gesagt, dass du dem nicht gewachsen bist."	Ich weiß, dieses Bild verletzt mich tief und hat es immer getan, aber ich muss mich jetzt nicht davon bestimmen lassen. Ich kann an Menschen denken und die aufsuchen, denen ich vertraue und mit denen ich das Risiko eingehen kann, ihnen meine Gefühle in dieser Sache mitzuteilen. Sie können mir aufrichtige und nützliche Rückmeldung geben. Ich kann mich dafür entschuldigen, dass ich es vergessen habe. Ich habe das schon früher gemacht. Und ich muss ein bisschen mehr in unserer Arbeitsgruppe sprechen und mehr Dinge tun, die mir Spaß machen. Ich habe so viel und so schwer gearbeitet, dass ich mich vernachlässigt habe.

Auf Scham beruhende Kritik, mit der Sie sich attackieren	Mitfühlende Selbstkorrektur
Reaktionen auf Regelverstöße/Fehler	Reaktionen auf Regelverstöße/Fehler
• Scham, Vermeiden, Angst • Mutlosigkeit, gedrückte Stimmung • Ärger über sich selbst	• Schuld, Engagement • Kummer, Reue, Bedauern • Wiedergutmachung

Sie können an diesem Beispiel sehen, dass die wertende Kritik in der ersten Spalte zu Scham, Angst und einer Vermeidungshaltung führt, wobei Sarah sich über sich selbst ärgert und Aggression gegen sich richtet. Die mitfühlenden Kommentare in der zweiten Spalte ermöglichen ihr, ihren Fehler angemessen zu bereuen, sich denen zuzuwenden, die davon betroffen sind und ruhig darüber nachzudenken, was sie beim nächsten Mal besser machen kann.

Wenn Sie sich dieses Beispiel angeschaut haben, versuchen Sie eine ähnliche Gegenüberstellung für eine Episode in Ihrem eigenen Leben zu erstellen. Achten Sie darauf, dass Sie

- Ihre Gefühle anerkennen und Verständnis für sie haben,
- sich auf Ihre Stärken und guten Erfahrungen konzentrieren,
- alternative Gedanken entwickeln, mit denen Sie sich unterstützen, und
- an die bestimmten Verhaltensweisen denken, die Sie gern mit Hilfe mitfühlender Unterstützung für sich verändern würden.

Aufstehen und sich wehren

Abgesehen davon, dass man sich damit beruhigt oder auch tröstet, kann es auch ein Ausdruck von Mitgefühl sein, wenn man sich seinem inneren beschämenden Kritiker entgegenstellt und sich wehrt. Beginnen Sie damit, dass Sie diesen inneren Kritiker visualisieren. Wie sieht er aus? Hat er eine menschliche Gestalt oder nicht? Was für einen Gesichtsausdruck sehen Sie? Welche Emotionen kommen Ihnen entgegen? Stellen Sie sich nun Ihr weises mitfühlendes Selbst vor, oder stellen Sie sich vor, dass Sie wie jemand sind, den Sie als weise und mitfühlend sehen. Nehmen Sie sich ein paar Momente Zeit, um in diese Rolle zu kommen. Stellen Sie sich jetzt vor, dass Sie sich vor Ihren beschämenden Kritiker stellen und etwa Folgendes sagen: „Es tut mir leid, dass du dich ärgerst und gekränkt und verletzlich bist und dass du einfach nur zuschlagen möchtest. Aber das ist nicht angemessen und hat auch keinen Sinn. Ich übernehme jetzt die Verantwortung."

Es kann eine gute Idee sein, die Namen der Menschen aufzuschreiben, die Ihre Hauptkritiker waren oder die irgendwie daran beteiligt waren, dass Sie Ihre selbstentwertende kritische Haltung entwickelt haben. Denken Sie darüber nach, was in ihnen vor sich gegangen sein könnte und was sie möglicherweise gefühlt haben und ob es ihnen wirklich um Ihr Wohlergehen ging. Wenn Sie zu dem Ergebnis kommen, dass das nicht so war, vervollständigen Sie diesen Satz: „Ich glaube nicht, dass es dir um mein Wohlergehen ging, weil …" Oder Sie schreiben einen Brief an die Person, deren Kritik besonders schädlich für Sie war, und sagen diesem Menschen, warum Sie glauben, dass es ihm nicht um Ihr Wohlergehen ging, und warum Sie seine Kritik jetzt zurückweisen. Sie können später entscheiden, ob Sie diesen Brief abschicken oder nicht. Es hängt davon ab, was für ein Ergebnis Sie erwarten, wenn Sie das tun. Auch wenn Sie den Brief nicht abschicken, kann es Ihnen helfen, Ihren inneren Kritiker zu verstehen, wenn Sie einfach Ihre Gedanken und Gefühle zu Papier bringen.

Sie können auch eine Variante dieser Übung ausprobieren, die kürzlich in einem Forschungsprojekt verwendet wurde, dem das Training mitfühlenden Denkens zugrunde lag. Die Teilnehmer wurden aufgefordert, sich ein „selbstbewusstes, wehrhaftes und unverwüstliches Bild" vorzustellen – eines, das angesichts von Angriffen oder Missachtung durch ihren inneren entwertenden Kritiker für sie eintreten würde. Diese Gestalt sollte stark, logisch klar, ausdauernd und selbstbewusst sein. Dann schrieben sie an ihren inneren Kritiker einen Brief, um die Vorstellung zu entwickeln, sie seien stark, „unschlagbar", mit Vertrauen in sich selbst, und mutig und entschlossen, sich zu wehren, logisch klar, unverwüstlich und entschlossen, keine schlechte und ungerechte Behandlung zu dulden. Dann schrieben sie 5 Sätze oder Aussagen, mit denen sie den Kritiker als Vergeltung angriffen, und wiederholten diese zwei Wochen lang jeden Tag dreimal laut. Nach zwei Wochen stellten die Teilnehmer (die unter Akne litten) fest, dass sich nicht nur ihre Hautprobleme gebessert, sondern auch ihre Depression und Scham nachgelassen hatten.

Spieglein, Spieglein …
Bilder sowie Gedanken korrigieren

Wenn man schmerzhaft schüchtern ist, verbringt man oft viel Zeit damit, sich vorzustellen, wie man für andere aussieht – und man entstellt dann das Bild, dass man für andere abgibt, in eine eindeutig negative Richtung. Man sieht sich auf eine überkritische und pedantische Weise, sucht angestrengt nach kleinen Unvollkommenheiten und Fehlern und übertreibt sie ohne Maß. Um schüchternen und scheuen Menschen zu helfen, zu einer realistischeren und weniger einseitigen Sicht ihrer Erscheinung zu gelangen, fordere ich die Teilnehmer an den Gruppen in der Shyness Clinic auf, Vorträge und soziale Interaktionen vor einem Spiegel zu üben. Dazu gehört auch, dass sie sich anschauen, wenn sie erröten und sich sehr unsicher fühlen. Ich bin davon überzeugt, dass es sogar sehr wichtig ist, ein realistischeres Bild von sich zu haben. Deshalb habe ich in dem Gruppenraum einen Spiegel anbringen lassen, der eine ganze Wand einnimmt. Die Klienten können in den Spiegel schauen, wenn sie sehen möchten, wie es ihnen geht, aber er hilft ihnen auch, sich darauf konzentrieren, wie sie wirklich denken und fühlen. Das können sie dann mit dem vergleichen, was sie im Spiegel sehen. Die Forschung hat gezeigt, dass Spiegel dazu anregen, sich seiner Gedanken und Gefühle bewusst zu werden. Es ist interessant, dass man, wenn man in einen Spiegel schaut, weniger dazu neigt, laut der Mehrheit zuzustimmen, wenn man eigentlich anderer Meinung ist, als ohne Spiegel.

Allein mit Ihrem Spiegelbild zu sprechen, ermöglicht Ihnen oft schon, sich ganz zu sehen, und nicht nur die Aspekte von sich, die Erscheinung oder das Verhalten, mit denen Sie unzufrieden sind. Mit anderen Worten, es hilft Ihnen, Ihre Gedanken in eine Ausgewogenheit zu bringen, das heißt die Gedanken von Ihnen, die auf das Gefühl einer Bedrohung oder Gefahr zurückgehen, zu korrigieren. Einer meiner Klienten war sehr mit der Furcht beschäftigt zu erröten, und er war überzeugt, das sei während wichtiger geschäftlicher Termine der Fall. Er glaubte fest daran, dass alle, die ihn erröten sahen, ihn kritisch bewerteten und deshalb gering schätzten. Er bekam einen Schreck, als ich ihm vorschlug, einen Spiegel zu benutzen. Er wollte sich ganz entschieden nicht anschauen. Er meinte, dann ginge es ihm noch viel schlechter. Doch dann beschloss er, es auszuprobieren. Er hielt ein kurzes Referat in Gestalt eines Überblicks über den Stand des Projekts, das er leitete. Dabei stand er nur einen guten Meter von dem Spiegel entfernt. Als er mit dem Referat fertig war, sich umdrehte und mich anschaute, war er schockiert und erleichtert zugleich. „Ich sehe nicht so schlimm aus, wie ich dachte", sagte er. „Ich habe gesehen, wie ich rot wurde, aber ich habe auch gemerkt, dass ich mich nicht so bewertet habe und das Erröten nicht so ungewöhnlich fand. Es kam mir irgendwie normal vor." Ich schlug ihm auch vor, er solle darauf achten und bewusst hinschauen, wenn andere in einer Konferenz rot wurden. Als er das dann tat, machte er die Erfahrung, dass er bis dahin gar nicht wahrgenommen hatte, dass manche wie er erröteten. Auch Sie könnten das ausprobieren.

Übung

Vor einem Spiegel

Diese Übung wird Ihnen nicht nur helfen, Mitgefühl mit sich zu entwickeln, sondern auch, Ihre Befangenheit und Ihre Sorge zu verringern, dass Sie vor anderen nicht gut dastehen und nicht gut wirken.

Stellen Sie sich selbst mit allen Qualitäten vor, die Ihr ideales mitfühlendes Selbst besitzt. Spüren Sie Ihren ruhigen, echten Gesichtsausdruck. Sagen Sie sich, während Sie in den Spiegel schauen, Ihre alternativen, nützlichen und beruhigenden Gedanken. Drücken Sie dabei so viel Freundlichkeit aus, wie Sie können. Probieren Sie aus, ob das bei Ihnen wirkt. Wenn nicht, hören Sie einfach auf oder warten Sie ab und versuchen Sie es ein andermal wieder.

Es kann besonders nützlich sein, wenn Sie diese Übung machen, bevor Sie ein Referat einüben oder auch danach oder auch als Probe, wenn Sie jemandem etwas Wichtiges sagen wollen. So können Sie Ihr ideales mitfühlendes Selbst an Ihrer Seite spüren, wenn Sie üben. Es kann sich so anfühlen, als hätten Sie da einen guten, ruhigen, unterstützenden Freund bei sich, vorher und danach. Dann können Sie sich frei fühlen, wenn Sie ein Referat oder Ihre Rolle in einem Gespräch üben, und sich auf das konzentrieren, was Sie sagen wollen.

Einen Dialog in Gang bringen

Vor einigen Jahrzehnten hat der deutsche Psychoanalytiker Fritz Perls eine psychotherapeutische Schule entwickelt, die unter dem Namen Gestalttherapie bekannt wurde. Perls war der Überzeugung, dass es bei der Arbeit daran, sich zu verändern, nützlich ist, wenn sich der Klient seiner Gedanken und Gefühle bewusster wird, besonders durch einen Dialog mit einem Therapeuten, der entschieden offen und echt ist und keine Rolle spielt. Als eine Möglichkeit, wie das erreicht werden konnte, verwendete er eine Übung, bei der der Klient zwischen zwei Stühlen hin- und herwechselt.

Diese Übung wird heute noch in vielen Richtungen der Psychotherapie angewendet. Der auf Mitgefühl fokussierte Ansatz verwendet diese Ideen und die Technik, um einen Dialog zwischen unserem Bedrohungssystem und dem Beruhigungssystem zu entwickeln.

Übung

Arbeit mit zwei Stühlen

Beginnen Sie die Übung damit, dass Sie zwei Stühle einander gegenüber stellen. Setzen Sie sich auf einen Stuhl und drücken Sie laut aus, was Ihnen Sorgen macht und was Sie belastet. Sie müssen nicht tief in Ihre Gefühle hineingehen, denn was Sie in diesem Moment interessiert, ist der Inhalt Ihrer Gedanken. Am besten halten Sie sich daher nicht dabei auf, sich zu bewerten oder Vorwürfe zu machen und sich tief auf diese Gefühle einzulassen. Alles, was wir tun, zielt darauf, Ihr Mitgefühl zu stärken.

Wenn Sie damit fertig sind, stehen Sie auf und gehen Sie ein bisschen umher. Nehmen Sie den Atemrhythmus an, der beruhigend auf Sie wirkt. Wenn Sie dann auf dem anderen Stuhl Platz nehmen, nehmen Sie die Haltung von Mitgefühl ein. Das bedeutet, Sie neigen sich ein wenig nach vorn, um anzudeuten, dass Sie Ihre Sorgen wirklich hören wollen. Dabei haben Sie einen warmen Gesichtsausdruck und sprechen mit einer freundlichen, ruhigen und annehmenden Stimme.

Sie sind das mitfühlende Selbst, das weise, selbstsicher, ruhig und freundlich ist. Lassen Sie diese Erfahrung ein paar Momente lang in sich wirken. Dann sprechen sie ruhig und mit einer freundlichen Stimme mit Ihrem ängstlichen Selbst.

Sie fahren mit dem Beispiel fort, das wir in Kapitel 6 verwendet haben, und sagen etwa Folgendes:

„Hallo, schüchternes, ängstliches und von Sorge geplagtes Selbst." Versuchen Sie, dies mit Wärme und mit echter Anteilnahme zu sagen. „Es ist verständlich, dass dich beschäftigt und du dir Sorgen machst, dass dein Freund zu der Verabredung, die für euch allein geplant war, auch andere eingeladen hat. Das kam ganz unerwartet und hat dich an schmerzhafte Erlebnisse in der Vergangenheit erinnert.

Aber ich erinnere mich auch daran, dass du gut damit umgegangen bist und aus ihnen gelernt hast. Sie waren der Grund dafür, dass du daran gearbeitet hast, ein besseres Leben aufzubauen. Es sieht so aus, dass du mehr Mut und Stärke hast, als du selbst in diesem Moment spürst. In deinem Inneren weißt du, dass sich deine Gefühle beruhigen werden und dass es gut möglich ist, dass zwischen dir und deinem Freund alles in Ordnung ist. Und wenn nicht, wirst du damit fertig werden."

Manchmal ist es eine Hilfe, wenn man mit dem Beispiel eines anderen zu üben anfängt. Sie könnten zum Beispiel dieses nehmen:

Dan sagte: „Ich habe wirklich Angst, bei der Party heute Abend auf eine Gruppe von Leuten zuzugehen und zu versuchen, ein Gespräch anzufangen. Wenn ich daran denke, bekomme ich nasse Hände und fühle mich wacklig. Dann denke ich auch daran, wie ich in der Schule ausgelacht wurde, als ich einmal versucht habe, ein hübsches Mädchen anzusprechen. Ich habe Angst, dass man sieht, wie nervös ich bin, und dass ich lächerlich wirke."

Wenn Sie üben und Dan antworten möchten, bevor Sie eine eigene Situation nehmen, versuchen Sie, etwas zu finden, womit Sie Mitgefühl mit Dan ausdrücken können. Versuchen Sie, dabei Formulierungen wie diese zu verwenden:

„Es ist verständlich, dass du Angst davor hast, heute Abend mit Menschen zu sprechen ..."

„Ich erinnere mich auch, dass du damit fertig geworden bist und gelernt hast ..."

„Ich nehme wahr, dass du jetzt ..."

„Ich glaube, du hast mehr Mut und Stärke als ..."

„Es ist möglich, dass ..."

„Wenn nicht, kannst du dies machen ..."

Vielleicht helfen Ihnen diese Beispiele. Wenn Sie auf sich gestellt sind, werden Sie viel kreativer und genauer Botschaften formulieren können, die Ihnen gut tun und Ihnen helfen. Achten Sie bitte genau darauf, dass Sie sich keine Ratschläge geben oder Worte wie „sollte" oder „sollte nicht" verwenden oder sich sagen, sie sollten *ein bestimmtes Gefühl nicht haben*. Wenn Sie das tun, entwerten Sie damit Ihre Gefühle. Das Ziel aber ist hier, dass Sie Ihre Gefühle mit Mitgefühl annehmen, sie als verständlich anerkennen und zugleich alternative, andere Weisen finden, wie Sie Situationen sehen und mit ihnen umgehen können. Es ist auch gut, wenn Sie mehr Zeit auf dem „Stuhl des Mitgefühls" als auf dem „Stuhl der Sorgen" verbringen. Dann können Sie sich selbst beim Reden hören und auf Ihren mitfühlenden Gedanken aufbauen, sie in sich aufnehmen und fühlen. Sie können auch das Wort „wir" statt „ich" verwenden, um ein Gefühl der Verbundenheit mit dem mitfühlenden Teil in Ihnen herzustellen. Normalerweise verbringt man ein paar Augenblicke auf einem Stuhl und wechselt dann.

Wenn Sie bereit sind, kommen Sie nun zu Ihrem eigenen Beispiel und fangen Sie damit an, dass Sie sagen, was Ihnen Sorgen bereitet.

Eine schwierige Situation sofort bewältigen

Es kann leicht passieren, dass man als Reaktion auf Ereignisse des Alltags in einen Zustand innerer Not gerät. Ein Kollege, der einen schlechten Tag hat, ist unfreundlich oder kurz angebunden; ein Freund, mit dem man sich zu einem Bier verabredet hat, kreuzt mit einer Horde Kollegen aus dem Büro auf, die alle sehr laut und selbstbewusst daherkommen; ein Vorgesetzter verkündet, dass man am nächsten Tag vor einer Gruppe unbekannter Leute einen Vortrag halten soll. Eine attraktive Person, die wir gern näher kennenlernen würden, taucht plötzlich in einem Restaurant auf, in dem man zum Essen ist, lächelt einen an, grüßt freundlich und wartet interessiert auf eine Antwort, aber es fällt einem nichts ein. Alle diese Situationen können einen vom einen zum anderen Moment in Angst stürzen. Aber man kann diese Empfindungen von hohem Stress und sozialer Angst als Signal dafür nutzen, den Versuch zu machen, sich wieder in ein Gleichgewicht zu bringen.

Übung

In einer Notsituation Ausgeglichenheit herstellen

Stellen Sie sich einen Moment vor, dass etwas oder jemand Sie aufgeregt oder geärgert hat.

- Richten Sie Ihre Aufmerksamkeit darauf, Ihre Gedanken, Emotionen und Körperempfindungen zu beobachten. Fassen Sie sie in Worte, wenn Sie können, damit Sie Abstand bekommen.

- Werden Sie ein wenig langsamer, indem Sie den Atemrhythmus annehmen, der eine beruhigende Wirkung auf Sie hat, und wenden Sie Ihre Aufmerksamkeit Ihrer Körperhaltung zu. Lassen sie sich jetzt ein wenig lächeln und Ihre Muskeln locker werden. Stellen Sie sich Ihr mitfühlendes ideales Selbst vor, auch in der entsprechenden Körperhaltung.

- Verschieben Sie Ihre Aufmerksamkeit auf das Beruhigungssystem. Sie können sich einen stillen und beruhigenden Platz vorstellen, in allen Einzelheiten, die sinnlich wahrnehmbar sind – mit der Brise, dem Licht, den Farben, den Geräuschen und Gerüchen –, um sich zu erden. Stellen Sie sich Ihr mitfühlendes Bild, Ihre eigene warme und beruhigende Stimme oder einen mitfühlenden Freund vor, der versteht, freundlich, unterstützend und ermutigend ist. Nehmen Sie die Gefühle in sich auf.

- Nutzen Sie diese Freundlichkeit und Unterstützung und fokussieren Sie auf andere Sichtweisen. Nutzen Sie dabei mitfühlendes Denken und Argumentieren: Ihre Fähigkeiten zur Bewältigung schwieriger Situationen, Ihre Stärken, Ihren Mut und Ihre Ausdauer. Sie können sich auch vorstellen, was Sie zu einem Freund sagen oder für ihn tun würden. Sie können sich Erinnerungen an jemanden vergegenwärtigen, der freundlich zu Ihnen gewesen ist und Ihnen geholfen hat. Oder die Erinnerung an eine Situation, mit der Sie gut umgegangen sind.

Hier lösen Sie sich vom Bedrohungssystem und richten sich aus dem Inneren Ihrer Systeme positiver Emotionen heraus neu aus. Experimentieren ist die beste Möglichkeit, wie Sie herausfinden können, was für Sie gut ist und was Ihnen hilft. Wahrscheinlich wird das von Mal zu Mal etwas anderes sein. Es ist wirklich nützlich, wenn Sie diese Übung jeden Tag machen können. Situationen, in denen Sie nur ein bisschen unter Druck oder geängstigt sind, sind wunderbare Gelegenheiten, bei denen Sie Ihre Fähigkeiten üben können. Wenn dann die Krise da ist, sind Sie gerüstet. Es ist wie beim Training im Sport: Wenn Sie Ihr Trainingsprogramm durchgezogen haben, sind Sie für den Einsatz bereit, wenn der Wettkampf wirklich losgeht.

Hilfe suchen

Manchmal sind die Umstände zu schwierig, um sie allein bewältigen zu können, auch wenn guter Rat zur Selbsthilfe zur Verfügung steht, wie er in diesem Buch angeboten wird. Ein wirklich wichtiges berufliches oder soziales Ereignis, eine bedeutsame persönliche Erschütterung können Schüchternheit und soziale Angst in einem Maß verschlimmern, dass wir nicht nur alle Ressourcen brauchen, die uns zur Verfügung stehen, sondern auch die Hilfe anderer Menschen. Solche Ereignisse oder Erschütterungen können der Verlust eines geliebten Menschen oder die Entdeckung einer Affäre des Partners, Mobbing, finanzielle Probleme oder eine lebensbedrohliche Erkrankung sein. Man kann die Fähigkeiten verbessern, mit solchen bedeutenden Erschütterungen und so starkem Stress umzugehen, wenn man sein Denken ins Gleichgewicht bringt und mitfühlend mit sich umgeht. Wenn man jetzt Mitgefühl übt, hilft einem das in harten Zeiten. Aber der Ansatz mit Mitgefühl kann manchmal auch bedeuten, dass man sich zusätzliche Hilfe sucht, auch professionelle Hilfe. Die Einsicht, dass die Not vielleicht zu intensiv ist, um allein in andere Zustände des Gehirns zu gehen, kann ein mächtiger Schritt auf dem Weg der Entwicklung unseres Selbstmitgefühls sein.

Mitfühlende Gedanken anderen gegenüber

In diesem Kapitel haben wir uns mitfühlendem Denken zugewendet, das auf uns selbst gerichtet ist. Wir können diese Fähigkeiten auch als eine Hilfe nutzen, wenn wir Mitgefühl mit anderen entwickeln wollen. Wenn man schüchtern ist und manchmal Angst vor Menschen hat, passiert es leicht, dass man sich in seine eigenen Sorgen und Grübeleien zurückzieht, sich nur noch um sich selbst dreht und dabei vergisst, dass sich alle Menschen manchmal schüchtern fühlen und vor anderen Angst haben oder traurig und enttäuscht oder frustriert sind. Sie brauchen unsere Akzeptanz und Unterstützung genauso, wie wir ihre brauchen. Wenn man gegenüber Freunden, Bekannten und Leuten, die man näher kennenlernen möchte, in der beschriebenen Weise Mitgefühl zeigt und sich an Mitgefühl orientiert, dann erleichtert das die Entwicklung guter Beziehungen. Stellen Sie sich vor, wie es Ihnen gehen würde, wenn jemand, den Sie lieben, in Not wäre. Wie würden Sie mit ihm sprechen? Wie würden Sie helfen?

Mit demselben mitfühlenden Ansatz, den sie auf sich selbst anwenden, können Sie sich jetzt Menschen in Ihrem Leben zuwenden. Und das ist nicht auf Ihre Freunde, Ihre Familie und Ihre Kollegen beschränkt. Wir alle streben nach Glück, und niemand möchte leiden. Das bedeutet auch, dass wir lernen können, Mitgefühl über diejenigen hinaus, die uns nahestehen, auf Fremde, auf Menschen, die wir nicht mögen, und sogar auf unsere Feinde auszuweiten. Versuchen Sie, sich an die Stelle eines Arbeitskollegen oder eines Bekannten in Ihrem persönlichen Leben zu versetzen, mit dem Sie einen Konflikt haben. Schauen Sie, ob Sie so denken und fühlen können wie dieser Mensch. Wenn ein Kollege Sie zum Beispiel oft schroff behandelt, könnten Sie sich vorstellen, dass er von etwas gestresst ist, was nichts mit Ihnen zu tun hat. Oder Sie erinnern sich vielleicht, wie viel zusätzliche Arbeit er vor Kurzem hatte, weil jemand krank war. Dabei ist es wichtig, dass dies nicht zu einem „Soll" oder „Muss" werden soll. Das stammt aus dem falschen System zur Regulierung der Emotionen. Wenn es Ihnen schwerfällt, Mitgefühl mit sich und mit anderen zu haben, dann kritisieren Sie sich deshalb nicht: Es ist schwer, und zwar für uns alle. Wir sind alle im selben Boot und versuchen, so gut wir können, mit allem fertig zu werden.

Hauptpunkte

- Wir stärken weiter unsere mitfühlende soziale Fitness, indem wir neue Denkweisen entwickeln und anwenden und neue Verbindungen im Gehirn herstellen.

- Der mitgefühlsorientierte Ansatz hilft uns, unsere Gedanken dadurch auszugleichen, dass wir absichtlich unser Beruhigungssystem aktivieren, das nicht auf Reaktion auf Gefahr beruht. Sie haben geübt, wie Sie immer wieder in dieses System umschalten können, wenn Sie die Übungen machen.

- Wir nutzen die Fähigkeiten unseres „neuen Gehirns" – Argumentieren, Weisheit und Logik – im Gegensatz zu den Instinkten des „alten Gehirns" zum Selbstschutz, um soziale Angst und schmerzhaftes schüchternes Denken wieder zurück in ein Gleichgewicht zu bringen. Man kann Überzeugungen, wie die Welt ist und wie wir sind, die uns nicht guttun, durch solche ersetzen, die uns guttun.

- Ein mitfühlender Ansatz der Arbeit mit Schüchternheit kann Ihnen helfen, in dem Maß mehr Mitgefühl mit sich zu haben und noch mutiger zu werden, sich zu verändern. Und im Verlauf dieses Prozesses können wir helfen, die Welt dadurch zu verändern, dass wir sie zu einem Ort mit mehr Mitgefühl machen.

8

Mitfühlendes Verhalten

Mitfühlendes Verhalten hat sich bei Menschen aus dem altruistischen und fürsorglichen Verhalten der Säugetiere entwickelt, die in Gruppen leben. Besonders wichtig waren die verschiedenen Formen der Fürsorge eines Muttertieres für ihre Säuglinge. Zum Beispiel reagieren die Muttertiere vieler Säugetierarten auf die Notrufe ihrer Jungen und kommen und beruhigen oder retten sie, wenn sie diese Laute hören. Es sind bei uns natürlich nicht nur Mütter, die solche Notlagen bei anderen wahrnehmen. Die Evolution hat es möglich gemacht, dass wir alle für die Wahrnehmung der Not in uns selbst und bei anderen empfänglich sind und dabei den Wunsch empfinden, den Stress zu erleichtern. Das ist die Grundlage von Mitgefühl.

Mitfühlendes Verhalten bedeutet also *Handeln,* Dinge tun, die helfen, ermutigen und unterstützen sollen, besonders wenn wir oder andere mit Not oder Schwierigkeiten konfrontiert sind. Mitfühlendes Verhalten bedeutet, sich anderen und uns selbst gegenüber so zu verhalten, dass Leiden gelindert wird und es uns unseren Zielen näher bringt. Dazu gehört Verhalten, das darauf zielt, zu lehren, zu führen und als Mentor zu begleiten sowie zu nähren, zu beruhigen und zu schützen. Es kann also Selbstfürsorge dazu gehören, aber es kann genauso bedeuten, Dinge zu tun, die schwierig sind oder Angst machen. Das kann zum Beispiel darin bestehen, dass man auf Menschen zugeht, die man noch nicht kennt, oder mit denjenigen intimer wird, die man schon kennt. Oder man drückt aus, wenn man verletzt ist, und tritt selbstbewusster auf und verhält sich entsprechend. Dies sind Verhaltensweisen, die auf lange Sicht gut sind und guttun, aber erst einmal Mut und Durchhaltevermögen verlangen. Mitfühlende Hilfsbereitschaft bedeutet nicht Unterwürfigkeit oder dass man anderen einfach nachgibt. So ein Verhalten hinterlässt Groll und verstärkt die Abhängigkeit von Bestätigung. Selbstbehauptung kann dazu gehören, Stehvermögen gegenüber anderen und die Fähigkeit und Bereitschaft, Grenzen zu setzen. Manchmal wird mitfühlendes Verhalten damit verwechselt, nur nett zu sein und Ärger oder Unzufriedenheit zu verbergen oder anderen immer den Vorrang zu lassen. Das ist ein Missverständnis, denn es würde bedeuten, dass man damit leben muss, unaufrichtig zu sein und zu verbergen, was man wirklich denkt und fühlt. Im Gegenteil: Mitfühlendes Verhalten bedeutet, aufrichtig und authentisch sich selbst und anderen gegenüber zu sein. Dabei versucht man gleichzeitig, jemanden nicht absichtlich zu verletzen oder jemandem wehzutun und auch Bedürfnisse und Gefühle anderer zu berücksichtigen.

Wir müssen also auch mit uns selbst Mitgefühl haben, wenn wir uns verändern und wachsen. Wenn man neue Verhaltensformen entwickelt, findet man sich möglicherweise auch in neuen problematischen Situationen, und wenn man selbstbewusster wird und negativen Bewertungen von Schüchternheit aktiver begegnet, kann es passieren, dass man unabsichtlich dominantes Verhalten anderer provoziert. Wir werden erforschen, wie man dem Impuls widerstehen kann, das zu tun, und auch, wie man mit Mobbing umgehen kann.

Mitfühlendes Handeln: Auf Ziele zugehen

Neues Verhalten planen: Ein Ansatz zu schrittweisem Vorgehen

Wenn man ein Ziel im Kopf hat, ist es sinnvoll, wenn man an die Dinge denkt, die man tun muss, um es zu erreichen. Es ist auch sinnvoll, wenn man mit den leichteren Dingen anfängt. Wenn man schrittweise vorgeht, baut jeder Schritt auf dem vorhergehenden auf. Wenn Sie zum Beispiel körperlich fit werden wollten, würden Sie als Erstes eine Entscheidung treffen, zum Beispiel regelmäßig in ein Fitnessstudio zu gehen. Dann lassen Sie sich dort beraten, welche Übungen zu Ihnen passen, und bei diesen Übungen entwickeln Sie dann allmählich Geschicklichkeit und Fitness.

Wenn man mit Schüchternheit arbeitet, ist es nicht anders. Wenn man sehr schüchtern ist, tendiert man dazu, zurückzuweichen und sich von Menschen zurückzuziehen. Die Fähigkeiten, die wir entwickeln müssen, sind also solche, die einem helfen, auf Menschen zuzugehen und sich auf sie einzulassen. Das Problem ist, dass auch einfache Dinge, die man tun könnte, um Vermeidungsverhalten bei sozialen Kontakten abzubauen, abschreckend oder entmutigend erscheinen können, wenn man schüchtern ist. Das ist besonders dann so, wenn man sich niedergeschlagen fühlt. Denken Sie sich also kleine Schritte aus, die Ihre Schüchternheit „in Frage stellen" könnten. Sehen Sie dabei, dass es ein Schritt nach vorne wäre, wenn Sie auch nur einen machen könnten. Wenn Sie zu entscheiden versuchen, welche Schritte Sie tun sollen, könnten Sie an das Motto denken, das wir in der Shyness Clinic als Orientierung verwenden, das heißt, dass wir nach Schritten Ausschau halten, die „herausfordernd oder erweiternd, aber nicht überwältigend" sind.

Es ist nützlich, klein anzufangen. Sie könnten sich also so etwas vornehmen wie einen freundlichen Gruß, wenn Sie ihrem Nachbarn begegnen, oder ein Lächeln für die Kassiererin im Supermarkt. Sie könnten sie fragen, wie es ihnen geht und ein oder zwei Bemerkungen über das Wetter oder aktuelle Ereignisse machen. Ein Schritt kann darin bestehen, dass Sie sich bei der wöchentlichen Sitzung im Büro mindestens einmal zu Wort melden, oder es kann ein freundlicher Blick sein, wenn Sie jemanden anziehend finden, oder für Menschen allgemein. Leute reagieren eher positiv, wenn Sie sie anlächeln, als wenn Sie den Blick zu Boden richten und zurückgezogen oder gleichgültig wirken.

Neues Verhalten üben: Sie fangen an, die Initiative zu ergreifen

Sie könnten also üben, Menschen in Ihrer Umgebung einfach anzulächeln und ihre Reaktionen zu beobachten. Wenn Sie eine einfache Frage stellen, wie: „Wie geht es Ihnen heute?", achten Sie darauf, was sie antworten. Sehen Sie Menschen an, wenn Sie mit Ihnen sprechen, statt wegzuschauen. Wenn Sie ein besonderes Interesse an etwas haben, wie zum Beispiel Computer oder Autos, dann könnten Sie ein Geschäft aufsuchen und sich von einem Angestellten beraten lassen. Danach bedanken Sie sich und gehen. Wenn Sie etwas gekauft haben, zum Beispiel ein Kleidungsstück, was Sie nicht wirklich haben möchten, gehen Sie in das Geschäft zurück und sagen Sie, dass Sie es umtauschen möchten und aus welchem Grund. Wenn Sie die Rückgabe abgeschlossen haben, bedanken Sie sich. Wenn es nichts gibt, was Sie umtauschen möchten, dann kaufen Sie einfach etwas und tauschen es danach um, um Ihr Verhalten in dieser Situation zu üben. Wenn ein Arbeitskollege oder ein Freund Sie um etwas bittet, was unvernünftig erscheint – zum Beispiel, wenn Sie aufgefordert werden, viel mehr zu tun, als Ihnen bei einem Projekt zukommt –, dann sagen Sie höflich und entschieden „Nein" und fügen Sie eine kurze Erklärung hinzu, warum das für Sie nicht geht.

Sie könnten von hier aus weitergehen und einen Freund einladen, zusammen etwas zu trinken, oder ihn auch zum Essen zu sich nach Hause oder ins Kino einladen. Dies ist etwas, womit man anfangen kann, die Initiative zu ergreifen. Wenn es bei jemandem nicht geht oder jemand Nein sagt, haben Sie dennoch einen wichtigen Schritt getan. Sie können sich sagen, dass Sie sich bemüht haben, dass Sie einen Rückschlag verkraften und nicht locker lassen, bis Sie ein „Ja" bekommen.

Sie könnten Menschen wahrnehmen, denen Sie helfen können – zum Beispiel einen älteren Nachbarn, der Mühe hat, seinen Garten in Schuss zu halten. Bieten Sie Ihre Hilfe an und interessieren Sie sich für ihn. Sie können sich auch überlegen, ob Sie sich einer ehrenamtlichen Organisation anschließen, in der Sie sich zusammen mit anderen bei etwas engagieren, was Sie sinnvoll finden.

Eine andere gute Möglichkeit, wie Sie üben können, Menschen zu begegnen, ohne sich zu viel auf einmal zuzumuten, könnte darin bestehen, sich einer Gruppe von Menschen anzuschließen, die etwas tun, was Sie auch interessiert, wie Malen oder Meditieren. Wenn Sie von einer Sportart begeistert sind, könnten Sie überlegen, ob Sie in einen Verein eintreten und sich eine Mannschaft suchen, in der Sie aktiv Sport treiben können. Schüchterne Menschen sind oft gute Teamspieler. Davon können besonders diejenigen unter Ihnen profitieren, die Schüler oder Studenten sind. Trainern macht es nichts aus, wenn Sie schüchtern sind. Sie sind nur daran interessiert, dass Sie so gut spielen, wie Sie können – manchmal werden Sie Ihnen sogar helfen, mit anderen Teammitgliedern mehr in Kontakt zu kommen. Wenn Sie unter sozialer Angst leiden, können Sie sich vielleicht nur schwer vorstellen, Mitglied in einem Sportverein zu sein. Es lohnt sich aber oft, diese Hürde zu nehmen, denn Mannschaftssport ist hervorragend geeignet, ein Gefühl von Zugehörigkeit zu vermitteln. Da können auch die Stärken der Schüchternheit gut zur Geltung kommen. Viele schüchterne Sportler sind tolle Teamspieler und sogar Mannschaftskapitäne. Sie können sich sehr gut in ihre Spieler einfühlen, sind rücksichtsvoll, besonnen und auch strategisch gut. Bei Teamkameraden sind sie oft sehr beliebt.

Wofür auch immer Sie sich entscheiden, wichtig ist, dass Sie sich dafür öffnen, sich auf die Gesellschaft anderer Menschen einzulassen. So stellen Sie sich Ihrer Schüchternheit und üben soziales Verhalten. Wie Sie das genau machen, liegt bei Ihnen. Üben Sie einfach weiter, Schritt für Schritt, gleich, wie klein diese Schritte sind. Denken Sie daran, dass eine Reise von tausend Meilen mit einem einzigen Schritt beginnt.

Damit Sie weiter Fortschritte machen, ist es gut, wenn Sie vorher planen, welche Schritte Sie machen wollen. Bei einem Sozialen Fitnesstraining nehmen sich die Teilnehmer zum Beispiel drei neue Verhaltensweisen vor, die sie jede Woche üben möchten. Zum Beispiel begrüßen sie jemanden bei der Arbeit oder sprechen jemanden an, den sie kennenlernen möchten. Oder man fragt jemanden, ob er mit einem Essen geht, man meldet sich bei einer Konferenz mindesten einmal zu Wort oder man lädt jemanden zum Kaffee, zum Essen oder ins Kino ein. Es kann nützlich sein, einmal mit jemandem Ideen zu sammeln, wie man auf warme und freundliche Weise auf Menschen zugehen kann und was man tun kann, wenn man sein Verhalten ändern will. Dazu gehört auch, was man tun könnte, wenn etwas nicht wie geplant verläuft, und auch was man tun kann, wenn etwas *wirklich* schiefgeht. Wir alle erleben das ja manchmal. Was tun, wenn man in seiner Nervosität zum Beispiel eine Adresse falsch aufschreibt, man im falschen Café auf jemanden wartet oder jemanden aus Versehen an einen falschen Ort schickt? Wenn man ein bisschen über solche alltäglichen Pannen lachen kann, ist das eine Möglichkeit mehr, Mitgefühl mit sich zu haben.

Übung

Ein mitfühlender Brief, um sich selbst zu unterstützen

Veränderung unseres Verhaltens ist für uns alle schwierig, deshalb kann es sehr nützlich sein, wenn man einen Brief an sich selbst schreibt, bevor man anfängt. Zunächst einmal kann er eine mitfühlende und ermutigende innere Orientierung vermitteln. Und beim Schreiben kann man planen und darüber nachdenken, was man anders machen will. Man kann in einem Brief auch Ideen formulieren, warum eine Veränderung des Verhaltens für einen wahrscheinlich nützlich sein wird. Und man kann darüber nachdenken, was eher leicht und was schwieriger sein wird, und überlegen, wie man mit den schwierigeren Dingen umgehen könnte. Wie wir oben schon gesehen haben, ist es zur Klärung der Gedanken wirklich nützlich, wenn man sie schriftlich formuliert.

    Wenn Sie Ihren Brief schreiben, dann versuchen Sie, in die Rolle Ihres idealen mitfühlenden Selbst zu gehen, das weise, stark, voller Verständnis und Ihnen zugewandt ist und an Sie glaubt. Oder wenn Sie möchten, vergegenwärtigen Sie sich das Bild Ihres idealen Versorgers und stellen Sie sich vor, dass dieses Bild Sie auf eine freundliche Weise unterstützt und ermutigt. Das hilft Ihnen, Dinge zu tun, die Sie bisher schwierig gefunden oder vermieden haben.

Suchen Sie sich für den Anfang eine bestimmte Verhaltensweise aus. Beginnen Sie so: „Es ist verständlich, dass ich Angst davor empfinde, dies zu tun [z. B. jemanden anzusprechen, ob er oder sie sich mit einem verabreden möchte, zu einem Vorstellungsgespräch zu gehen, den Chef oder Vorgesetzten zu treffen oder gegenüber einem Freund oder Kollegen einen eigenen Standpunkt zu vertreten], weil … Eigentlich ist jeder von Zeit zu Zeit einmal schüchtern." Machen Sie sich keine Sorgen darüber, ob der Brief in allen Einzelheiten „korrekt" ist. Sie experimentieren, um ein Gefühl dafür zu bekommen. Je mehr Sie es üben, umso vertrauter wird Ihnen das Schreiben. Damit wird es Ihnen leichterfallen, solche Briefe zu schreiben, und sie werden mehr davon haben.

Als Nächstes schreiben Sie auf, was Sie tun könnten und was Ihnen vielleicht hilft, mit dieser Situation umzugehen. Zum Beispiel könnten Sie sich andere Situationen in Erinnerung rufen, die Sie gut bewältigt haben, obwohl Sie vorher unsicher waren, ob Ihnen das gelingen würde. Ein Beispiel: „Ich weiß, dass ich Angst habe, aber ich erinnere mich, dass ich vor zwei Wochen … tun konnte." Schreiben Sie jetzt auf, welche Schritte Sie tun können. Sie könnten also Sätze schreiben, die so anfangen: „Ich kann …", „Ich werde in der Lage sein, …" und „Wenn das passiert, werde ich …". Stellen Sie sich beim Schreiben vor, wie Sie die Situation bewältigen. Sie üben und praktizieren hier eine der Möglichkeiten mitfühlenden Denkens, das wir oben in diesem Buch untersucht haben. Das heißt, Sie richten Ihre Aufmerksamkeit auf Dinge, die nützlich für Sie sind, statt zuzulassen, innerlich einfach bei den Ängsten zu bleiben und so das Bedrohungssystem zu stimulieren.

Widerstehen Sie der Versuchung, „Ich sollte" zu sagen oder sich selbst Ratschläge zu geben. Stattdessen könnten Sie etwa Folgendes schreiben: „Ich habe gespürt, dass ich meine Angst ein bisschen mehr aushalten könnte, um das und das zu tun. Schauen wir mal. Was könnte mir helfen anzufangen?" Sie können herausfinden, ob der Brief Ihnen nützt, wenn Sie sich beim Schreiben und dann wieder, wenn Sie ihn ein paar Tage später noch einmal lesen, bewusst machen, was Sie fühlen. Wenn der Brief freundlich, verständnisvoll, einfach und warmherzig klingt, werden Sie ihn wahrscheinlich eher nützlich finden.

Üben Sie daher, ein paar kleine Schritte aufzuschreiben, mit denen Sie sich auf Ihr besonderes Ziel zubewegen können, und die Sie sich für die nächste Woche vornehmen. Fokussieren Sie, so gut sie können, auf ein Gefühl für Ihr ideales mitfühlendes Bild oder den idealen Versorger, der Ihnen den Rücken stärkt und

Sie unterstützt. Er versichert Ihnen, dass er Sie erwartet, um Sie zu loben und zu nähren, wenn Sie sich trotz Ihrer Schüchternheit auf eine Begegnung mit anderen eingelassen haben. Denken Sie daran, dass dieser Begleiter für Sie ideal, jenseits menschlicher Unvollkommenheit ist, weil er Ihrer Phantasie entstammt. Diese Person oder dieses Tier oder Bild versteht Ihre Gefühle. Sie werden als ein natürlicher Teil Ihres Menschseins angenommen. Die Person, das Tier oder das Bild nimmt immer Anteil an Ihnen, gleich, was Sie fühlen. Wenn Sie sich daran erinnern, kann Ihnen das helfen, sich freier zu fühlen, zu experimentieren und auszuprobieren: Menschen zu treffen, mit ihnen zu reden, in einen Verein einzutreten oder Sport zu treiben. Oder Freunde, Mentoren und Coachs um Hilfe zu bitten, wenn Sie Hilfe brauchen. Wenn Sie das tun, handeln Sie mitfühlend sich selbst gegenüber und reduzieren zugleich Ihre soziale Angst.

Reflexion über die Schritte, die Sie gemacht haben

Es kann nützlich sein, wenn Sie Ihre Erinnerung nutzen, um ein Gefühl von Selbstvertrauen zu erzeugen – auch wenn Sie sich zu Beginn überhaupt nicht besonders selbstbewusst fühlen. Sie könnten zum Beispiel an Situationen zurückdenken, als sie im Kontakt mit Menschen ein Risiko eingegangen sind und alles gut ausging. Oder Sie könnten sich an Situationen erinnern, als Sie in einer neuen Situation Angst vor Kontakt hatten, sich aber dann wohlgefühlt haben. Denken Sie daran, wie Sie frühere Situationen bewältigt haben. Wenn Ihnen auffällt, dass Sie diese Bemühungen als unwichtig abtun, nehmen Sie das einfach wahr und kommen Sie mit Ihrer Aufmerksamkeit zu Ihren Bemühungen zurück. Denken Sie daran, wie es Ihnen gehen wird, wenn Sie wissen, dass Sie sich selbst wachsen helfen können, und unabhängig vom Ergebnis Vertrauen und Selbstvertrauen entwickeln.

Manchmal werden Sie sich dabei ertappen, dass Sie denken: „Heute (oder diese Woche) habe ich nichts getan." Wenn das passiert, ist es gut, wenn Sie sich fragen: „O. K., gibt es *irgendetwas*, was ich diese Woche getan habe, was ich vorher noch nie getan habe?" Interessanterweise werden Sie die Erfahrung machen, dass das Ihr Gedächtnis belebt und Sie sich an ein oder zwei Dinge erinnern, die Sie zum ersten Mal getan *haben.* Das sind vielleicht nicht die Schritte, die Sie geplant hatten, aber Sie haben sie getan. Und auch wenn es kleine Schritte sind, sind sie wert, beachtet zu werden. Denken Sie daran, dass Sie sich diese Fragen stellen, wenn Sie meinen, Sie hätten nichts getan. Wahrscheinlich werden Sie überrascht sein, was Sie übersehen haben.

Selbstbehauptung

Selbstbehauptung oder Selbstbewusstsein bezieht sich auf die Fähigkeit, Emotionen und Bedürfnisse auszudrücken, ohne die Rechte anderer zu verletzen und ohne aggressiv zu sein. Wenn man schüchtern ist, versucht man oft, anderen zu gefallen, um Ablehnung zu entgehen. Vielleicht verletzt man damit seine eigenen Rechte. Selbstbewusstsein ist eine erworbene Fähigkeit, die darin besteht, dass man sein Recht auf eigene Werte, Überzeugungen, Meinungen und Emotionen ausdrückt und in Anspruch nimmt. Das Recht erstreckt sich auch darauf, zu entscheiden, ob man seine Emotionen rechtfertigen oder erklären will. Dazu gehört, dass man anderen sagt, wie man behandelt werden will, dass man sich ausdrückt und in der Lage ist, Nein zu sagen. Manchmal gehört dazu, dass man sagt „Ich weiß nicht" oder „Ich verstehe nicht" oder „Das ist mir egal". Es bedeutet, sich die Zeit zu nehmen, die man braucht, um seine Ideen zu formulieren, und Fehler zu machen und für sich und das, was man will, einzutreten. Dazu gehört auch, dass man erwartet und auch verlangt, mit Respekt behandelt zu werden.

Es ist sicher nützlich, wenn man lernt, sich zu behaupten, vielleicht besonders am Arbeitsplatz. Auch dabei geht man am besten in kleinen Schritten vor, damit man nicht überwältigt wird. Hier eine Übung, mit der Sie ausprobieren und üben können, was Sie sagen wollen. Wenn man diese Übung macht, merkt man, wie die Angst erst zunimmt und dann abnimmt. Wenn man sie häufiger macht, macht man die Erfahrung, dass die Angst weniger ansteigt und schneller wieder abnimmt. So kann man lernen, Angst zu tolerieren, und sie mit der Zeit durch Übung reduzieren.

Übung

Selbstbehauptung mit Mitgefühl

Holen Sie als Erstes ein paar Mal tief Atem. Stellen Sie sich jetzt vor, wie Ihr weises, starkes, freundliches und mitfühlendes Selbst etwas sagt, was Sie wirklich denken – etwas, das andere vielleicht nicht gern hören, wie zum Beispiel, dass Ihre Arbeitsbelastung zu groß geworden ist oder dass etwas nicht zu einem bestimmten Termin geliefert oder abgegeben werden kann. Selbstbehauptung muss nicht gegen etwas gerichtet sein, was andere sagen oder wollen. Man braucht sie auch – und das kann genauso schwierig sein –, wenn man Anweisungen geben oder freiwillig bei einem Projekt die Leitung übernehmen will. Die Leitung eines Projektes ist eine besonders wertvolle Lernerfahrung. Und wenn man dann jemanden um Hilfe bittet, der erfahrener ist, ist das eine weitere Möglichkeit, wie man an seinem Selbstbewusstsein arbeiten kann.

Es ist sinnvoll, wenn Sie diese Übung vor einem Spiegel machen. Wenn ich für Situationen, in denen ich mich behaupten muss, vor einem Spiegel übe, nehme ich manchmal wahr, dass ich selbstsicherer wirke, als ich meine. Oder mir fällt etwas an mir auf, was ich verändern möchte. Es kann zum Beispiel sein, dass ich jemandem gegenüber aufrechter stehen möchte.

Wenn man Selbstbehauptung übt, kann man auch den Unterschied hören: ob man geradeheraus danach fragt, was man will, oder ob man zum Beispiel wie ein Opfer oder fordernd klingt. Es ist auch eine Hilfe, wenn man sich erinnert, dass wir alle in dieser Situation sind und jeder Einzelne von uns nur ein Mitspieler neben anderen ist und sein Bestes tut, damit die Dinge funktionieren. Denken Sie daran, dass es wichtig ist, freundlich, akzeptierend und mitfühlend zu sich zu stehen, wenn man diese Übung macht.

Mitgefühl für widerstreitende Gefühle

Ein Dilemma kann besonders schwierig sein, wenn man schüchtern ist, die Gefühle anderer nicht verletzen will und wenn es einem schwerfällt, auszusprechen, was man denkt und fühlt. Man kann zum Beispiel auf jemanden ärgerlich und ihm zugleich wirklich zugetan sein. Eine gewisse Ambivalenz gehört zu jeder Beziehung. Vielleicht hat man den anderen nicht wissen lassen, was man will und wie man sich fühlt, und auch nicht, was einen stört. Vielleicht hat sich ein Groll aufgestaut, ohne dass man weiß oder herauszufinden versucht hat, was der andere denkt und fühlt.

Auch hier kann es helfen, wenn man einen Brief schreibt. Manchmal verstehen wir unsere Gefühle, besonders widerstreitende Gefühle, dann besser oder anders, wenn wir sie aufschreiben. Manchmal wird es mit Mitgefühl für sich und für andere leichter, Gefühle auszudrücken und ihnen entsprechend zu handeln.

Übung

Über ein Dilemma schreiben

Nehmen Sie wieder erst ein paar Momente lang Ihren beruhigenden Atemrhythmus an. Vergegenwärtigen Sie sich Ihr mitfühlendes, weises, starkes und verständnisvolles ideales Selbst und fühlen Sie die Freundlichkeit und Wärme, die es für Sie empfindet, während Sie die Übung machen.

Versuchen Sie, Ihren Brief etwa mit den Worten zu beginnen: „Es fällt mir schwer, Dir dies zu sagen, weil ..." Dies kann Ihnen helfen, in Gang zu kommen. Schreiben Sie nun alles auf, was Sie aufregt oder ärgert. Sie fangen an, sich zu behaupten, wenn Sie um das bitten oder das verlangen, was Sie brauchen, oder dem anderen sagen, inwiefern sein Verhalten schmerzhafte Gefühle in Ihnen auslöst. Schauen Sie, ob Ihnen konkrete Dinge einfallen, die der andere tut oder sagt. Halten Sie nichts zurück – Sie tun niemandem weh, denn der Brief ist allein für Sie bestimmt. Diese Übung hilft Ihnen einfach, genauer oder konkreter auszudrücken, was Sie wirklich stört, damit Sie dann entscheiden können, ob Sie handeln wollen oder nicht.

Wenn Sie mit dieser Übung fertig sind, tut es Ihnen vielleicht gut, sich ein bisschen zu strecken und ein paar Schritte zu gehen. Probieren Sie dann den nächsten Teil der Übung aus.

Lächeln Sie, erkennen Sie Ihre Gefühle an und holen Sie ein paar Mal tief Atem. Das hilft Ihnen, ruhig zu werden. Schreiben Sie jetzt alles auf, was Sie an dem anderen Menschen mögen und schätzen. Vergegenwärtigen Sie sich, dass Sie ihm wünschen, dass er blüht und frei von Leiden und in Frieden sein möge. Schreiben Sie darüber. Auch wenn der Mensch, um den es geht, jemand ist, den Sie nicht mögen und vermutlich nie mögen werden, kann es nützlich sein, mitfühlende Gedanken aufzuschreiben, die ihm gelten. Das kann Ihnen helfen, diesen Menschen (und sich selbst) besser zu verstehen.

Diese Übung ist für Sie eine Gelegenheit, mit einem Konflikt oder einer intensiven Emotion in Kontakt zu kommen, zu verstehen, dass Ihre Gefühle normal sind, und so mit ihnen zu arbeiten, wie es für Sie nützlich ist. In meiner Arbeit mit Paaren kam es oft vor, dass die beiden Partner und auch ich manchmal betroffen waren, wenn wir sahen, dass die Dinge, die uns verrückt machen, oft auch die sind, die wir an jemandem, an dem uns sehr liegt, am meisten schätzen.

Schädliche Beziehungen erkennen

Ein anderes Dilemma besteht darin, wenn wir tief in uns wissen, dass eine Freundschaft nicht gut für uns ist, dass der andere Mensch möglicherweise die Tatsache ausnutzt, dass wir gern zuhören, und kein wirkliches Gespräch mit uns führt oder nie nach unserer Meinung fragt. Wir wissen, dass wir uns in der Beziehung entweder behaupten müssen, um ihr eine Chance zu geben, oder sie aufgeben müssen. Manchmal weiß man in seinem Inneren, dass einem Freund nicht besonders an einem liegt, aber man hängt an ihm, weil man Angst hat, sonst einsam zu sein.

Es kann besonders schwer sein, wenn man intime Beziehungen beenden muss, die einen behindern, oder die einem nicht in seinem Wachstum unterstützen oder die einfach nicht zu einem passen. Viele von uns haben mit der Entscheidung gerungen, eine Beziehung zu verlassen, weil sie Sicherheit gegeben hat und weil man die Menschen nicht verletzen will, die man verlässt. Man weiß nämlich, dass es niemandes Fehler ist, wenn eine Beziehung nicht passt. Manchmal ist es einfach deshalb so schwer, weil wir wissen, wie es ist, verletzt zu werden, und weil man anderen nicht wehtun will. Manchmal haben wir Angst davor, wieder allein in die Welt hinauszugehen. Es kann auch sehr schwer sein, seine Haltung gegenüber dem Leben zu verändern: eine Haltung, in der man darauf wartet, gewählt zu werden und etwas angeboten zu bekommen, zugunsten einer anderen aufzugeben, bei der man aktiv verfolgt, was man will.

Wenn Sie sich in einem Dilemma wie diesem befinden, sollten Sie sich daran erinnern, dass es Sie nicht zu einem schwachen oder einem schlechten Menschen macht, sondern einfach nur menschlich.

Das Gute daran ist, dass man Mitgefühl und Verständnis für seine schwierigen Gefühle empfinden kann und dass man sich beruhigt, wenn man Verantwortung für sein Verhalten übernimmt. Man kann von Mitgefühl für die natürlichen Gefühle beruhigt werden, die damit einhergehen, dass man Verhalten verändert, ohne diese Gefühle zu vermeiden oder an ihnen festzuhalten.

Übung

Mitfühlender Rückzug aus einer Beziehung

Nehmen Sie ein paar Momente ihren beruhigenden Atemrhythmus an und rufen Sie in sich Ihr weises, starkes, verständnisvolles und mitfühlendes Selbst auf. Wenn Sie Wärme und Verständnis wirklich fühlen können, dann wenden Sie sich der Beziehung zu, von der Sie tief in Ihrem Inneren wissen, dass sie für Sie nicht gut ist, und wie dieser Mensch Sie behandelt. Dann stellen Sie sich vor, dass Sie mit einem Freund zusammen sind, dem wirklich an Ihnen und Ihrem Wohlergehen liegt. Denken Sie darüber nach, was dazugehören würde, wenn Sie die Beziehung aufgeben und nach einer anderen suchen. Wenn Sie das Gefühl haben, dass Sie von Gefühlen überwältigt werden, kommen Sie einfach zu Ihrer Atmung und Ihrem mitfühlenden Selbst zurück. Wenn Sie relativ ruhig sind, überlegen Sie einfach weiter, welche kleinen Schritte Sie tun könnten, um einen besseren oder passenderen Freund oder Partner zu finden und diese Beziehung hinter sich zu lassen. Wenn Sie so weit sind, seien Sie sich einfach einen Moment lang der Wärme und des Verständnisses bewusst, die von Ihrem mitfühlenden Selbst ausgehen, bevor Sie aufhören. Wenn Ihnen etwas eingefallen ist, was Sie tun könnten, um sich aus dieser Beziehung zu lösen und sich auf die Suche nach einem neuen Freund zu machen, nehmen Sie sich einen Moment Zeit und schreiben Sie es auf. Es sind machbare mögliche Schritte, um die Beziehung zu verlassen, wenn Sie dazu bereit sind.

Hier ein paar Beispiele von Menschen, die erkannten, dass eine Beziehung, die für sie wichtig gewesen war, nicht länger gut für sie war, und etwas unternahmen, um sich aus ihr zurückzuziehen.

John und Bill waren seit ihrer Kindheit Freunde gewesen. John sah Bill als seinen einzigen Freund, aber Bill, der extrovertiertere der beiden, hatte viele Freunde. Er neigte sogar ein bisschen dazu, der Mittelpunkt jeder Party, immer das Zentrum der Aufmerksamkeit zu sein. John war gern mit Bill befreundet, weil er sich mitnehmen lassen und ohne viel Anstrengung mit Menschen zusammen sein konnte. Auf der anderen Seite konnte er nicht übersehen, dass Bill nicht daran interessiert zu sein schien, was er dachte oder zu sagen hatte. Er war ein guter Zuhörer und die meiste Zeit war er Bills Publikum. John wurde klar, dass er allein auf Menschen zugehen musste. Er musste sich von ihnen als Person kennenlernen lassen und er selbst musste sie besser kennenlernen. Als ihm das klar wurde, fing er an, kleine Schritte zu unternehmen, um andere Freundschaften zu entwickeln. Seine ersten Schritte bestanden darin, einzelne Gespräche mit Leuten auf Partys anzufangen, statt in dem Kreis um Bill zu bleiben. Dann fragte er jemanden, ob er mit ihm ins Kino gehen wollte, und jemand anders, ob er mit ihm essen gehen wollte. Er trat in einen Fotoklub ein und nahm sich vor, bei jedem Treffen mindestens mit einem Menschen zu sprechen und danach jemanden zu einem Kaffee einzuladen. Jemand anders lud er ein, mit ihm eine seiner Lieblingswanderungen zu machen, um zusammen zu fotografieren.

Joans Ehemann war viel extrovertierter als sie selbst. In Gegenwart seiner angeberischen Freunde war sie schüchtern und sie hätte gern mehr Zeit für sich gehabt, um den eher stilleren Aktivitäten nachzugehen, an denen sie wirklich interessiert war. Aber ihr Mann konnte weder ihre Schüchternheit verstehen, wenn seine Freunde zu Besuch waren, noch ihr Bedürfnis nach Zeit für sich allein. Wenn sie ihm das zu erklären versuchte, war er verletzt und sagte, er sei ihr gleichgültig. Er wurde auch oft ärgerlich und versuchte, ihr Verhalten zu kontrollieren. Er sagte ihr dann, sie sollte von sich aus mit seinen Freunden zusammen sein wollen, sonst stimmte mit ihr etwas nicht. Joan sah, dass er sie nicht mit Absicht verletzte, und hatte das Gefühl, dass sie sich liebten, aber seine ständige entwertende Kritik untergrub ihr Selbstwertgefühl. Ihr begann klar zu werden, dass sie die Ehe möglicherweise aufgeben musste.

Ihr erster Schritt bestand darin, dass sie ihm sagte, wie verletzt sie war und sich missverstanden fühlte. Sie sagte ihm, dass sie ihn liebte, aber lieber las und mit ihm allein Spaziergänge machte als mit der Bande seiner Freunde im Fernsehen Football anzuschauen. Sie hatten viele Auseinandersetzungen, bei denen sie ihm von bestimmten Dingen erzählte, die sie verletzt hatten, und er erzählte ihr mehr von seiner eigenen Frustration. Ihr wurde klar, dass sie verschiedene Dinge im Leben wollten. Es war nichts verkehrt daran, dass sie introvertiert war, und auch nicht an ihm, weil er extrovertiert war. Es gab einfach nicht genug Gemeinsamkeiten. Nachdem Sie die Dinge zusammen durchgesprochen hatten und ein paar Mal bei einem Therapeuten gewesen waren, der ihnen geholfen hatte, einander zuzuhören, kamen sie zu einer gemeinsamen Entscheidung. Sie wollten gute Freunde bleiben, aber es war Zeit, sich nach anderen Partnern umzusehen.

Wenn mitfühlendes Verhalten Mut verlangt

Wenn man an mitfühlendes Verhalten denkt, fallen einem sicher kleine Freundlichkeiten gegenüber einem selbst und gegenüber anderen ein. Viele dieser Freundlichkeiten kosten einen nicht viel – aber manchmal verlangt mitfühlendes Verhalten Mut. Wir haben schon über den Mut gesprochen, den man braucht, wenn man mit dem Bedrohungssystem zu tun hat und wenn man mit Angst, Furcht und Wut umzugehen hat, die dieses System hervorruft, wenn man Verhalten ändert und Dinge tut, vor denen man Angst hat. Mut kann auch bedeuten, dass man seinen Begierden widersteht, auch dem Verlangen, zu einer bestimmten Gruppe zu gehören und von ihren Anführern bewundert zu werden, obwohl man sie nicht wirklich respektiert oder an das glaubt, was sie tun. Es braucht Mut, so eine Gruppe zu verlassen und nach Gruppen zu suchen, deren Mitglieder gleichberechtigt sind und die aneinander Anteil nehmen. In dieser und in anderen Situationen kann mitfühlendes Verhalten auch den Mut verlangen, sich anderen – auch Autoritäten – entgegenzustellen.

Wünschen und Begierden widerstehen

Unser Gehirn ist mit Begierden ausgestattet, das für das Leben in kleinen Gruppen wechselseitig voneinander abhängiger Individuen in einer Welt knapper Ressourcen bestimmt ist. Heute leben weniger Menschen in kleinen Gruppen und die meisten von uns in einer Welt größerer sozialer Isolation. Wenn man schüchtern ist, ist man versucht, das Risiko zu vermeiden, eine intime sexuelle Beziehung einzugehen. Wenn Isolation von starker Schüchternheit oder sozialer Angst begleitet ist, kann die Verlockung durch sexuelle Bilder im Internet stark sein. Sie scheinen eine alternative Möglichkeit anzubieten, eine gewisse sexuelle Befriedigung zu erlangen. Man bleibt zwar einsam, aber vermeidet die befürchtete Ungeschicklichkeit und das Risiko, das mit Intimität verbunden ist. Tief im Inneren aber weiß man, dass es die emotionale Wärme und der physische Genuss der Nähe zu einem wirklichen Menschen sind, die wir Menschen brauchen, um auf lange Sicht zu gedeihen und zu blühen. Wenn das auch für Sie ein Thema ist, probieren Sie die folgende Übung aus.

Übung

Cybersex widerstehen

Atmen Sie ein paar Momente lang in dem Rhythmus, der eine beruhigende Wirkung auf Sie hat, und vergegenwärtigen Sie sich Ihr weises, starkes, akzeptierendes und mitfühlendes Selbst, dem sehr an Ihrem Wohlergehen liegt. Wenn Sie dann ruhig geworden sind und sich umsorgt fühlen, nehmen Sie Ihr Notizheft oder ein Blatt Papier und legen Sie zwei Spalten an. Über die eine schreiben Sie: „Vorteile von einsamem Sex im Internet", und über die andere: „Nachteile von einsamem Sex im Internet". Tragen Sie unter den Überschriften ein, was Sie als Vorteile und was Sie als Nachteile sehen. Versuchen Sie, auch Aussagen aufzunehmen, die sich darauf beziehen, ob Cybersex Ihnen hilft oder ob er Sie eher davon abhält, nach sexuellen Partnern zu suchen.

Wenn Sie diese Übung gemacht und noch ein paar Mal so, wie es Sie beruhigt, tief Atem geholt haben, schreiben Sie – wenn es sich richtig anfühlt – ein paar kleine Schritte auf, die Sie machen können. Es geht um Schritte, die man machen kann, ohne sich überwältigt zu fühlen, um die Zeit, die man im Internet mit Sex verbringt, zu reduzieren (anfangs vielleicht nur um ein paar Minuten) und Kontakt mit potentiellen Sexualpartnern zu intensivieren. Am besten fängt man vielleicht ganz bescheiden damit an, Menschen zu grüßen, die einen anziehen, oder ein kurzes Gespräch zu führen oder eine Freundschaft anzufangen oder sich in einer Online-Kontaktbörse umzusehen.

Anderen Widerstand entgegensetzen

Wenn man mitfühlend handeln will, kann es nötig sein, dass man andere so wie sich selbst konfrontieren muss. Das können Autoritäten sein – oder auch die eigenen Kinder! Es kann eine sehr schwierige Aufgabe sein, wenn man schüchtern ist, den Wünschen der eigenen Kinder Widerstand entgegenzusetzen, wenn sie Junkfood oder Computerspiele haben wollen. Das kann besonders schwierig sein, wenn man das Gefühl hat, dass man weniger Zeit für sie hat, als sie brauchten, weil man zum Beispiel neben der Arbeit wenig Zeit hat oder weil man mit ihnen lieber nicht zu Veranstaltungen geht, wo man unvermeidlich anderen Eltern begegnet. Oder es gibt vielleicht jemanden, mit dem man sprechen müsste, weil seine Leistungen nicht den Anforderungen entsprechen, um eine wichtige Arbeit zu erledigen. Man weiß, dass man das tun muss, aber man verschiebt das Unvermeidliche, weil man nicht der „Böse" sein will. Diese Beispiele verdeutlichen, dass unterwürfiges Verhalten nicht mitfühlend ist. Es ist kein Ausdruck von Mitgefühl mit uns oder mit anderen, wenn man das Richtige nicht tut, wenn es schwierig ist. Das ist so wenig mitfühlend, wie wenn man etwas verfolgt, wovon man im tiefsten Inneren weiß, das es einem nicht gut tut.

Denen, die Macht haben, die Wahrheit sagen

Eine andere Situation, in der mitfühlendes Verhalten Mut verlangt, ist dann gegeben, wenn man „denen, die Macht haben, die Wahrheit sagen" muss – das heißt, jemandem, der in einer bestimmten Situation eine Autoritätsposition einnimmt, sagen, was man denkt. Charismatische, stark dominierende Personen können uns dazu bringen, uns ihren Zielen anzupassen. Sie stellen dabei Gefahren oft übertrieben dar, um ihre Macht zu steigern. Philip Zimbardo hat in seinem Seminar über die „Psychologie der Kontrolle des Denkens" Studenten gezeigt, wie wir alle für fehlgeleitete und übelwollende Menschen in Machtpositionen empfänglich sind. Das ist besonders der Fall, wenn man verletzlich oder einsam ist oder gerade einen bedeutsamen Übergang im Leben durchmacht, wie wir alle das erleben. Zum Beispiel werden Menschen oft mit Angeboten oder Versprechen von Freundschaft, Verständnis und Zuwendung schrittweise für Kulte angeworben. Erst allmählich werden ihnen die Vorgehensweisen und Überzeugungen der Gruppe eingetrichtert, die dann vielleicht viel weniger wohlmeinend sind und mit deren Hilfe sie ausgebeutet werden. Wenn man schüchtern und einsam ist, kann man für diese Situationen besonders empfänglich sein. Oder man denke an autokratische und destruktive Führer, die so oft in Zeiten von Unsicherheit und großer Anspannung in Erscheinung treten, wenn man vertrauenswürdige Führer sucht oder braucht – jemanden, „der weiß, was er tut". Wenn man mit komplexen Problemen konfrontiert ist, ist man eher bereit zu glauben, dass jemand die Antworten weiß und einen schützt, als sich selbst mit den Komplexitäten zu befassen und auseinanderzusetzen. Machtgierige Führer beuten diesen Wunsch nach Sicherheit und Schutz aus und spielen mit den Ängsten, minderwertig, unterlegen und beschämt zu sein, die es in jedem von uns gibt. Das ist der Grund, weshalb Leute einfach dastehen und zuschauen, wie jemand schikaniert oder gemobbt wird. Sie haben Angst davor, was passiert, wenn sie sich den Mobbern entgegenstellen oder Hilfe holen.

Wenn man schüchtern und unsicher ist, kann es passieren, dass man sich Menschen ausliefert, die sehr dominant sind und nicht unser Bestes im Sinn haben. Zu der Strategie „Besser sicher als später bedauern" gehört häufig, dass man seine Gedanken und Gefühle verbirgt und darum besorgt ist, was andere von einem denken, statt auf innere Distanz zu gehen und sein wahres Selbst zu befragen, was man gemäß den eigenen Werten wirklich denkt und tun will. Wenn man seine Meinung sagen und im Einklang mit diesen Werten handeln will, besonders wenn man mit Druck von mächtigen Gestalten konfrontiert ist, braucht man Mut. Wenn man sich aber dazu durchringt, ist das ein Akt, der Leben bestätigt. Damit drücken wir Mitgefühl mit uns wie mit anderen aus.

Mobbing

Man hat Mobbing als eine wiederholte Verhaltensweise definiert, mit der eine mächtigere Person oder Gruppe einer weniger mächtigen Person schaden will. Das Ungleichgewicht der Macht kann körperlich oder psychologisch sein, und das aggressive Verhalten kann die Form von Beschimpfungen, Drohungen, Schlägen, Verbreiten von Gerüchten oder Vermeiden der Gegenwart und Ausschluss des Gemobbten haben.

Mobbing unter Kindern und Jugendlichen

Eine Übersicht über die internationale Forschung, die im Jahr 2001 veröffentlicht wurde, kam zu dem Ergebnis, dass zwischen 15 bis zu 70 Prozent der Studenten berichteten, dass sie wenigstens einmal im laufenden Semester gemobbt worden waren. Mehreren Studien zufolge sind zwischen 9 und 15 Prozent jeder Studentenpopulation Opfer von Mobbing. Eine britische Studie, die an 23 Schulen durchgeführt wurde, kam zu dem Ergebnis, dass die verbreitetste Form von Mobbing insgesamt die direkte verbale Aggression war. Unter Jungen war körperliche Aggression am häufigsten, indirekte Aggression bei Mädchen. Sie berichteten von Beschimpfungen, Hänseln, Verbreiten von Gerüchten, offener Ablehnung und Stehlen persönlicher Gegenstände. Die an Mobbing in jeder Form Beteiligten waren psychisch weniger angepasst.

Wenn ein Kind schüchtern ist, kann es zur Zielscheibe für wiederholtes Mobbing werden. Das kann bleibende emotionale Narben hinterlassen. Es ist deshalb wirklich wichtig, zu wissen, wie viel Mobbing es an der Schule gibt, die ein schüchternes Kind besucht, und was getan wird, um das beim Namen zu nennen und zu unterbinden. Interessanterweise zeigt die neuere Forschung, dass die Wahrscheinlichkeit, gemobbt zu werden, bei begabten Kindern tendenziell größer ist. Ein Kind, das sowohl begabt *als auch* schüchtern ist, kann deshalb besonders gefährdet sein. Jede Schulleitung trägt dafür die Verantwortung, aber Sie und andere Eltern müssen vielleicht darauf drängen, dass gehandelt wird, und überprüfen, ob sich die Zustände wirklich verändern. Das ist wieder eine Gelegenheit, selbstbewusst aufzutreten und aus Mitgefühl mutig zu sein! Kinder und junge Jugendliche vor Mobbing zu schützen, hat in vielen Ländern eine hohe Priorität bekommen, auch in Großbritannien und in den USA. Es gibt viele nützliche Websites, wo man Tipps findet, wie man mit Mobbing umgehen kann.

Übung

Erinnerungen an Mobbing

Atmen Sie in dem Rhythmus, der Sie beruhigt, und nehmen Sie sich ein paar Momente Zeit, um sich Ihr weises, verständnisvolles, freundliches und mitfühlendes Selbst zu vergegenwärtigen. Wenn Sie möchten, schauen Sie dann einfach, ob Gedanken oder Bilder von Mobbing auftauchen. Sie können damit zu tun haben, dass Sie selbst einmal gemobbt wurden, oder dass Sie Zeuge waren, wie jemand anders gemobbt wurde. Wenn Sie feststellen, dass Sie selbst als Kind gemobbt wurden, fühlen Sie einfach, wie Ihr freundliches, akzeptierendes, verständnisvolles und zugewandtes Selbst Ihren Gedanken und Gefühlen zuhört, die im Zusammenhang mit dem Erlebten und seinen Folgen für Sie auftauchen. Nehmen Sie sich Zeit, um wirklich zu fühlen, wie Ihr mitfühlendes Selbst (oder Ihr Bild) Ihre Gefühle versteht.

Mobbing am Arbeitsplatz

In vielen westlichen Ländern ist Mobbing am Arbeitsplatz zu einem herausragenden Thema geworden. Mittlerweile ist es allgemein verbreitet. Man hat geschätzt, dass bis zu 37 Prozent aller Arbeitnehmer wiederholt schlecht behandelt werden. Die Prozentzahl beträgt 49 Prozent, wenn man die Zeugen solcher Misshandlungen miteinbezieht. Es kommt hinzu, dass man wahrscheinlich gar nicht merkt, dass es passiert, wenn es nicht schwerwiegend ist. Nach einer anderen Schätzung wird einer von sechs Arbeitnehmern irgendwann einmal gemobbt, und Frauen mobben ebenso wie Männer. Im Gegensatz zu der häufigen Annahme sieht es so aus, dass die Opfer von Mobbing nicht unbedingt besonders dünnhäutig oder verletzlich sind. Im Gegenteil, sie wirken umgänglich und kompetent. Was das Mobbing anzieht, ist, dass sie in Umgebungen, die vom Kampf bis aufs Messer gekennzeichnet sind, als Konkurrenz wahrgenommen werden, denn da wird aggressives Verhalten mit Beförderung belohnt. Zu Opfern werden auch Menschen, die gefallen wollen und nicht zur Konfrontation neigen, aber dennoch als Bedrohung gesehen werden. Wenn man schüchtern ist, unterschätzt man leicht seine Kompetenz und übersieht, dass man für einen unsicheren Chef oder Kollegen eine Gefahr darstellt.

Wie man einen Mobber mit Mitgefühl konfrontieren kann

Paul Gilbert schlägt in seinem Buch *Mitgefühl* vor, dass man die Konfrontation eines Mobbers am Arbeitsplatz am besten damit beginnt, dass man etwa Folgendes sagt: „Ich finde einige Ihrer kritischen Kommentare ärgerlich, und sie hindern mich daran, meine Aufgaben gut zu erfüllen. Es wäre sehr nützlich für mich, wenn Sie Ihre Aufmerksamkeit auf das richteten, was ich gut mache, und darauf aufbauen würden". Damit bietet man dem Mobber etwas an, was er sagen kann, falls er von seiner bisherigen Haltung Abstand nehmen und nicht mehr mobben möchte. Und damit bietet sich die Gelegenheit, den Dialog so zu verändern, dass sich mehr Mitgefühl in ihm auswirken kann. Wenn der Mobber auf diesen Ansatz nicht eingeht – wenn er abfällig reagiert oder ihn lächerlich macht –, muss man sich von anderen am Arbeitsplatz oder von einer Gewerkschaft oder einer anderen Interessenvertretung helfen lassen.

Falls Sie an Ihrem Arbeitsplatz gemobbt werden, ist Ihnen das, was passiert, vielleicht peinlich, auch wenn Sie Hilfe bekommen könnten. Sie meinen vielleicht, dass verächtlich auf sie herabgesehen wird. Wenn das so ist, ist es erst einmal wichtig, dass Sie Ihre Gedanken aufschreiben.

Übung

Gedanken über Mobbing am Arbeitsplatz sammeln

Nehmen Sie als Erstes ein paar Atemzüge, die Sie ruhig werden lassen, und holen Sie Ihr mitfühlendes Selbst (oder Bild) ins Bewusstsein. Dann nehmen Sie sich ein paar Momente Zeit, um Ihre Wärme und Freundlichkeit, Ihr Verständnis, Ihre Akzeptanz und Ihre Fürsorglichkeit für sich wirklich zu fühlen.

Legen Sie jetzt auf einer Seite Ihres Arbeitshefts oder auf einem Blatt Papier zwei Spalten an. In der ersten beschreiben Sie, was Ihrer Ansicht nach in den Menschen in Ihrer Umgebung vor sich geht. Dann schreiben Sie auf, was Sie für Ihre Hauptangst in Bezug darauf halten. In der zweiten Spalte beschreiben Sie Ihre Gefühle der Scham, und wie es Ihnen geht, und dann benennen Sie Ihre Hauptangst in Bezug auf diese Gefühle. Wenn Sie Scham empfinden, entdecken Sie vielleicht, dass Ihre Hauptängste Ihren Sorgen darüber ähneln, was andere denken und was für ein Bild sie von Ihnen haben. Zum Beispiel haben Sie vielleicht Angst, dass Sie nicht gewollt oder gebraucht werden oder dass Sie nicht gut genug sind – und dass andere genau das von Ihnen denken. Oder sie haben Angst davor, sich gegen den Mobber zu wehren, weil Sie sich ohnmächtig fühlen, und Angst davor, dass man Sie dafür verachtet oder gering schätzt.

Diese Übung soll Ihnen sehen helfen, dass wir alle dafür anfällig sind, falsch zu deuten, was andere denken, wenn sie sehen, dass jemand gemobbt wird. Sie haben wie wir alle Angst davor, selbst schikaniert zu werden. Deshalb kann es sein, dass sie keine Unterstützung anbieten, wenn Sie sie brauchen, oder nicht ihre Anteilnahme zeigen. Das bedeutet sicher nicht, dass sie keine Sympathie für Sie haben, ganz zu schweigen davon, dass sie Sie verachten.

Widerstand gegen Mobbing

Denken Sie daran, dass psychischer Missbrauch eine ebenso starke Wirkung wie körperlicher Missbrauch hat. Vielleicht müssen Sie der Versuchung oder dem Impuls widerstehen, sich für Dinge zu entschuldigen, die nicht Ihr Fehler sind, und aufhören zu versuchen, alles zu vermeiden, was die betreffende Person ärgern könnte, und sich selbst Vorwürfe zu machen. Dies wird leichter sein, wenn Sie mit Ihrer warmen, freundlichen Stimme sprechen und Mitgefühl mit sich und für Ihre Gefühle haben und dabei nichts tun, was nicht in Ihrem wohlverstandenen Interesse ist.

Sie sollten vielleicht damit beginnen, dass sie einen Plan für das machen, was Sie sagen oder tun wollen, und ihn dann langsam und in kleinen Schritten in die Tat umsetzen. Wenn möglich lassen Sie sich von

Freunden, von der Familie und/oder von einem Therapeuten helfen. Wenn Sie sich helfen lassen, ist das genau das, was Selbstmitgefühl in dieser Situation gebietet. Denken Sie daran, dass Sie nicht allein sind. Wenn Sie gemobbt werden, hat das nichts mit Ihrem Wert als Person zu tun, sondern nur mit dem Mobber, der versucht, seine eigene Angst und seine Gefühle der Bedrohung zu kompensieren.

Mit selbstbewusstem Auftreten anderer umgehen

Wenn man extrem schüchtern ist, kann es manchmal sehr schwierig sein, einzuschätzen, ob jemand, der sehr selbstbewusst wirkt, aus opportunistischen Gründen dominant auftritt oder ob er einfach von Natur aus sehr direkt ist und nur genau „weiß, was er will". Man weiß nicht, ob er auch auf die Bedürfnisse seines Gegenübers eingeht, wenn diese ausgedrückt werden, und auch wenn er nicht versucht, die Ansichten anderer kennenzulernen, doch positiv auf selbstbewusstes Verhalten reagiert. Wenn man lange Zeit chronisch schüchtern war, kann man so einen Menschen leicht als aggressiv oder raubtierähnlich empfinden und frustriert oder ärgerlich sein. Dieser Ärger kann dann die Form von Ablehnung oder passiver Aggression gegen so einen Menschen annehmen. Er kann sich auch darin äußern, dass man sich selbst herabsetzt und streng kritisiert. Manche Menschen machen vielleicht die Erfahrung, dass sie zwischen Selbstvorwürfen und Vorwürfen anderen gegenüber hin- und herpendeln. Das ist der Prozess, den wir in Kapitel 1 als Teil der drei Teufelskreise der Schüchternheit besprochen haben. Wir wissen, dass solche Gefühle und Gedanken vollkommen verständlich sind und Wirkung des Bedrohungssystems sind. Wir wissen aber auch, dass sie erschweren können, die Motive anderer zu erkennen.

Wie Wachsamkeit und Vorsicht kontraproduktiv sein können

Wenn man versucht, sich zu schützen, indem man wachsam und vorsichtig ist und abwechselnd sich selbst und anderen Vorwürfe macht, kann das unbeabsichtigte Folgen haben. Wenn man sich vor einer geschäftlichen Besprechung fürchtet, die verbal ausfällig verlaufen und auf der es zu offenem Konflikt kommen könnte, macht man vielleicht die Erfahrung, dass man die Sitzung ganz meidet oder zu spät kommt. Es kann vorkommen, dass man so eine Sitzung einfach vergisst, ohne sich bewusst zu sein, dass man sie meidet. In unserer Sorge, aggressiven Kollegen aus dem Weg zu gehen, entgeht uns vielleicht die Tatsache, dass andere uns als kooperativere Teilnehmer bei der Sitzung haben wollen und unsere Anwesenheit brauchen. So verpasst man vielleicht eine Gelegenheit, mit ihnen eine nützliche Allianz einzugehen oder aufzubauen. Wenn man einen Vorgesetzten oder Manager nicht leiden kann, verschiebt man Antworten vielleicht oder gibt Berichte spät ab. Damit gibt man ihnen natürlich Gründe, einen zu kritisieren. Wenn man nicht das Gefühl hat, dass man jemandem trauen kann, versäumt man vielleicht, jemandem seine Gedanken und Gefühle mitzuteilen. So beraubt man sich dann der sozialen Unterstützung, die man für sein Wohlbefinden so sehr braucht.

Das Risiko eingehen, herauszufinden, ob jemand vertrauenswürdig ist

Erkennen Sie Ihren Mut an, wenn Sie beschließen, trotz alter Verletzungen und Narben das Risiko einzugehen, herauszufinden, ob jemand, der sehr selbstbewusst auftritt, vertrauenswürdig ist. Es kann sein, dass es dieser Person vor allem darum geht, sich frei auszudrücken, nicht unbedingt um andere zu dominieren. Menschen in Arbeitsgruppen, in denen die Vertrauensgrundlage stark ist, können sehr direkt sein: Sie machen Aussagen, die an Klarheit nichts zu wünschen übrig lassen, und die anderen reagieren mit gleich eindeutigen Sätzen, die Widerspruch ausdrücken, oder sie formulieren andere Standpunkte. Niemand muss recht haben.

Mitglieder solcher Gruppen neigen dazu, auf den Ideen der anderen aufzubauen. Wenn sie einmal die Definitionen geklärt haben, und wenn das Vertrauen groß genug ist, kann es sein, dass sie schließlich sogar gemeinsam untersuchen können, welche Ideen am sinnvollsten sind. In einer sehr politisierten oder politischen oder hierarchischen Umgebung mit weniger Vertrauen ist es oft so, dass es mehr Zurückhaltung und Angst davor gibt, sich so deutlich zu äußern und eigene Standpunkte zu behaupten. Es kommt dann eher dazu, dass einige wenige dominieren.

Vielleicht sollten Sie sich ein wenig Zeit dafür nehmen, die Person, mit der Sie das Risiko eingehen wollen, zu beobachten. Wie sehr mag dieser Mensch es brauchen, recht zu haben oder, im Gegensatz dazu, sich einfach frei auszudrücken? Die folgende Übung kann eine Hilfe sein.

Übung

Vorbereitung auf eine Auseinandersetzung mit einem selbstbewussten Kollegen

Nehmen Sie sich ein paar Momente Zeit und gehen Sie in den Atemrhythmus, der beruhigende Wirkung auf Sie hat, und wenden Sie sich Ihrem mitfühlenden, weisen, starken und verständnisvollen Selbst zu. Nehmen Sie sich Zeit, Wärme, Stärke und Verständnis wirklich zu fühlen. Stellen Sie sich dann vor, wie Sie kleine Risiken eingehen, um herauszufinden, ob diese andere Person vertrauenswürdig ist. So ein kleines Risiko kann zum Beispiel in einem klaren, aber ruhigen Beitrag in einer Sitzung bestehen, um zu sehen, wie die Person reagiert, oder in einem eigenen Vorschlag, der sich von einem von dieser Person vorgebrachten unterscheidet. So ein Schritt kann auch darin bestehen, dass Sie sagen, wenn dieser Kollege Sie in einem Gespräch unterbricht: „Ich glaube, dieser Gedanke ist wichtig, ich möchte, dass Sie mich ausreden lassen." Dann sehen Sie, wie er reagiert.

Wenn Sie dies ein paar Minuten lang gemacht haben, spüren Sie einfach die Wärme Ihres mitfühlenden Selbst. Wenn Sie die Übung beendet haben, schreiben Sie ein paar kleine Schritte auf, die Sie machen können, wenn Sie so weit sind. Wenn Sie das Gefühl haben, dass Sie so weit sind, entscheiden Sie, wann Sie den ersten Schritt tun möchten.

Möglichkeiten für Führerschaft erforschen

Wenn Sie immer vermeiden, an Ihrem Arbeitsplatz die Führung zu übernehmen, kann es nützlich sein, anzuschauen, was passiert, wenn Sie anfangen, manchmal die Führung zu übernehmen, statt die Pläne und Prioritäten anderer zu übernehmen. Wenn man anderen immer folgt, bedeutet das manchmal, dass man nicht wirklich darüber nachdenken muss, was man von der Arbeit will oder was man zu ihr beitragen möchte. Wenn Sie diese Möglichkeit erforschen möchten, können Sie anfangen, genau zu beobachten, was passiert, und nach Gelegenheiten Ausschau halten, anders zu kooperieren, als nur Ihre Kollegen zu unterstützen. Normalerweise hat man nicht nur die Wahl zwischen den zwei Möglichkeiten, ein Superstar oder wie ein passiver Teil der Einrichtung zu sein. Es gibt immer eine Menge Möglichkeiten dazwischen. Es kann zum Beispiel sein, dass Ihnen ein kleines Projekt auffällt, für das sich niemand interessiert und angeboten hat, die Leitung zu übernehmen. (Es kann nützlich sein, sich für etwas freiwillig zu melden, das einem wichtig ist und/oder eine Art der Arbeit verlangt, die man gern macht.) Wenn Sie wahrnehmen, dass Sie Angst haben, einen Fehler zu machen und die Missbilligung anderer auf sich zu ziehen, dann denken Sie daran, dass das natürlich ist. Wir alle gehen Risiken ein, um zu wachsen, und wir alle machen Fehler – und überstehen sie.

Vielleicht müssen Sie sich überwinden, anderen zu sagen, was sie tun sollen. Sie können diese Gespräche zu Hause laut proben, wenn Sie möchten. Und wenn Leuten das nicht gefällt oder wenn sie anderer Meinung sind oder sagen, sie hätten an Ihrer Stelle etwas anders gemacht, ist das in Ordnung. Diese Reaktionen können Ihnen helfen, mit Mitgefühl Ihre Angst und/oder Frustration zu tolerieren, wenn Sie neue Verhaltensweisen ausprobieren. Sie machen vielleicht die Erfahrung, dass es Ihnen wirklich Spaß macht, diese neue Form kennenzulernen. Wichtig ist, beim Üben in dem Rhythmus zu atmen, der diese beruhigende Wirkung hat, und sich häufig das mitfühlende Selbst oder das mitfühlende Bild zu vergegenwärtigen, und zwar jedes Mal, wenn Sie mit einer schwirigen Situation konfrontiert sind. Es ist auch nützlich, wenn Sie zu Hause üben und Ihren beruhigenden Atemrhythmus annehmen und sich Ihr mitfühlendes Selbst oder mitfühlendes Bild vergegenwärtigen, wenn Sie visualisieren, was Sie am nächsten Tag zu tun versuchen möchten. Das kann die Leitung einer Sitzung, eine Frage nach dem Stand der Arbeit eines Mitarbeiters oder die Formulierung Ihrer Auffassung der aktuellen Ziele sein.

Widerstand gegen negative Klischees von Schüchternheit

Die negative Bewertung von Schüchternheit in der westlichen Kultur ist eine Begleiterscheinung der Bilder hoch dominanter und individualistischer Männer, als diese in den Medien aufkamen. Sie wurde von Pharmaunternehmen aufgenommen und verbreitet, die Schüchternheit wurde zu einer Krankheit gemacht, die sie für viel Geld zu heilen versprechen. Meine Erfahrung mit vielen Menschen, die sich selbst als schüchtern bezeichnen, ist, dass sie in einer akzeptierenden Umgebung hervorragende Mitarbeiter sind, wenn sie nicht sehr schlimm verletzt wurden und nicht das Gefühl haben, dass man anderen überhaupt nicht trauen kann. Schüchtern zu sein bedeutet nicht, dass man nicht leistungsfähig ist. Es gibt vielleicht sogar mehr schüchterne als nicht schüchterne Menschen unter den am besten Ausgebildeten. Wie gesagt berichten 60 Prozent der Collegestudenten laut jüngsten Untersuchungen, schüchtern zu sein. Man neigt dazu, nicht zu sehr im Rampenlicht sein zu wollen. Man ist sich wahrscheinlich auch sehr deutlich bewusst, dass Leistung und Anerkennung für Leistung sehr unbeständig sind. Das ist besonders so, wenn man an komplexen Problemen arbeitet, die auf die Schnelle nicht zu lösen sind. Die Folge ist, dass man manchmal übersehen wird. Und als Führungspersönlichkeit neigt man dazu, lieber aus dem Hintergrund zu führen und anderen zu überlassen, was an Ruhm zufällig anfällt.

Sie werden vielleicht übersehen, weil Sie nicht so sichtbar sind, aber es kann gut sein, dass Sie als Mitarbeiter gefragt sind, weil Sie gewissenhaft arbeiten. In einem Buch mit dem Titel *Der Weg zu den Besten. Die sieben Management-Prinzipien für dauerhaften Unternehmenserfolg* bemerkt Jim Collins, dass einige der effektivsten CEOs, die Unternehmen in Zeiten intensiver Veränderung geführt haben, schüchtern waren. Als sein Forschungsteam ihm wiederholt berichtete, dass die Führer dieser Unternehmen „still" und „zurückhaltend" waren, glaubte er ihnen nicht. Er musste das erst mit eigenen Augen sehen. Er stellte fest, dass diese Menschen nicht nach Öffentlichkeit oder nach Bekanntheit gierten. Vielmehr engagierten sie sich intensiv und entschlossen dafür, ein bestimmtes Ziel zu erreichen, und wer die Anerkennung dafür bekam, war ihnen nicht wichtig. Sie statteten ihre Leute mit Vollmachten aus und ließen sie dann machen. Die Realität ist, dass dieselben echten Anlagen zu kooperativer Zusammenarbeit, die ich in der Shyness Clinic beobachte, wenn Menschen sich als sie selbst akzeptiert fühlen, in der Wirtschaft lebendig zur Geltung kommen und hoch geschätzt sind. Diese Anlagen können ein sehr wesentlicher Bestandteil sein, wenn jemand authentische Führungsqualitäten entwickelt. Wenn man aus sich heraus und auf etwas oder andere zugehen, Wärme und Interesse zeigen und sein mitfühlendes Selbst entwickeln kann, das auch für andere Mitgefühl hat, und wenn man daran arbeitet, sein eigenes Potential auszuschöpfen, ist das Leben befriedigend und sinnvoll.

Vielleicht gelten die unverhülltesten negativen Zuschreibungen schüchternen Männern. Das geht aus den Titeln von Büchern wie diesem hervor: *Unternehmen Zufall. Wie die Jungs vom Silicon Valley die Milliarden scheffeln, die Konkurrenz bekriegen und trotzdem keine Frau bekommen* von Robert Cringely. Frauen andererseits sind negativen Klischees am intensivsten eher am Arbeitsplatz ausgesetzt. Da werden schüchterne Frauen ironischerweise in der Annahme geschätzt, dass sie ihren männlichen Kollegen (und Konkurrenten) gegenüber nicht selbstbewusst auftreten und ihnen nicht gefährlich werden.

Wie können schüchterne und weniger schüchterne Menschen negativen Klischees mit Mitgefühl für sich selbst und andere begegnen? Oft geht es nur darum, am Arbeitsplatz ruhig die eigenen Aufgaben zu erledigen und weiter die eigene Auffassung davon zu vertreten, was für das Team und die Firma gut ist. Zugleich erhält man eine mitfühlende Haltung gegenüber der eigenen sozialen Angst und gegenüber den Reaktionen der anderen aufrecht, die auf das Bedrohungssystem zurückgehen.

Umgehen mit Mehrdeutigkeit

Ein großer Teil unseres Verhaltens ist mehrdeutig, und es gibt ziemlich viel Raum für Fehlinterpretation und Missverständnisse. Das ist der Grund, weshalb es so wichtig ist, dass man Möglichkeiten zu einer Klärung findet, was jemand meint und was seine Motive sind. Manchmal sind Menschen eigenständig und unabhängig und eher für sich, und man missversteht das und nimmt vielleicht an, dass man nicht gemocht wird. Manchmal kommt es vor, dass jemand meint, man sei nicht an ihm interessiert, obwohl man es ist. Oft gibt es viel mehr Raum für Verhandeln und Abwechseln der Rollen dessen, der führt, und dessen, der folgt, als man meint, wenn man sehr schüchtern ist. Das kann deutlicher werden, wenn man mehr Einsicht gewinnt, wie sich Gefühle und Motive von Zeit zu Zeit verändern. Gestern habe ich in einer Konferenz vielleicht die Führungsrolle übernommen, weil es um etwas ging, was mir wirklich am Herzen lag, und doch bin ich froh, dass du diese Rolle heute übernimmst, wenn etwas Thema ist, was dir wirklich wichtig ist.

Übung

Mehrdeutigkeit erforschen

Stellen Sie sich jemanden vor, der nicht freundlich oder vielleicht kurz angebunden mit Ihnen war. Bleiben Sie ein paar Momente in dem Atemrhythmus, der eine beruhigende Wirkung auf Sie hat, und vergegenwärtigen Sie sich Ihr mitfühlendes, weises, tief Anteil nehmendes Selbst. Wenn Sie so weit sind, fragen Sie sich so ruhig und freundlich wie möglich, ob vielleicht etwas zwischen Ihnen und diesem Menschen steht. Wenn Sie können und wenn es sich richtig anfühlt, dann fragen Sie sich einmal, was dieser andere Mensch denken und fühlen mag. Wichtig ist, dass Sie sich mit sanftem Mitgefühl für sich selbst und für diesen anderen Menschen einfach fragen, was seine Motive sein könnten. Könnte er gestresst sein und sich nur auf seine Arbeit konzentrieren wollen? Vielleicht sinnt er nur über etwas nach oder macht sich Sorgen wegen etwas, wovon Sie nichts wissen. Könnte er sich in irgendeiner Hinsicht verletzlich fühlen und sich daher schützen wollen?

Dies ist keine Übung in Logik. Es ist einfach eine Gelegenheit, sich mit offenem Geist zu fragen und wahrzunehmen, was Sie empfinden, wenn Sie über verschiedene Möglichkeiten nachdenken.

Wenn Sie fertig sind, könnten Sie über bestimmte Möglichkeiten nachdenken, wie Sie sich gegenüber diesem Menschen verhalten könnten. Zum Beispiel könnten Sie ihn privat fragen, ob es ihm gut geht oder ob ihm etwas fehlt. Oder Sie beobachten ihn nur, ohne etwas zu sagen, und sind selbst einfach weiter freundlich.

Beispiel:
Klärung mehrdeutigen Verhaltens in einer intimen Beziehung

Paula befand sich im frühen Stadium einer Beziehung. Andrew war witzig, munter, warmherzig und mochte sie sichtlich. Sie war warmherzig, umgänglich und zuverlässig. Paula neigte dazu, anderen die Führung zu überlassen, daher war sie froh, dass er um sie geworben hatte. Sie hatten Spaß miteinander und fanden, dass sie viel gemeinsam hatten. Als sie sich aber näher und an den Punkt kamen, an dem sie entscheiden mussten, ob sie zusammenziehen wollten, kam Andrew immer wieder auf Enttäuschungen in seinen früheren Beziehungen zurück und schien abgeneigt, sich auf einen Zeitpunkt festzulegen. Paula hingegen merkte, dass sie Angst hatte, wenn Andrew über seine ehemalige Freundin sprach, und wie dadurch ihr Bedürfnis verstärkt wurde, gefällig und witzig zu sein und dafür zu sorgen, dass das Gespräch nicht tiefer ging.

Sie merkte, dass sie Angst hatte, und als sie ihre Angst und Traurigkeit wahrnahm, verstand sie, dass ihr Motiv, mit Andrew zusammen zu sein, eigentlich darin bestand, eine langfristige Beziehung aufzubauen, und dass er möglicherweise nicht dasselbe Verlangen hatte. Sie erkannte, wie leicht es war, in die Falle zu gehen und sie beide als Extreme zu sehen und zu meinen, sie sei wertlos und er gefühllos und ablehnend. (Dies ist ein Beispiel für das, was Therapeuten ein „Alles-oder-Nichts-Denken" oder „Schwarz-Weiß-Denken" nennen. Das ist eins von mehreren schädlichen Denkmustern, die für Menschen typisch sind, die Angst haben. Mehr Informationen darüber siehe Anhang 3 am Ende des Buches.) Sie versuchte sich vorzustellen, was sie einer Freundin sagen würde, wenn sie sich in ihrer Lage befände. Sie erinnerte sich an Situationen, als es gut für sie gewesen war, offen über ihre Gefühle zu sprechen oder ein klärendes Verhalten zu riskieren, auch wenn ihr bewusst gewesen war, sie könnte enttäuscht werden. Sie stellte sich vor, wie es wäre, ein bisschen mehr zu riskieren, um im Interesse ihres Glücks auf lange Sicht mehr über Andrews Absichten in Bezug auf sie herauszufinden.

Das nächste Mal, als sie zusammen waren und Andrew seine Exfreundin erwähnte, wechselte Paula nicht das Thema, sondern fragte ihn, was in ihm vor sich ging, wenn er sich an seine frühere Beziehung erinnerte und sie erwähnte, und was er von der Vorstellung hielt, zusammenzuziehen. Andrew sprach über seine Ängste und sagte, er würde lieber langsamer weitergehen, sich vielleicht wieder nur von Mal zu Mal verabreden und vielleicht auch andere Leute treffen. Sie meinte, sie könnte das wirklich verstehen, dass er das gern so wollte, aber das sei nicht ihr Ziel. Ihr Ziel sei es, einen Partner für eine feste Beziehung zu finden, mit dem sie intim sein könnte. Sie war froh, dass sie bei der Klärung ihrer Beziehung die Führung übernommen hatte, und ein wenig überrascht, als er ihr einfach folgte und über seine Verletzlichkeit und Sorge sprach. Er war nicht bereit, sich noch einmal einzulassen, aber er wollte sie auch nicht verlieren. Sie beschlossen zu versuchen, Freunde zu bleiben. Obwohl sie traurig und enttäuscht war, veröffentlichte Paula wieder ihr Profil auf einer Website zur Partnersuche und nahm sich vor, sich in der nächsten Woche mit jemandem zum Kaffee zu verabreden.

Übung

Motive in einer Beziehung erforschen

Wenn man in einer Beziehung ist, in der man weiß, dass man jemandes Motive oder Absichten klären muss, kann die folgende Übung nützlich sein. Es muss keine Liebesbeziehung sein: Die Mehrdeutigkeit kann genauso in einer Freundschaft oder in einer Beziehung innerhalb einer Familie auftreten.

Halten Sie sich die mehrdeutige Situation vor Augen, die Sie klären möchten, aber vor deren Klärung Sie Angst haben. Nehmen Sie den Atemrhythmus an, der eine beruhigende Wirkung auf Sie hat. Nehmen Sie sich ein paar Momente Zeit und vergegenwärtigen Sie sich Ihr weises, starkes, freundliches und ruhiges Selbst, das sehr viel versteht und Verständnis hat und das von Ihrem Problem nicht überwältigt wird. Wenn Sie dann soweit sind, lassen Sie sich Ihre Angst und Furcht und vielleicht Traurigkeit fühlen, bis Sie sich ganz verstanden und angenommen fühlen. Wenn Sie möchten, stellen Sie sich vor, dass Sie sich ruhig dabei unterstützen, ein bisschen mehr zu riskieren, um herauszufinden, was der andere Mensch für sich selbst und von Ihnen will. Denken Sie dabei daran, dass der Einfluss von Empfindungen von Gefahr und der Sorge für Schutz auf das Denken biologisch angelegt ist. Daher ist Ihre Angst vollkommen natürlich und kein Grund, sich zu kritisieren. Stellen Sie sich vor, was Sie zu einem Freund sagen würden. Stellen Sie sich vor, dass Sie das Risiko eingehen, den Stand Ihrer Beziehung zur Sprache zu bringen. Fragen Sie sich einfach, was Sie sagen und fragen und was Sie langfristig für sich und den anderen tun könnten und was Sie am meisten unterstützen würde, auch wenn das zu einer Veränderung Ihrer Beziehung führen würde.

Wenn Sie die Übung beendet haben, dann schauen Sie, ob Sie bereit sind, ein oder zwei kleine Schritte in Richtung einer Klärung der Beziehung aufzuschreiben. Fragen Sie als Erstes vielleicht einfach, wie Ihr Gegenüber die Beziehung sieht oder was er von Beziehungen überhaupt erwartet und möchte. Oder Sie fangen damit an, dass Sie klären, was Sie beide von Beziehungen überhaupt möchten. Sie könnten über die Eigenschaften sprechen, die Ihrer Meinung oder Erfahrung nach gute Beziehungen ausmachen oder voraussetzen, und über die Eigenschaften von gelingenden Beziehungen, die Sie bei Freunden miterleben und die Ihnen gefallen. Solche Fragen können die Tür zu einem Gespräch über Ihre eigene Beziehung öffnen. Weil Sie sich vielleicht nicht bewusst gemacht haben, was Sie wollen, kann es gut sein, dass Sie entdecken, dass Sie mehrere Gespräche brauchen, die Sie vielleicht über den Zeitraum von ein paar Wochen miteinander haben. Sie brauchen nicht unbedingt auf Antworten aus sein, weder von sich noch von der anderen Person. Solche Gespräche helfen Ihnen klären, was für Sie wichtig ist. Sie geben Ihnen auch die Möglichkeit, zu sehen, ob auch Ihr Gegenüber fähig ist, Dinge zu besprechen, die ihm wichtig sind. Und ob auch er das emotionale Risiko eingehen kann oder dazu bereit ist, die Intimität zwischen Ihnen zu vertiefen.

Die Übung kann jedoch eine ziemliche Herausforderung sein. Vielleicht möchten Sie sie zurückstellen, bis Sie geübter darin sind, Ihr Verhalten mit Mitgefühl zu verändern. Manchmal wendet man sich diesen Übungen erst nach ein paar Wochen zu, wenn man die anderen Übungen gemacht hat, die in diesem Buch beschrieben werden. Dann hat man vielleicht schon andere Risiken auf sich genommen und hat Leute getroffen und Freundschaften gepflegt. Die früheren Übungen helfen einem, sich bewusst zu werden, was man in verschiedenen Formen von Beziehung erwartet und braucht.

Sie werden bemerkt haben, dass alle diese Übungen, die sich auf neue Verhaltensweisen beziehen, damit anfangen, dass Sie in einer Weise atmen, die eine beruhigende Wirkung auf Sie hat, und sich Ihr mitfühlendes Selbst oder vollkommenes nährendes Bild vergegenwärtigen. Dies soll Ihnen helfen, Ihre Ängste und Frustrationen, manchmal Ihre Scham und Ihren Groll, mit Gelassenheit, Anteilnahme, Wärme und Weisheit wahrzunehmen und sie zu tolerieren. Ihr mitfühlendes Selbst oder Bild kann Ihnen auch helfen, Ihre Motive und Entscheidungen zu erkennen, die Sie für Ihr Verhalten treffen. Dabei sind Sie so warmherzig, akzeptierend, nicht wertend, freundlich und verständnisvoll mit sich und anderen, wie Sie können.

Hauptpunkte

- Mitfühlendes Verhalten hat sich aus dem altruistischen und fürsorglichen Verhalten bei in Gruppen lebenden Säugetieren entwickelt.

- Mitfühlendes Verhalten bedeutet *Handeln*, Dinge tun, die helfen, ermutigen und unterstützen sollen, wenn man mit sozialer Angst, schwierigen Situationen und Rückschlägen konfrontiert ist.

- Obwohl wir verstehen, dass unsere Reaktionen, die auf Wahrnehmung von Bedrohung und Gefahr beruhen, nicht unser Fehler sind, können wir Verantwortung dafür übernehmen, unser Verhalten zu verändern und unsere Ziele zu verfolgen. Man kann tun, was richtig ist, statt nett zu sein, wenn es schwer ist. Man kann Mächtigen die Wahrheit sagen, so wie es den eigenen Werten entspricht. Man kann destruktiven Beziehungen und Gruppen widerstehen, wenn man einsam ist – dabei immer geführt und begleitet von Ihrem weisen, freundlichen, verständnisvollen und mitfühlenden Selbst.

- Sie können anfangen, mit Mitgefühl für sich und andere Führungsrollen zu übernehmen, und sich mit anderen in dieser Rolle abwechseln.

- Dilemma und Ambivalenz gibt es in allen Beziehungen. Um Mitgefühl mit und Toleranz für Ambivalenz zu haben, während man sein Verhalten verändert, braucht man manchmal den Mut, eine Beziehung zu verlassen und das Risiko einzugehen, eine neue aufzubauen. Oft müssen wir

Risiken eingehen, um herauszufinden, ob jemand nur egoistisch oder aber vertrauenswürdig ist. Zuviel Wachsamkeit und Vorsicht kann Beziehungen untergraben und selbstschädigend sein.

- Mobbing ist unter Kindern sehr verbreitet, und schüchterne Kinder sind verletzlich. Auch am Arbeitsplatz kommt es häufig zu Mobbing, aber mit Mitgefühl für sich und auch für den Täter kann man damit umgehen. Wichtig ist, dass man weiß, wann man Hilfe braucht.

- Zu Veränderung von Verhalten mit Mitgefühl kommt es nicht über Nacht. Veränderung ist immer und für alle ein lebenslanger Prozess, der zu mehr Befriedigung und Freude führt.

9

Zusammenfassung

Schüchternheit ist eine allgemein verbreitete Emotion, die wir alle kennen. Wir wissen, dass sie mit vielen Stärken verbunden ist, wie Sensibilität, Vorsicht, Besonnenheit, Gewissenhaftigkeit, Verträglichkeit und einer Neigung zu einem Verhalten, das Zusammenarbeit begünstigt und trägt. Man weiß, dass es im Lauf der Geschichte viele herausragende Führer, Genies in den Wissenschaften und kreative Persönlichkeiten in den Medien gegeben hat, die schüchtern waren. Mit ihnen haben Sie viele Stärken und Schwierigkeiten, Sorgen und Ängste, Gefühle, Motive und Gedanken und Leiden gemeinsam. Sie verfolgen und erreichen ihre Ziele und nutzen dabei die Stärken der Schüchternheit, und sie setzen sich mit den Problemen auseinander, die sie mit sich bringt.

Wir wissen auch, dass Mitgefühl, mit uns selbst wie mit anderen, eine große Hilfe ist, wenn man die Probleme überwinden möchte, die Schüchternheit mit sich bringen kann. Es liegt nicht an einem selbst, wenn man unter sozialer Angst leidet. Die Zustände des Gehirns, die diese Gefühle hervorrufen, haben sich im Laufe der Zeit als Schutz entwickelt. Wir alle finden uns einfach hier vor und tun unser Bestes, um das Leben zu leben, das wir leben wollen. Aber man kann lernen, die alternativen Zustände der Beruhigung und der Ruhe im Gehirn zu fördern und die Instinkte der Freundlichkeit und der Fürsorge – die sich wie bei anderen Säugetieren glücklicherweise auch entwickelt haben – für sich selbst wie für andere anzuwenden. Bei dem Bemühen darum haben wir entdeckt, wie man mit Hilfe einer Reihe von Übungen, die achtsames Atmen und Arbeit mit Bildern verwenden, im Denken wie im Verhalten Mitgefühl entwickeln kann.

In diesem letzten Kapitel schauen wir uns ein paar Vorschläge an, wie Sie diese Arbeit für sich fortsetzen können, um die Fortschritte lebendig zu halten, die Sie bei der Überwindung der Probleme gemacht haben, die mit der Schüchternheit verbunden sind. Wir werden auch ein paar Möglichkeiten betrachten, wie Sie sich schützen und weiter voranschreiten können, wenn sich Schwierigkeiten oder Rückschläge einstellen.

Weitergehen: Was können Sie jetzt tun?

Weiterschreiben

Es ist eine gute Idee, wenn Sie weiter Ihr Arbeitsheft oder Tagebuch benutzen, während Sie mit Achtsamkeitsübungen und mit Übungen arbeiten, die der Beruhigung dienen. Schreiben Sie nützliche Erfahrungen und Gedanken auf, die Ihnen helfen können, Emotionen und Gedanken ausgeglichener zu machen. Dann haben Sie sie zur Hand, wenn Sie später Ideen brauchen.

Achtsamkeit praktizieren

Sehen Sie Ihre Gedanken wie Blätter, die auf der Oberfläche eines Flusses schnell vorbeitreiben. Sehen Sie, wie Zuschauen Ihnen helfen kann, Ihre Gedanken zu beobachten, ohne sich in ihnen zu verfangen und sie mit einer bewegungslosen Realität zu verwechseln. Versuchen Sie, das wenn möglich jeden Tag zu tun, auch wenn es nur ein paar Minuten sind. Am besten arbeiten Sie damit täglich 20 oder 30 Minuten. Sie werden umso mehr Fortschritte machen und umso mehr innere Ruhe empfinden, je mehr Sie üben.

Fokussieren

Richten Sie Ihre Aufmerksamkeit immer wieder auf das, was Sie wollen und was Sie erhoffen, auf Ihre Stärken und auf vergangene gute Erfahrungen. Versuchen Sie das jeden Tag mindestens einmal zu tun. Mehrmals am Tag ist besser, und Sie werden merken, wie es automatischer und leichter und natürlich wird, wenn Sie weiterüben. Es kann angenehm sein, wenn Sie sich eine bestimmte Uhrzeit vornehmen, zu der Sie sich an Ihre Stärken und an das, was Sie im Leben wollen, erinnern.

Mitfühlende Bilder herstellen

Stellen Sie in sich mitfühlende Bilder her, auch das wieder wenn möglich jeden Tag. Sie können die Form flüchtiger visueller Bilder haben, es können aber auch bestimmte Töne oder Gefühle oder Empfindungen einer liebevollen Präsenz sein. Oder Sie nehmen Bilder aus der Natur, wie Wasser, Bäume oder Tiere. Wichtig ist, dass die Bilder Ihnen ein Gefühl der Beruhigung vermitteln. Denken Sie daran, dass Sie sich helfen, offen für Mitgefühl für sich selbst zu sein, das *von Ihnen* kommt. Sie nehmen wahrscheinlich auch eher Mitgefühl, das von anderen auf sie gerichtet ist, oder Ihr eigenes Mitgefühl mit anderen Menschen wahr. Sie können mit Ihrem idealen Versorger, mit Ihrem idealen mitfühlenden Selbst und mit Ihrem realen mitfühlenden Selbst experimentieren. Es ist schon in Ihnen da, Sie müssen nur Zugang zu ihm bekommen. Rufen Sie so gut Sie können in sich Bilder wach, die unterstützend, freundlich, weise, stark, verständnisvoll und ermutigend sind. Sie können schmerzhafte Gefühle ertragen und werden Ihnen helfen, schmerzhafte Gefühle zu ertragen, ohne sich von ihnen besetzen zu lassen. Auf lange Sicht werden Ihre schmerzhaften Angstsymptome abnehmen. Wenn diese Symptome sehr intensiv sind und wenn Sie Angst haben, von Ihnen überwältigt zu werden, oder meinen, Sie verdienten kein Mitgefühl, lassen Sie die Übung einfach sein und kommen Sie zu dem beruhigenden Atemrhythmus zurück. Sie können die Übung später wiederholen. Lassen Sie immer los, wenn Sie das brauchen.

Nutzen Sie mitfühlendes Argumentieren

Beobachten Sie Ihre Emotionen, während Sie Alternativen zu Gedanken entwickeln, die aus sozialer Angst entstehen, und unterstützende Gedanken verwenden, um sich innerlich ins Gleichgewicht zu bringen und mitfühlend mit sich umzugehen. Nutzen Sie Denken, Weisheit und Logik des „neuen Gehirns", um soziale Angst und schmerzhaft schüchternes Denken wieder in ein Gleichgewicht zu bringen. Denken Sie daran, dass Sie unnütze Überzeugungen in Bezug auf die Welt und sich selbst zu heilsameren Überzeugungen verändern können. So wie man seinen Körper im Sport trainieren kann, trainieren Sie Ihr Denken. Wenn Sie jeden Tag an sich arbeiten, werden Sie die Veränderung noch schneller wahrnehmen. Dies kann Ihnen auch helfen, sich selbst und anderen zu vertrauen und sich und andere zu akzeptieren.

Üben Sie mitfühlendes Verhalten

Handeln Sie. Tun Sie Dinge, die Ihnen und anderen helfen. Übernehmen Sie freiwillig Aufgaben, an die Sie glauben, oder helfen Sie einem älteren Nachbarn. Versuchen Sie, einem Kind ein großer Bruder oder eine große Schwester zu sein, wenn es einen Bruder oder eine Schwester braucht. Üben Sie mitfühlendes Verhalten, indem Sie das Risiko eingehen, Neues zu machen, Fertigkeiten zu lernen wie Reden in der Öffentlichkeit und selbstbewusstes Auftreten, oder besuchen Sie einen Kurs für Improvisationstheater. Widerstehen Sie dem Drang, mächtige oder ausbeuterische Menschen zu beschwichtigen. Hören Sie vielmehr Menschen gut zu, lassen Sie sie ausreden und hören Sie, was Sie von ihren Sorgen zu erzählen haben. Klären Sie mehrdeutiges Verhalten und Motive, indem Sie sie fragen, was genau Sie für sie tun können. Fragen Sie sie, was Sie tun können, um Ihre Leistung bei der Arbeit zu verbessern. Versuchen Sie zu tun, was Sie für richtig halten, auch wenn es schwer ist. Das ist besser, als nett zu sein, um Reibung zu vermeiden. Versuchen Sie auch denjenigen, die Machtpositionen innehaben, zu sagen, was Sie wirklich denken und fühlen, so wie es Ihren Werten entspricht. Widerstehen Sie so gut Sie können destruktiven Beziehungen und Gruppen, auch wenn Sie sich einsam fühlen. Wenden Sie sich stattdessen dem weisen, freundlichen, verständnisvollen und mitfühlenden Selbst als Führer und Gefährten zu. Wenn Sie in einer schmerzhaften Beziehung leben und das Gefühl haben, dass Sie sie nicht verlassen können, versuchen Sie, sich von einem Freund oder von einem Therapeuten helfen zu lassen. Lernen Sie, sich mit anderen mit Führung oder Leitung abzuwechseln. Übernehmen Sie in kleinen Schritten Leitungsaufgaben. Denken Sie daran, Schritte zu machen, die Sie bewältigen können, einen nach dem anderen.

Wenn Mitgefühl schwerfällt

Widerstehen Sie negativen Zuschreibungen aller Art, von anderen wie von sich selbst

Seien Sie sich negativer Zuschreibungen und Klischees bewusst, gleich, worauf sie sich beziehen – auf Aspekte von Ihnen, auf Ihre Familie oder auf Ihren Hintergrund. Nutzen Sie Ihr mitfühlendes Selbst, um sich zu helfen, ihrem negativen Einfluss zu widerstehen. Widerstehen sie negativen Zuschreibungen in Bezug auf Rasse, Geschlecht, Religion, sichtbare äußere Unterschiede und auch Schüchternheit. Halten Sie dabei Ihre Aufmerksamkeit auf Ihre Ziele gerichtet und stehen Sie zu sich. Suchen Sie sich Hilfe, wenn Sie sie brauchen. Das kann bei Freunden sein, die Sie verstehen, oder bei einem Therapeuten. Ihr Hausarzt kann Ihnen kompetente professionelle Helfer empfehlen oder Medikamente verschreiben, damit Sie in einen ruhigeren Zustand gelangen können. Dann können Sie die in diesem Buch umrissenen Prinzipien voller nutzen.

Stellen Sie sich Mobbing entgegen, ob von Kindern oder von Ihnen

Mobbing ist unter Kindern sehr verbreitet, und schüchterne Kinder sind sehr empfindsam. Wenn Ihr Kind schüchtern ist, dann vergewissern Sie sich, dass die Schule, die es besucht, Mobbing nicht zulässt und interveniert, wenn es einmal dazu kommt, und es im Keim erstickt. Die Schulleitung muss wissen, dass Mobbing bleibende Wunden verursachen kann. Wenn es geduldet oder nicht wirksam bekämpft wird, lassen Sie Ihr Kind die Schule wechseln.

Wenn Sie am Arbeitsplatz gemobbt werden, dann denken Sie daran, dass das extrem verbreitet ist, aber mit Mitgefühl für sich und auch für den Täter behandelt werden kann. Wenn der Mobber auf einen Ansatz mit Mitgefühl nicht positiv reagiert, suchen Sie sich Hilfe.

Mitgefühl praktizieren

Sie können die Übungen in diesem Buch verwenden, um sich zu helfen, sich beruhigt und getröstet zu fühlen und mehr und häufiger Mitgefühl mit sich zu haben. Sie helfen auch, schmerzhafte Schüchternheit und soziale Angst zu verringern, wenn sie im Alltag ausgelöst werden. Wenn es schwer ist, Zeit zum Üben zu finden, kann man sie auch vor dem Einschlafen oder gleich nach dem Aufwachen, im Bad oder unter der Dusche und sogar beim Warten an einer roten Ampel oder im Supermarkt machen. Wenn Sie die Übungen regelmäßig machen – nur ein paar Minuten pro Tag und/oder eine halbe Stunde mehrmals die Woche –, werden Sie merken, dass Sie sich besser und stärker fühlen, weil Sie bewusst beruhigende innere Zustände herstellen können.

Das dritte System im Gehirn, das der Regulierung von Emotionen dient, das Antriebssystem, haben wir nur beiläufig erwähnt. Es ist sinnvoll, hier wieder darauf zu sprechen zu kommen. Es ist nämlich nützlich, zu wissen, dass es ins Spiel kommt, wenn man zum Beispiel einen Ausflug aufs Land, eine Fahrradtour oder einen Besuch im Museum plant, oder wenn man abends ausgeht und ins Kino oder Theater geht – bei allem, was Spaß macht und worauf man sich freut. Wenn man traurig, niedergeschlagen, einsam oder deprimiert ist, hilft dieses System, das Triebe und Erregung reguliert, sich aufzuraffen. Es sorgt für die Energie, wieder neu anzufangen. Das kann einem helfen, sich aus einer Isolation zu holen und motivieren, Mitgefühl mit sich in neues Verhalten umzusetzen, zum Beispiel jemanden zu fragen, ob er oder sie nicht mitkommen möchte. … Wenn man dazu nicht bereit ist, bzw. wenn man noch nicht so weit ist, kann man damit anfangen, Nachbarn zu grüßen und vielleicht anzusprechen, Leuten, die es brauchen können, Hilfe bei Arbeiten in Haus oder Garten anzubieten oder sich an Aktionen irgendwelcher lokaler Organisationen zu beteiligen, wenn Freiwillige gesucht werden. Wenn man etwas dieser Art unternommen hat, ist es ist auch gut, sich mit etwas zu belohnen, was wirklich Spaß macht. Das kann zum Beispiel darin bestehen, dass man in Ruhe eine CD anhört, sich ein Video anschaut, ins Kino geht oder sich ein neues Buch kauft.

Es ist ein lebenslanger Prozess, mitfühlende soziale Fitness zu pflegen und aufrechtzuerhalten. Wenn Sie üben, Ihre Aufmerksamkeit, Ihr Denken und Ihr Verhalten gegenüber sich und anderen von Mitgefühl und mitfühlenden Bildern leiten zu lassen, bauen Sie sich das Leben auf, das Sie leben wollen. Sie werden lernen, Ihre Angst und Ihren emotionalen Schmerz zu ertragen, wenn Sie eine mitfühlende Sichtweise annehmen und das Beruhigungssystem aktivieren. Sie können Ihr Denken ausgeglichen machen, wenn Sie mitfühlende Gedanken erzeugen, die eine Alternative zu jenen sind, die von Ihrer sozialen Angst und dem Impuls angeregt sind, sich die Schuld zu geben und Scham zu empfinden. Bleiben Sie bei dem Verhalten, an das Sie glauben, planen Sie es und führen Sie es durch. Dabei nehmen Sie die Herausforderungen, die Ihnen das Leben stellt, an und meistern sie. Beginnen Sie jeden Tag damit, mitfühlende Aufmerksamkeit und mitfühlendes Denken und Verhalten zu üben, wenn auch nur ein paar Minuten lang. Haben Sie Geduld mit sich. Änderung von Verhalten durch Mitgefühl passiert nicht von heute auf morgen. Haben Sie Mitgefühl mit Ihrer Praxis und bewerten Sie sich nicht.

Gehen Sie in Frieden und Freundlichkeit mit Ihrem mitfühlenden Selbst an Ihrer Seite. Gehen Sie mit Neugier diesen Weg und freuen Sie sich.

Anhänge

Diese Anhänge enthalten ein paar zusätzliche Hilfsmittel und Informationen, die Ihnen helfen können, die Ideen, die in diesem Buch vorgestellt werden, so gut wie möglich zu nutzen.

Die Anhänge 1 und 2 sind Fragebögen, mit deren Hilfe Sie Ihre Fortschritte einschätzen können, wenn Sie die Übungen machen und den Fokus auf Mitgefühl üben. Füllen Sie diese Fragebögen einmal aus, bevor Sie mit den Übungen beginnen, und danach etwa alle acht Wochen, wenn Sie weiterüben und anwenden, was sie gelernt haben. Wie sich die Ergebnisse verändern, wird davon abhängen, wie oft Sie die Übungen machen und neues Verhalten üben und praktizieren.

In Anhang 3 werden ein paar wenig nützliche Denkmuster beschrieben, die bei Menschen verbreitet sind, die unter Ängsten wie zum Beispiel Schüchternheit und sozialer Angst leiden. Wenn man sich dieser Muster bewusst ist, hilft einem das, bessere Alternativen zu finden und sein Denken ausgeglichener zu machen.

Die Anhänge 3, 4 und 5 sind Kopien der Arbeitsblätter, die in den Text eingefügt sind, damit Sie sie verwenden können, wenn Sie weiter daran arbeiten, Ihren mitfühlenden Ansatz zu entwickeln. Sie können von den Arbeitsblättern Kopien anfertigen, dann haben Sie sie zur Hand und können sie benutzen, wenn Sie in schwierige Situationen geraten. Suchen Sie sich die aus, die am besten zu Ihnen passen, und ändern Sie sie ab, wenn Sie sicher sind, dass Sie die Intention der Übung verstehen und sie lieber ein bisschen anders machen möchten.

Anhang 1
Die „Einschätzung anderer"

In welchem Maß stimmen Sie diesen Aussagen zu?
Bitte nehmen Sie eine Einschätzung auf einer 7-Punkte-Skala vor:
von 1 (überhaupt nicht) über 4 (mittel) bis 7 (sehr).

1. Wenn ich Menschen zu viel von mir wissen lasse, werden sie mich mit Worten verletzen oder hinter meinem Rücken über mich reden.
   ___

2. Man wird sich über mich lustig und mich lächerlich machen.
   ___

3. Den Leuten sind meine Gefühle gleichgültig und sie wollen nichts von mir wissen.
   ___

4. Wenn man mein Unwohlsein sieht, wird man mich verachten.
   ___

5. Andere sind stärker als ich und werden mich ausnutzen.
   ___

6. Ich darf die Leute nicht zu viel über mich wissen lassen, weil sie die Informationen missbrauchen werden.
   ___

7. Wenn ich nicht aufpasse und vorsichtig bin, wird man mich ausnutzen.
   ___

8. Die Leute sind nicht an meinen Problemen interessiert.
   ___

9. Sie werden mich ablehnen und verletzen, wenn ich sie nah an mich heranlasse.
   ___

10. Sie versetzen sich nicht in mich hinein, wenn es mir schlecht geht.
    ___

11. Wenn man sieht, dass es mir nicht gut geht, fühlen sie sich überlegen.
    ___

12. Ich bin Menschen egal.
    ___

Um einen Durchschnittswert zu erhalten, addieren Sie die Punkte Ihrer Antworten auf die 12 Fragen und teilen Sie sie durch 12.

Wenn Ihr Durchschnittswert 3,6 oder mehr beträgt, gehören Sie zu den oberen 15 Prozent. Das heißt, Sie ringen mehr damit, anderen zu vertrauen als der Durchschnitt. Der Durchschnittswert für Klienten der Shyness Clinic liegt etwa bei 4,4 und der für Collegestudenten bei 2,3. Der Wert von 70 Prozent der Befragten liegt zwischen 1 und 3,5.

Quelle: L. Henderson und L. M. Horowitz, The Estimations of Others Scale (EOS) (Shyness Institute, 1998). Abgedruckt mit freundlicher Genehmigung des Shyness Institute.

Anhang 2
Der Fragebogen von Henderson und Zimbardo zur Schüchternheit

Bitte geben Sie für jede der folgenden Aussagen an, wie charakteristisch die Aussage für Sie selbst ist, das heißt, wie sehr sie wiedergibt, was Sie typischerweise denken, fühlen und tun.

Tun Sie das mit einer Skala von 1 bis 5, wobei

1 = überhaupt nicht charakteristisch,
2 = ein bisschen charakteristisch,
3 = mäßig charakteristisch,
4 = sehr charakteristisch und
5 = extrem charakteristisch bedeutet.

1. Ich habe in sozialen Situationen Angst, dumm zu wirken.
   ___

2. Ich bin in sozialen Situationen oft unsicher.
   ___

3. Andere Menschen haben in sozialen Situationen anscheinend mehr Spaß als ich.
   ___

4. Wenn mich jemand ablehnt, nehme ich an, dass ich etwas falsch gemacht habe.
   ___

5. Es fällt mir schwer, auf Menschen zuzugehen, die schon im Gespräch sind.
   ___

6. Ich fühle mich sehr oft allein.
   ___

7. Ich neige dazu, andere kritischer zu sehen, als man mir anmerkt.
   ___

8. Es fällt mir schwer, unvernünftigen oder unpassenden Anfragen ein Nein entgegenzusetzen.
   ___

9. Ich arbeite bei Projekten mehr, als mein Anteil wäre, weil ich nicht Nein sagen kann.
   ___

10. Es fällt mir leicht, um etwas zu bitten oder zu fragen, wenn ich von anderen etwas möchte.
    ___

11. Ich lasse andere nicht wissen, wenn ich frustriert oder ärgerlich bin.
    ___

12. Es fällt mir schwer, jemandem zu sagen, dass ich mich gern mit ihm/ihr verabreden würde.
    ___

13. Es fällt mir schwer, anderen gegenüber meine wahren Gefühle auszudrücken.
    ___

14. Ich neige dazu, den Absichten anderer Menschen (in Bezug auf mich) zu misstrauen.

    ____

15. Ich habe ein Problem und fühle mich belästigt, wenn andere mir gegenüber Ansprüche haben.

    ____

16. Es fällt mir leicht, mich aus Gruppengesprächen herauszuhalten und zu beobachten, statt teilzunehmen.

    ____

17. Ich sehe, dass ich nicht in der Lage bin, mich ohne die Angst in neue soziale Situationen zu begeben, abgelehnt und nicht wahrgenommen zu werden.

    ____

18. Ich möchte anderen keine Last sein.

    ____

19. Persönliche Fragen von anderen machen mir Angst.

    ____

20. Ich lasse mich leicht ausnutzen.

    ____

21. Ich bewerte mich negativ, wenn ich meine, dass andere negativ auf mich reagieren.

    ____

22. In jeder Situation versuche ich herauszufinden, was von mir erwartet wird, und handle dann entsprechend.

    ____

23. Mich macht verlegen oder befangen, wenn ich anders als andere aussehe oder zu sein scheine.

    ____

24. Ich bin von mir enttäuscht.
   ____

25. Ich gebe mir die Schuld, wenn sich etwas nicht so entwickelt, wie ich möchte.
   ____

26. Nach sozialen Situationen empfinde ich manchmal Scham oder Peinlichkeit.
   ____

27. Ich bin mir normalerweise meiner Gefühle bewusst, auch wenn ich nicht weiß, was sie hervorgerufen hat.
   ____

28. Mich beunruhigt häufig, ob andere billigen, wie ich bin und was ich tue.
   ____

29. Ich gehe in sozialen Situationen gern ein Risiko ein.
   ____

30. Wenn mich jemand kritisiert, gehe ich eher davon aus, dass er/sie einen schlechten Tag hat.
   ____

31. Wenn ich Leute zu viel von mir wissen lasse, werden sie tratschen.
   ____

32. Ich glaube, dass es wichtig ist, anderen zu gefallen.
   ____

33. Wenn jemand in Gegenwart von Menschen Angst hat, fühlen sich die Leute überlegen.
   ____

34. Ich verbringe viel Zeit damit, über mein soziales Auftreten nachzudenken, wenn ich mit Menschen zusammen gewesen bin.
   ____

35. Mit der sozialen Unterstützung, die ich bekomme, bin ich zufrieden.
___

Die Fragen 10, 29, 30 und 35 werden umgekehrt bewertet, so dass 1 = 5, 2 = 4, 3 = 3, 4 = 2 und 5 = 1 ist. Verändern Sie diese Ergebnisse entsprechend, dann ermitteln Sie den Mittelwert aller Antworten, indem Sie sie addieren und durch 35 teilen. So bekommen Sie den Durchschnittswert, das heißt Ihren Schüchternheitsquotienten (ShyQ).

Ein Ergebnis von 3,2 oder mehr zeigt an, dass Schüchternheit Sie daran hindern kann, Ihre Ziele zu erreichen und befriedigende Beziehungen zu entwickeln.

Der umgekehrte Wert des ShyQ (das heißt die Differenz zwischen dieser Zahl und 5) ist der Quotient für Soziale Fitness (SFQ). Bei dem Wert 4,0 beträgt der Quotient sozialer Fitness zum Beispiel 1,0.

Wenn Sie die Übungen in diesem Buch machen, werden Sie merken, dass Sie Ihren ShyQ reduzieren und Ihren SFQ steigern. Wenn Ihr ShyQ auf 2,5 bis 3,1 reduziert ist, befinden Sie sich damit gemessen an Ergebnissen in den USA im Durchschnittsbereich. Wenn er zwischen 2,8 und 3,8 beträgt, befinden Sie sich nach einer britischen Untersuchung im Durchschnittsbereich.

Quelle: L. Henderson und P. Zimbardo, The Henderson/Zimbardo Shyness Questionnaire (ShyQ) (Shyness Institute, 2002).
Abgedruckt mit freundlicher Genehmigung des Shyness Institute.

Anhang 3
Denkmuster bei starker Schüchternheit

Die folgende Liste enthält kurze Beschreibungen einiger Denkweisen, die wir alle kennen, die aber besonders bei Menschen verbreitet sind, die sehr schüchtern sind. Wenn auch wir schüchtern sind, dann neigen auch wir dazu, diese Gedanken für Tatsachen zu halten. Versuchen Sie, Gedanken wie diese wahrzunehmen, sobald sie auftauchen, gehen Sie in Ichdistanz, das heißt, treten Sie zurück und gleichen Sie die betreffenden Gedanken aus, indem Sie sich ruhig und liebevoll Fragen stellen. Sie könnten sich den Übungen in Kapitel 6 und 7 zuwenden und sich von ihnen leiten lassen, wie man das mit Mitgefühl machen kann. Denken Sie daran, Alternativen für diese Gedanken zu suchen und Argumente für und gegen sie genau anzuschauen. Überprüfen Sie solche Gedanken, wann immer Sie können. Wenn Sie zum Beispiel meinen, „Alex kann mich nicht leiden", dann könnten Sie diesen Gedanken überprüfen, indem Sie Alex anlächeln, ein kurzes Gespräch mit ihm anfangen und nach dem vergangenen Wochenende fragen. Oder Sie schlagen vor, zusammen Kaffee zu trinken oder zusammen essen zu gehen. Dann achten Sie darauf, wie Alex reagiert (und denken Sie daran, alle nicht nützlichen oder schädlichen Denkmuster, die auftauchen, wenn Sie die Reaktion auf sich wirken lassen, auszugleichen oder aufzuheben).

Alles-oder-Nichts-Denken oder Schwarz-Weiß-Denken

Man sieht Dinge in Extremen, das heißt als entweder absolut gut oder als absolut schlecht. Wenn Ihr Auftreten oder Ihre Leistung zum Beispiel nicht perfekt ist, sehen Sie sich als totalen Versager.

Übertriebene Verallgemeinerung

Sie meinen, dass ein einzelner Fall typisch ist, das heißt für alle steht. Zum Beispiel meinen Sie, dass sich ein einziges negatives Ereignis als ein nie endendes Muster unendlich wiederholen muss.

Mentaler Filter

Sie nehmen ein einzelnes negatives Detail aus dem Zusammenhang und verweilen ausschließlich bei ihm, so dass es Ihre ganze Sicht der Realität färbt. So kann ein einziger Tropfen Tinte einen ganzen Krug mit Wasser verdunkeln.

Disqualifizieren und Entwerten des Positiven

Sie lehnen positive Erfahrungen ab, indem Sie darauf bestehen, dass sie aus dem einen oder anderen Grund „nicht zählen". So halten Sie eine negative Überzeugung aufrecht, die im Widerspruch zu Ihren alltäglichen Erfahrungen steht.

Vorschnelle Schlussfolgerungen

Sie interpretieren ein Ereignis oder eine Erfahrung negativ, obwohl es keine gesicherten Fakten gibt, die Ihre Schlussfolgerung überzeugend unterstützen.

Gedankenlesen

Sie ziehen willkürlich den Schluss, dass jemand negativ auf Sie reagiert, ohne wirklich zu überprüfen, ob das wahr ist oder nicht.

Wahrsagerei

Sie antizipieren, das heißt, Sie nehmen vorweg, dass etwas schlecht ausgeht, und Sie sind überzeugt, dass Ihre Voraussagen schon gesicherte Tatsachen sind.

Katastrophendenken

Wenn Sie meinen, dass Sie in einer bestimmten Situation mit Menschen einen Fehler begangen oder sich getäuscht oder geirrt haben, erwarten Sie für sich extreme und schreckliche Konsequenzen. Wenn sich jemand mit Ihnen nicht verabreden möchte, deuten Sie das so, dass Sie für immer allein sein werden. Wenn Sie bei der Arbeit einen Fehler machen, bedeutet das für Sie, dass Ihnen gekündigt wird und dass sie nie einen anderen Job finden werden.

Übertreibung oder Untertreibung

Sie übertreiben die Wichtigkeit von Dingen (wie die Ihres kleinen Ausrutschers oder der Leistung eines anderen), oder Sie verkleinern etwas, bis es ganz winzig erscheint (Ihre eigenen erwünschten Qualitäten oder die Unvollkommenheiten von anderen). Das nennt man auch den Fernglas-Trick.

Emotionales Argumentieren

Sie gehen davon aus, dass Ihre negativen Emotionen notwendigerweise spiegeln, wie Sie wirklich sind: „Ich fühle es, also muss es wahr sein".

„Soll"- oder „Sollte"-Aussagen

Sie versuchen, sich mit „soll" oder „sollte" zu motivieren, als müssten Sie erst gequält oder bestraft werden, bevor man erwarten kann, dass Sie etwas tun. „Muss" und „soll" sind auch Täter. Die emotionale Folge sind Schuldgefühle. Wenn man anderen ein „Sollte" entgegenhält, empfindet man Ärger, Frustration und Groll.

Schubladendenken

Dies ist eine extreme Form übertriebener Verallgemeinerung. Statt Ihren Irrtum oder Fehler zu beschreiben, belegen Sie sich mit einem negativen Attribut, wie „Ich bin ein Verlierer". Wenn Verhalten eines anderen Sie unangenehm berührt, versehen Sie ihn mit einem negativen Etikett: „Er ist ein dummer Trottel", „Sie ist einfach ignorant". Schubladendenken besteht darin, dass man eine Person mit Worten beschreibt, die sehr gefärbt und emotional geladen sind.

Personalisieren

Sie sehen sich selbst als Ursache eines negativen äußeren Ereignisses, für das Sie in Wirklichkeit nicht primär verantwortlich waren.

Unnütze oder schädliche Gedanken

Alle Gedanken, die für Sie in einer bestimmten Situation nicht nützlich sind und Ihnen nicht helfen, Ihr Ziel zu erreichen.

Falsche Sicht aus kompensatorischen Gründen

Sie glauben, dass Sie Ihre Leistungen übertrieben darstellen oder andere beeindrucken müssen, um sozial erfolgreich zu sein, statt wirklich zu glauben, dass Menschen Sie um Ihrer selbst willen akzeptieren.

Anhang 4
Selbstentwertend kritische Gedanken und Ängste

Diese Übung hilft Ihnen, Ichdistanz zu Ihren gewohnten Gedanken herzustellen und zu erkennen, was Sie denken. Bevor Sie beginnen, nehmen Sie den Atemrhythmus an, der beruhigende Wirkung für Sie hat. Wenn Sie beide Spalten des Arbeitsblattes ausgefüllt haben, orientieren Sie Ihre Aufmerksamkeit neu und versuchen Sie, Ihre Gedanken mit ein paar Fragen auszugleichen. Achten Sie dabei darauf, dass Sie in Ihrem Ton freundlich und ruhig bleiben.

Gedanken, die auf Scham zurückgehen, die von außen ausgelöst wird: Wie mich meiner Ansicht nach andere empfinden und sehen	Gedanken, die auf Scham vor mir selbst zurückgehen: Wie ich mich selbst empfinde und wie ich mich sehe

Gedanken, die auf Scham zurückgehen, die von außen ausgelöst wird: Wie mich meiner Ansicht nach andere empfinden und sehen	Gedanken, die auf Scham vor mir selbst zurückgehen: Wie ich mich selbst empfinde und wie ich mich sehe
Meine Hauptangst ist:	Meine Hauptangst ist:

Freundliche und verständnisvolle Fragen:

(1) _____

(2) _____

(3) _____

(4) _____

(5) _____

Anhang 5
Mitfühlende alternative Gedanken

Diese Übung gibt Ihnen Gelegenheit, sich mitfühlende Alternativen zu Gedanken auszudenken, die auf Schüchternheit zurückgehen, und sie aufzuschreiben. Siehe Kapitel 7 (S. 218).

Gedanken, die auf Schüchternheit zurückgehen	Mitfühlende Alternativen

Gedanken, die auf Schüchternheit zurückgehen	Mitfühlende Alternativen

Anhang 6
Mitfühlende Selbstkorrektur

Diese Übung hilft Ihnen, entwertende Selbstkritik, die auf Scham zurückgeht und mit der Sie sich attackieren, durch mitfühlende Selbstkorrektur zu ersetzen.

Denken Sie an die entscheidenden Unterschiede. Wenn Sie einen Fehler gemacht oder sonst etwas falsch gemacht haben, führt Kritik, mit der man sich attackiert, zu Scham, Vermeidungshaltung und Angst. Man richtet Aggression gegen sich und ärgert sich über sich selbst. Mitfühlende Selbstkorrektur auf der anderen Seite lässt sich freundlich und ruhig auf Schuld ein. Man empfindet Kummer und Reue und versucht, Schaden wiedergutzumachen.

Achten Sie darauf, dass Sie Ihre Gefühle anerkennen und Verständnis für sie haben, richten Sie Ihre Aufmerksamkeit auf Ihre Stärken und Ihre guten Erfahrungen, lassen Sie sich alternative und selbststärkende Gedanken einfallen und denken Sie über das Verhalten nach, das Sie mit mitfühlender Unterstützung durch sich selbst gern für sich selbst verändern würden. Siehe das Beispiel in Kapitel 7 (S.227).

Auf Scham beruhende Kritik, mit der Sie sich attackieren	Mitfühlende Selbstkorrektur

Auf Scham beruhende Kritik, mit der Sie sich attackieren	Mitfühlende Selbstkorrektur

Nützliche Bücher und CDs

Über Schüchternheit und verwandte Themen

Antony, M. M. (2004). *10 simple solutions to shyness: how to overcome shyness, social anxiety, and fear of public speaking.* Oakland, CA: New Harbinger.

Antony, M. M., und Swinson, R. P. (2008). *The shyness and social anxiety workbook: proven, step-by-step techniques for overcoming your fear.* Oakland, CA: New Harbinger. Enthält nützliche Übungen auf der Grundlage der Kognitiven Verhaltenstherapie.

Aron, E. (1996). *The highly sensitive person: how to thrive when the world overwhelms you.* New York: Broadway Books. Gute Beschreibung von Sensibilität und wie sie sich von problematischer Schüchternheit unterscheidet.

Butler, G., *Schüchtern – na und? Selbstsicherheit gewinnen.* Bern: Huber, 2006. Gut zu lesen und nützlich.

Carducci, B. J., *Erfolgreich schüchtern. Der Weg zu einem neuen Selbstwertgefühl.* Frankfurt am Main: Fischer-Taschenbuch-Verlag, 2002.

Cheek, J., Cheek, B., und Rothstein, L., *Warum so schüchtern: mehr Selbstsicherheit in Beruf, Freundschaft und Liebe.* München: Droemer Knaur, 1995. Eines der ersten Bücher über Schüchternheit, das auf Forschung beruht und immer noch nützlich ist.

Dayhoff, S. A. (2000). *Diagonally-parked in a parallel universe: working through social anxiety.* Placitas, nm: Effectiveness-Plus.

Flowers, S. (2009). *The mindful path through shyness: how mindfulness and compassion can help free you from social anxiety, fear and avoidance.* Oakland, CA: New Harbinger. (dt. *Der achtsame Weg durch die Schüchternheit.* Freiburg:

Arbor, 2011). Nützliche Achtsamkeitsübungen und eine gute Besprechung von Schüchternheit mit vielen Beispielen aus Flowers' eigener Erfahrung.

Forsyth, J. P., und Eifert, G. H., *Mit Ängsten und Sorgen erfolgreich umgehen: ein Ratgeber für den achtsamen Weg in ein erfülltes Leben mit Hilfe von ACT.* Göttingen, Bern, Wien: Hogrefe, 2010. Sehr nützliches Buch, das auf der Akzeptanz- und Commitmenttherapie basiert.

Gilbert, P., *Depressionen verstehen und bewältigen.* Göttingen; Bern; Toronto; Seattle: Hogrefe Verlag für Angewandte Psychologie, 1999.

Gilbert, P. (2007). *Overcoming depression: talks with your therapist.* London: Robinson. Beruhigende und nützliche CD bei Depression, die chronische problematische Schüchternheit oft begleitet.

Gilbert, P. (2009). *Overcoming depression: a self-help guide using cognitive behavioral techniques,* rev. Ausg. London: Constable & Robinson. Sehr nützliches Buch zum Thema Depression.

Henderson, L. (1992). ‚Shyness groups', in M. McKay und K. Paleg (Hrsg.), *Focal group psychotherapy.* Oakland, CA: New Harbinger. Beschreibung der Arbeit mit Schüchternheit in Gruppen. Nützlich für Therapeuten, die mit Schüchternheit in Gruppen arbeiten wollen.

Henderson, L. (2006). ‚Gifted and shy', *Duke Gifted Letter,* 6/5 (Winter), 10.

Henderson, L. (2007). *Social fitness training: a cognitive behavioral protocol for the treatment of shyness and social anxiety disorder.* Palo Alto, CA: Shyness Institute.

Henderson, L. (2008). *Social fitness client manual.* Palo Alto, CA: Shyness Institute.

Henderson, L., Zimbardo, P., und Rodino, E., Hrsg. (2002). *Painful shyness in children and adults.* Washington DC: Psychologists in Independent Practice, a Division of the American Psychological Association (APA) and the Shyness Institute. Nützliche Einführung, die Eltern bei der Entscheidung hilft, ob die Schüchternheit eines Kindes ein Problem ist. Den Text der Broschüre findet man als PDF unter *www.apa.org/helpcenter/shyness.pdf.*

Huber, C., *Nichts an dir ist verkehrt. Der Zen-Weg zur Selbstakzeptanz.* Freiburg, Br.; Basel; Wien: Herder, 2011.

Johnson, D. (2008). *Reaching out: interpersonal effectiveness and selfactualization*, 10. Aufl. Needham Heights, MA: Allyn & Bacon. Ein nützliches allgemein gehaltenes und auf Forschung basierendes Buch über effektive Kommunikation, das wir an der Shyness Clinic verwenden.

Laney, M. O. (2002). *The introvert advantage*. New York: Workman. Ein interessantes und nützliches Buch über die Vorteile von Introversion.

Layard, R. (2005). *Happiness: lessons from a new science.* New York: Penguin.

Leahy, R. (2006). *The worry cure.* New York: Piatkus. Nützlich bei der Arbeit mit Grübeln und Aufgeregtheit, die Schüchternheit begleiten können. Beigegeben ist eine CD.

Lyubomirsky, S., *Glücklich sein. Warum Sie es in der Hand haben, zufrieden zu leben.* Frankfurt, M., New York: Campus-Verlag, 2008. Dies ist ein Buch über positive Psychologie, von einem Sozialpsychologen, das sehr nützlich ist.

Ricard, M., *Glück.* München: Knaur-Taschenbuch-Verlag, 2009. Eine Fassung dieses Buches auf CD erhält man bei *www.soundstrue.com.*

Sapolsky, R. M., *Warum Zebras keine Migräne kriegen: wie Stress den Menschen krank macht.* München, Zürich: Piper, 1998.

Sapolsky, R. M. (1997). *„The trouble with testosterone' and other essays on the biology of the human predicament.* New York: Scribner. Sapolsky schreibt mit viel Humor und Mitgefühl über unsere allzumenschliche Natur.

Tompkins, M. A., Martinez, K. A., und Sloan, M. (2009). *My anxious mind: a teen's guide to managing anxiety and panic.* Oakland, CA: New Harbinger. Bietet nützliche Strategien für Teenager und ist sehr zugänglich geschrieben.

Zimbardo, P. G., *Nicht so schüchtern! So helfen Sie sich aus Ihrer Verlegenheit.* München; Landsberg am Lech: mvg-Verlag, 1994. Dieses Buch basiert auf bahnbrechender Forschung und wurde immer wieder aufgelegt. Es ist immer noch ein Klassiker und eines der am meisten verkauften Selbsthilfebücher.

Zimbardo, P. G., und Radl, S. L. (1981). *The shy child.* New York: McGraw-Hill. Ein anderes älteres Buch, das immer noch sehr nützlich ist.

Über negative Vorurteile gegen Schüchternheit

Lane, C. (2007). *Shyness: how normal behavior became a sickness.* New Haven, CT, und London: Yale University Press.

Scott, S. (2007). *Shyness and society: the illusion of competence.* Basingstoke: Palgrave Macmillan.

Über Mobbing am Arbeitsplatz

Namie, G., und Namie, R. (2009). *The bully at work: what you can do to stop the hurt and reclaim your dignity on the job.* Naperville, IL: Sourcebooks.

Über Meditation

Chödrön, P. (2007). *How to meditate: a practical guide to making friends with your mind.* Boulder, CO: Sounds True (CD).

Kornfield, J., *Meditation für Anfänger.* München: Goldmann, 2005 (Buch und CD).

Nhat Hanh, T. (2004). *Taming the tiger within: meditations on transforming difficult emotions.* New York: Riverhead. Dieses Buch ist nützlich, wenn man mit Wut und Feindseligkeit sowie mit sozialer Angst arbeiten möchte.

Über Achtsamkeit und Mitgefühl

Begley, S. (2009). *The plastic mind: new science reveals our extraordinary potential to transform ourselves.* London: Constable & Robinson. Eine sehr gute Einführung in die Wissenschaft der Achtsamkeit.

Brantley, J., *Der Angst den Schrecken nehmen. Achtsamkeit als Weg zur Befreiung von Ängsten.* Freiburg: Arbor, 2009.

Chödrön, P., *Den Sprung wagen: wie wir uns von destruktiven Gewohnheiten und Ängsten befreien.* München: Goldmann, 2010.

Dalai Lama, *Mit dem Herzen denken: Mitgefühl und Intelligenz sind die Basis menschlichen Miteinanders.* Frankfurt/Main: Fischer Taschenbuch-Verlag, 2006.

Germer, C. K. (2009). *The mindful path to self-compassion: freeing yourself from destructive thoughts and emotions.* New York: Guilford. (dt. *Der achtsame Weg zur Selbstliebe.* Freiburg: Arbor, 2010).

Gilbert, P., *Mitgefühl.* Freiburg: Arbor, 2011.

Kabat-Zinn, J., *Zur Besinnung kommen: die Weisheit der Sinne und der Sinn der Achtsamkeit in einer aus den Fugen geratenen Welt.* Freiburg: Arbor, 2008.

Stahl, R., und Goldstein, E., *Stressbewältigung durch Achtsamkeit: das MBSR-Praxisbuch.* Freiburg: Arbor, 2010. Robert Stahl ist ein ehemaliger buddhistischer Mönch mit vielen Jahren Erfahrung in Unterricht und Ausbildung in Achtsamkeitsbasierter Stressreduktion in Gruppen.

Anmerkungen

Die folgenden Anmerkungen enthalten Hinweise auf Fachliteratur und andere zusätzliche Informationen über die Forschung und die in diesem Buch diskutierten Ideen.

Kapitel 1: Schüchternheit verstehen

Über Schüchternheit als „eine Mischung aus Angst und Interesse": C. E. Izard und M. C. Hyson, ‚Shyness as a discrete emotion', in W. H. Jones, J. M. Cheek und S. R. Briggs (Hrsg.), *Shyness: perspectives on research and treatment* (New York: Plenum, 1986), 147–60.

Über den Aufbau des Gehirns und Schwierigkeiten, die auf Schüchternheit zurückgehen: Gilbert, P., *Mitgefühl*. Freiburg: Arbor, 2011; D. Keltner, *Born to be good: the science of meaningful life* (New York: Norton, 2009).

Über Klischees in Bezug auf Schüchternheit: C. Steele, ‚A threat in the air', *American Psychologist*, 52 (1997), 613–29; C. M. Steele, S. J. Spencer und M. Lynch, ‚Self-image resilience and dissonance: the role of affirmational resources', *Journal of Personality and Social Psychology*, 64 (1993), 885–96.

Über Statistiken über Schüchternheit bei Studenten: B. J. Carducci, Q. A. Stubbins und M. Bryant, *Still shy after all these (30) years* (Boston: American Psychological Association, 2007).

Über die Angst, mit Menschen intim vertraut zu werden: P. G. Zimbardo, (1986), ‚The Stanford shyness project', in W. H. Jones, J. M. Cheek und S. R. Briggs (Hrsg.), *Shyness: perspectives on research and treatment* (New York: Plenum, 1986), 17–25; P. A. Pilkonis, ‚Shyness, public and private, and its relationship to other measures of social behavior', *Journal of Personality,* 45 (1977), 585–95; P. A. Pilkonis und P. G. Zimbardo, ,The personal and social dynamics of shyness', in C. E. Izard (Hrsg.), *Emotions in personality and psychopathology* (New York: Plenum, 1979), 131–60; L. Henderson, ,Social fitness: facilitating self-expression in the socially inhibited', *Society for Interpersonal Research and Theory (SITAR) Newsletter,* no. 3 (Feb. 2003), 2–3; T. St Lorant, L. Henderson und P. Zimbardo, ,Comorbidity in chronic shyness', *Depression and Anxiety,* 12 (2000), 232–7.

Über Anzeichen und Symptome sozialer Angst/sozialer Phobie: DSM-IV-TR: *Diagnostic and statistical manual of mental disorders,* 4. Aufl. (Arlington, VA: American Psychiatric Association, 2000).

Über die Verbreitung der sozialen Angststörung: R. C. Kessler, W. T. Chiu, O. Demler und E. E. Walters, ,Prevalence, severity, and comorbidity of 12-month DSM-IV disorders in the national comorbidity survey replication', *Archives of General Psychiatry,* 62 (2005), 617–27.

Über Bedrohung durch Klischees: C. Steele, ,A threat in the air', *American Psychologist,* 52 (1997), 613–29.

Über schlechte Erfahrungen und normale Schüchternheit: J. Kagan, *Galen's prophecy: temperament in human nature* (New York: Basic Books, 1994); J. Kagan, J. S. Reznick und N. Snidman, ,Biological bases of childhood shyness', *Science,* 240 (1988), 167–71; E. N. Aron und A. Aron, ,Sensory-processing sensitivity and its relation to introversion and emotionality', *Journal of Personality and Social Psychology,* 73/2 (1997), 345–68; E. Aron, *The highly sensitive person: how to thrive when the world overwhelms you* (New York: Broadway Books, 1996).

Über Verhalten schüchterner ranwachsender und Wendung nach innen: M. H. Davis und S. L. Franzoi, ,Stability and change in adolescent self-consciousness and empathy', *Journal of Research in Personality,* 25 (1991), 70–87.

Über Gesundheit bei schüchternen und nicht-schüchternen Kindern: I. R. Bell, M. L. Jasnoski, J. Kagan und D. S. King, ,Is allergic rhinitis more frequent in young adults with extreme shyness? A preliminary survey', *Psychosomatic Medicine* 52 (1990), 517–25.

Wie Streben nach Sicherheit die Interaktion mit anderen behindern kann: L. Alden und P. Bieling, ,The interpersonal consequences of the pursuit of safety (behavior research and therapy)', *Personality and Social Psychology Review,* 10 (1998), 67–86.

Über komplementäres Verhalten: D. J. Kiesler, *Contemporary interpersonal theory and research: personality, psychopathology, and psychotherapy* (New York: Wiley, 1996).

Über berühmte schüchterne Menschen: Die Liste ist endlos. Phil Zimbardo nennt in seinem Buch mehrere: *Nicht so schüchtern! So helfen Sie sich aus Ihrer Verlegenheit* (München; Landsberg am Lech: mvg-Verlag, 1994). Eine besonders nützliche Website auf diesem Gebiet ist die von Renee Gilbert, auf die ich stieß, als ich im Internet nach „berühmten schüchternen Menschen" gesucht habe: *www.shakeyourshyness.com/Shypeople.htm.*

Über Lincoln: D. K. Goodwin, *Team of rivals: the political genius of Abraham Lincoln* (New York: Simon & Schuster, 2005).

Über Poitier: M. Milloy, ‚Sidney Poitier', *AARP: The Magazine,* 50–52 (Sept.-Oct. 2008), p. 114.

Über den Fokus auf Prävention und den Fokus auf Förderung und Unterstützung: W. Mischel und Y. Shoda, ‚An affective system theory of personality: reconceptualizing the invariences in personality and the role of situations', *Psychological Review,* 102 (1995) 246–68; W. Mischel, Y. Shoda und R. E. Smith, *Introduction to personality,* 7. Aufl. (Hoboken, NJ: Wiley, 2004); J. A. Gray, ‚The psychophysiological basis of introversion-extraversion: a modification of Eysenck's theory', in V. D. Nebylitsyn und J. A. Gray (Hrsg.), *The biological bases of individual behaviour* (San Diego, CA: Academic Press, 1972), 182–205; J. A. Gray, ‚Perspectives of anxiety and impulsivity: a commentary', *Journal of Research in Personality,* 21 (1987), 493–509; C. S. Carver und T. L. White, ‚Behavioral inhibition, behavioral activation, and affective responses to impending reward and punishment: the BIS/BAS scales', *Journal of Personality and Social Psychology,* 67 (1994), 319–33.

Über die Schwierigkeiten schüchterner extrovertierter Menschen: P. A. Pilkonis, ‚Shyness, public and private, and its relationship to other measures of social behavior', *Journal of Personality,* 45 (1977), 585–95; P. A. Pilkonis und P. G. Zimbardo, ‚The personal and social dynamics of shyness', in C. E. Izard (Hrsg.), *Emotions in personality and psychopathology* (New York: Plenum Press, 1979), 131–60.

Über Vertrauenswürdigkeit bei schüchternen Akademikern: J. Kagan, *Galen's prophecy: temperament in human nature* (New York: Basic Books, 1994).

Über Mobbing: T. R. Nansel, M. Overpeck, R. S. Pilla, W. J. Ruan, B. Simons-Morton und P. Scheidt, ‚Bullying behaviors among US youth', *Journal of the American Medical Association,* 285 (2001), 2094–100.

Über verhaltensgehemmte Kinder: J. Kagan, *Galen's prophecy: temperament in human nature* (New York: Basic Books, 1994); R. M. Henig, ‚Understanding the anxious mind', *New York Times,* 4 Oct. 2009.

Über Sensibilität: E. N. Aron und A. Aron, ‚Sensory-processing sensitivity and its relation to introversion and emotionality', *Journal of Personality and Social Psychology,* 73/2 (1997), 345–68; E. Aron, *The highly sensitive person: how to thrive when the world overwhelms you* (New York: Broadway Books, 1996).

Über Attributionsstil und Selbstvorwürfe: C. A. Anderson und L. H. Arnoult, ‚Attributional style and everyday problems in living: depression, loneliness, and shyness', *Social Cognition,* 3 (1985), 16–35; M. Girodo, S. E. Dotzenroth und S. J. Stein, ‚Causal attribution bias in shy males: implications for self-esteem and self-confidence', *Cognitive Therapy and Research,* 5 (1981), 325–38; S. Minsky, ‚Social anxiety and causal attribution for social acceptance and rejection', 46 (1985), 2632A; P. Trower, G. Sherling, J. Beech, C. Harrop und P. Gilbert, ‚The socially anxious perspective in face-to-face interaction: an experimental comparison', *Clinical Psychology and Psychotherapy,* 5 (1998), 155–66; L. Henderson, ‚Fearfulness predicts self-blame and shame in shyness', *Personality and Individual Differences,* 32 (2002), 79–93; L. Henderson und P. Zimbardo, ‚Self-blame attributions in shys vs. non-shys in a high-school sample', ein Vortrag, der 1993 bei der jährlichen Tagung der Anxiety Disorders Association of America in Charleston, SC, gehalten wurde.

Über Scham als ein Gefühl der Befangenheit: H. B. Lewis, *Shame and guilt in neurosis* (New York: International Universities Press, 1971).

Über Scham als Auslöser von Stressreaktionen: Gilbert, P., *Mitgefühl.* Freiburg: Arbor, 2011; S. S. Dickerson und M. E. Kemeny, ‚Acute stressors and cortisol response: a theoretical integration and synthesis of laboratory research', *Psychological Bulletin,* 130 (2004), 335–91.

Wie Verantwortung für das, was passiert, zugeschrieben wird: C. A. Anderson und L. H. Arnoult, ‚Attributional style and everyday problems in living: depression, loneliness, and shyness', *Social Cognition,* 3 (1985), 16–35; M. Girodo, S. E. Dotzenroth und S. J. Stein, ‚Causal attribution bias in shy males: implications for self-esteem and self-confidence', *Cognitive Therapy and Research,* 5 (1981), 325–38; S. Minsky, ‚Social anxiety and causal attribution for social acceptance and rejection', 46 (1985), 2632A.

Was schüchterne Menschen von anderen Menschen erwarten und befürchten: L. Henderson und L. M. Horowitz, *The Estimations of Others Scale (EOS)* (Palo Alto, CA: Shyness Institute, 1998).

Über Soziales Fitnesstraining: L. Henderson, (2007). *Social fitness training: a cognitive behavioral protocol for the treatment of shyness and social anxiety disorder* (Palo Alto, CA: Shyness Institute, 2007); L. Henderson, *Social fitness client* (Palo Alto, CA: Shyness Institute, 2008).

Kapitel 2: Wie wir sind: Schüchternheit vor dem Hintergrund unserer Evolution

Über die Theorie des sozialen Ranges: P. Gilbert, ‚The relationship of shame, social depression: the role of the evaluation of social rank', *Clinical Psychotherapy,* 7 (2000), 174–89; P. Gilbert, ‚Evolution and social anxiety: the role of attraction, social competition, and social hierarchies', *Psychiatric Clinics of North America,* 24 (2001), 723–51; P. Gilbert und P. Trower, ‚The evolution and manifestation of social anxiety', in: W. R. Crozier (Hrsg.), *Shyness and embarrassment: perspectives from social psychology* (Cambridge: Cambridge University Press, 1990), 144–77.

Über soziale Stile mit mehr Interesse an Zusammenarbeit: S. T. Taylor, ‚Tend and befriend', *Current Directions in Psychological Science,* 15 (2006), 273–77; S. E. Taylor, J. S. Lerner, D. K. Sherman, R. M. Sage und N. K. McDowell, ‚Are self-enhancing cognitions associated with healthy or unhealthy biological profiles?', *Journal of Personality and Social Psychology,* 85 (2003), 605–15.

Über schüchterne Männer und traditionelle Vorstellungen von Männlichkeit: M. A. Bruch, ‚Shyness and toughness: unique and moderated relations with men's emotional inexpression', *Journal of Counseling Psychology,* 49 (2002), 28–34; S. Bem und S. A. Lewis, ‚Sex role adaptability: one consequence of psychological androgyny', *Journal of Personality and Social Psychology,* 31 (1975), 634.

Über das, wonach Menschen in einem Partner suchen: D. M. Buss und M. Barnes, ‚Preferences in human mate selection', *Journal of Personality and Social Psychology,* 50 (1986), 559–70.

Über die Wirkung sozialer Isolation auf das Gehirn: R. F. Baumeister, C. N. DeWall, N. J. Ciarocco und J. M. Twenge, ‚Social exclusion impairs self-regulation', *Journal of Personality and Social Psychology,* 88/4 (2005), 589–604.

Wie wichtig es ist, die Dinge zu nehmen, wie sie sind, und unsere Kernwerte zu finden: S. C. Hayes, *In Abstand zur inneren Wortmaschine: ein Selbsthilfe- und Therapiebegleitbuch auf der Grundlage der Akzeptanz- und Commitment-Therapie (ACT).* Tübingen: Dvgt-Verlag, 2007.

Über Selbstmitgefühl: K. Neff, ‚Self-compassion: an alternative conceptualization of a healthy attitude toward oneself', *Self and Identity,* 2 (2003), 86–101; K. Neff, ‚Self-compassion and psychological well-being', *Constructivism in the Human Sciences,* 9 (2004), 27–37. Kirstin Nett, eine der ersten Forscherinnen, die Selbstmitgefühl untersucht haben, hat eine nützliche Website: www.self-compassion.org. Auf der Website gibt es einen Fragebogen, mit dessen Hilfe man einschätzen kann, wie viel Selbstmitgefühl man hat, ferner auch Anregungen, wie man sein Selbstmitgefühl steigern kann.

Über gute Nachrichten: das Online-Magazin findet man unter www.goodnewsnetwork.org. Diese Website über die Evolution menschlicher Güte wurde zuerst von Dacher Keltner in Berkeley eingerichtet. Sie heißt Greater Good Website: www.greatergood.berkeley.edu. Bei all diesen Vorhaben geht es darum, worauf man seine Aufmerksamkeit richtet und was wir zusammen aufbauen wollen. Siehe D. Keltner, *Born to be good: the science of a meaningful life* (New York: Norton, 2009)

Kapitel 3: Mitfühlendes Denken entwickeln

Über die wohltätigen Wirkungen von Mitgefühl auf das Gehirn: Mehr hierüber kann man in Sharon Begleys wichtigem Buch *The plastic mind: new science reveals our extraordinary potential to transform ourselves* (London: Constable, 2009) lesen. Siehe auch Gilbert, P., *Mitgefühl.* Freiburg: Arbor 2011.

Kapitel 4: Innere Umstellung auf Freundlichkeit und Mitgefühl

Über Achtsamkeitsbasierte Stressreduktion (MBSR): J. Kabat Zinn, *Gesund durch Meditation.* Frankfurt am Main: Fischer-Taschenbuch-Verlag, 2006; J. Kabat-Zinn, *Zur Besinnung kommen.* Freiburg, Br.: Arbor-Verlag, 2008. Dies sind zwei hervorragende Bücher von dem Begründer des Programms für Achtsamkeitsbasierte Stressreduktion (MBSR) an dem Medical Center der University of Massachusetts. Siehe auch S. Flowers, *The mindful path through shyness* (Oakland, CA: New Harbinger, 2009) (dt. *Der achtsame Weg durch die Schüchternheit.* Freiburg: Arbor2011), der Verfasser ist ein erfahrener Lehrer für Achtsamkeitsbasierte Stressreduktion.

Über Ausstattung für die Meditation: Meditationskissen und -bänkchen findet man zum Beispiel auf diesen Websites: www.dharmaCrafts.com oder *www.bluebanyan.co.uk*.

Über Pema Chödrön: P. Chödrön, *Den Sprung wagen: wie wir uns von destruktiven Gewohnheiten und Ängsten befreien.* München: Goldmann, 2010.

Über das Bild einer stämmigen Eiche in der Meditation: Ich habe dieses Bild bei einem praktischen Training in Achtsamkeitsbasierter Stressreduktion bei Robert Stahl in Mount View, Kalifornien, kennengelernt.

Über die Rolle von Oxytocin bei sexueller Erregung: D. Keltner, *Born to be good: the science of a meaningful life* (New York: Norton, 2009).

Kapitel 5:
Training mitfühlenden Denkens und Arbeit mit Bildern

Über Untersuchungen, die zeigen, wie MBSR helfen kann, bei sozialer Angst negative Gedanken über das Selbst zu vermeiden: P. Goldin, W. Ramel und J. Gross, ‚Mindfulness meditation training and self-referential processing in social anxiety disorder: behavioral and neural effects', *Journal of Cognitive Psychotherapy*, 23 (2009), 242–57.

Zu dem Gedicht von Mary Oliver: M. Oliver, *New and selected poems* (Boston: Beacon, 1992). Abgedruckt mit freundlicher Genehmigung des Verlages.

Zu *Edna Foas Zentrum zur Behandlung Posttraumatischer Belastungsstörungen* siehe www.med.upenn.edu/ctsa/. Für Großbritanien siehe das Centre for Anxiety Disorders and Trauma, South London und das Maudsley NHS Trust/ Institute of Psychiatry, www.psychology.iop.kcl.ac.uk/cadat/GPs/PTSD.aspx. *Siehe auch* E. B. Foa und M. J. Kozak, ‚Emotional processing of fear: exposure to corrective information', *Psychological Bulletin,* 99 (1986), 20–35; E. B. Foa und M. J. Kozak, ‚Clinical applications of bioinformational theory: understanding anxiety and its treatment', *Behavior Therapy,* 29 (1998), 675–90.

Über das Modell des Idealen Versorgers: D. A. Lee, *The Perfect Nurturer: A model to develop a compassionate mind within the context of cognitive therapy* (Compassion: Conceptualisation, research and use in psychotherapy, Routledge, 2005), 326–351.

Kapitel 6: Mitfühlende Denkweisen entwickeln

Über die Neigung des Menschen, auf der Grundlage von Erfahrung und sozialen Beziehungen Theorien über Menschen und die Welt zu entwickeln: G. Kelly, *A theory of personality: the psychology of personal constructs* (New York: Norton, 1963).

Über Cheri Huber und das, was man Kindern erzählt: Nichts an dir ist verkehrt: der Zen-Weg zur Selbstakzeptanz. Freiburg, Br.; Basel; Wien: Herder, 2011. Informationen über Cheri Hubers Workshops, Retreats und Peace Projects findet man auf ihrer Website: www.livingcompassion.org.

Über Becks Arbeit mit Depression: A. T. Beck, A. J. Rush, B. F. Shaw und G. Emery, *Cognitive therapy of depression* (New York: Guilford, 1979); A. T. Beck, ‚Cognitive therapy: a 30-year retrospective', *American Psychologist,* 46 (1991), 368–75.

Über Albert Ellis' Arbeit über „sollte": A. Ellis, *A guide to rational living* (Englewood Cliffs, NJ: Prentice-Hall, 1961); A. Ellis, *How to control your anxiety before it controls you* (New York: Citadel / Kensington, 1998).

Über Kognitive Verhaltenstherapie bei der Behandlung von Schüchternheit und sozialer Angst: Bei Sozialem Fitnesstraining bestehen die ersten 13 Wochen in KVT, die auf dem Lernmodell beruht, das von Philip Zimbardo in den ersten Gruppen zum Thema Schüchternheit und bei kontrollierten Studien über die soziale Angststörung verwendet wurde. Siehe L. Henderson, ‚Shyness groups', in M. McKay und K. Paleg (Hrsg.), *Focal group psychotherapy* (Oakland, CA: New Harbinger, 1992); L. Henderson, *Social fitness training: a cognitive behavioral protocol for the treatment of shyness and social anxiety disorder* (Palo Alto, CA: Shyness Institute, 2007); L. Henderson, *Social fitness client manual* (Palo Alto, CA: Shyness Institute, 2008); P. G. Zimbardo, ‚The Stanford shyness project', in W. H. Jones, J. M. Cheek und S. R. Briggs (Hrsg.), *Shyness: perspectives on research and treatment* (New York: Plenum, 1986), 17–25; R. G. Heimberg, C. S. Dodge, D. A. Hope, C. R. Kennedy, L. Zollo und R. E. Becker, ‚Cognitive behavioral group treatment for social phobia: comparison with a credible placebo control', *Cognitive Therapy and Research*, 14 (1990), 1–23. Ein hervorragendes Selbsthilfebuch auf diesem Gebiet ist Gillian Butlers *Schüchtern - na und? Selbstsicherheit gewinnen* (Bern: Huber, 2006).

Ein anderes sehr gutes Buch, das ein Lernmodell verwendet und eine Menge nützlicher Übungen enthält, ist Signe Dayhoffs Buch *Diagonally-parked in a parallel universe* (Placitas, nm: Effectiveness-Plus, 2000).

Über Ansätze, die Einsichten aus Ost und West kombinieren: Verschiedene Psychologen haben Behandlungsformen entwickelt, die auf einer Kombination westlicher Therapiemethoden, wie der KVT, und Prinzipien, Techniken und Übungen beruhen, die von östlichem Denken, besonders dem Buddhismus beeinflusst sind. Marsha Linehan veröffentlichte im Jahr 1993 ein Buch mit dem Titel *Dialektisch-Behaviorale Therapie* (New York: Guilford), in dem sie radikale Verhaltenstherapie integrierte (die auf den Prinzipien der Lerntheorie beruht, die betonte, dass Veränderung des Verhaltens Gedanken und Gefühle verändert, und man nicht lernen kann, Dinge zu konfrontieren, vor denen man Angst hat, bevor man ‚desensibilisiert' (die Angst reduziert) ist). Dabei verwendete sie auch Grundsätze des Zen-Buddhismus. Bei Sozialem Fitnesstraining arbeiten wir mit Verhaltensänderung durch Aktivitäten wie Üben, in Situationen, die unangenehme Schüchternheit und soziale Angst auslösen, auf Menschen zuzugehen und mit ihnen zu sprechen. Der dialektische Teil besteht darin, schwierige Emotionen eher anzunehmen und zu tolerieren, statt zu versuchen, sie zu verändern – wie ein Ansatz mit Mitgefühl nahelegt. Ein Psychologe namens Steven Hayes entwickelte auf der Grundlage derselben Kombination von Prinzipien die Akzeptanz- und Commitment-Therapie. Er glaubt, dass es zu Schwierigkeiten kommt, wenn man schmerzhafte Emotionen nicht akzeptiert und versucht, bestimmte Gefühle und Emotionen zu vermeiden. Diesen Prozess nennt er Vermeiden von Erfahrung. Hayes arbeitete mit traumatisierten Menschen, wie Vietnam-Veteranen, und half ihnen akzeptieren, was mit ihnen passiert war, um Ziele und Werte zu entwickeln, oder wiederzuentdecken, die ihr Leben sinnvoll und lebenswert machen. Diese Prinzipien sind auch auf schmerzhafte Ereignisse und Erfahrungen anwendbar, die zu chronischer Schüchternheit führen. Sein Selbsthilfebuch *In Abstand zur inneren Wortmaschine: ein Selbsthilfe- und Therapiebegleitbuch auf der Grundlage der Akzeptanz- und Commitment-Therapie (ACT)* (Tübingen: Dvgt-Verlag, 2007) bietet einen guten Überblick und enthält viele akzeptanzbasierte Übungen.

Über die Verwendung eines Timers als Hilfsmittel, um Gedanken und Gefühle zu beobachten: Die Washington Mindfulness Community in den USA hat eine Website, auf der PC-Nutzer einen kostenlose Timer für Achtsamkeitsübungen herunterladen können: www.mindfulnessdc.org/mindfulclock.html.

Kapitel 7: Mitfühlendes Denken weiterentwickeln

Über Soziales Fitnesstraining und das Verständnis von Gedanken und Gefühlen als Theorien, die überprüft werden sollten: L. Henderson, *Social fitness training: a cognitive behavioral protocol for the treatment of shyness and social anxiety disorder* (Palo Alto, CA: Shyness Institute, 2007); L. Henderson, *Social fitness client manual* (Palo Alto, CA: Shyness Institute, 2008).

Über die Prinzipien von Albert Ellis: A. Ellis, *How to control your anxiety before it controls you* (New York: Citadel/Kensington, 1998).

Über die Ausbildung mitfühlenden Denkens und wie man dem inneren Kritiker Widerstand leisten kann: A. C. Kelly, D. C. Zuroff und L. B. Shapira, ‚Soothing oneself and resisting self-attacks: the treatment of two intrapersonal deficits in depression vulnerability', *Cognitive Therapy and Research,* 33 (2009), 301–13.

Über Spiegel und Treue gegenüber eigenem Denken: M. F. Scheier, C. S. Carver und F. X. Gibbons, ‚Self-directed attention, awareness of bodily states, and suggestibility', *Journal of Personality and Social Psychology,* 37/9 (1979), 1576–88.

Über Gestalttherapie: F. Perls, *Grundlagen der Gestalt-Therapie: Einführung und Sitzungsprotokolle* (Stuttgart: Klett-Cotta, 12. Aufl. 2007).

Kapitel 8: Mitfühlendes Verhalten

Über Selbstbehauptung: D. Johnson, *Reaching out: interpersonal effectiveness and self-actualization,* 10. Aufl. (Needham Heights, MA: Allyn & Bacon, 2008).

Über Zimbardo und die Psychologie der Gedankenkontrolle: P. Zimbardo, *Der Luzifer-Effekt: die Macht der Umstände und die Psychologie des Bösen* (Heidelberg: Spectrum, Akad. Verlag, 2008).

Überblick über die internationale Forschung zum Thema Mobbing: T. R. Nansel, M. Overpeck, R. S. Pilla, W. J. Ruan, B. Simons-Morton und P. Scheidt, ‚Bullying behaviors among US youth', *Journal of the American Medical Association,* 285 (2001), 2094–100.

Über Mobbing am Arbeitsplatz: A. Van Dusen, ‚Ten signs you are being bullied at work', www.forbes.com, 2008; G. Namie und R. Namie, *The bully at work: what you can do to stop the hurt and reclaim your dignity on the job* (Naperville, IL: Sourcebooks, 2009).

Über eine mitfühlende Art und Weise, einen Mobber zu konfrontieren: Gilbert, P., *Mitgefühl.* Freiburg: Arbor, 2011.

Über schüchterne Führer: J. Collins, *Der Weg zu den Besten: Die sieben Management-Prinzipien für dauerhaften Unternehmenserfolg* (Frankfurt am Main: Campus, 2011).

Über authentische Führer: W. L. Gardner, B. J. Avolio, F. Luthans, D. R. May und F. Walumbwa, „Can you see the real me?" A self-based model of authentic leader and follower development', *Leadership Quarterly,* 16 (2005), 343–72.

Über negative Klischees von schüchternen Männern: R. X. Cringely, *Wie die Jungs vom Silicon Valley die Milliarden scheffeln, die Konkurrenz bekriegen und trotzdem keine Frau bekommen* (Düsseldorf, Wien: ECON-Taschenbuch-Verl., 1993).

Über Mehrdeutigkeit zwischenmenschlichen Verhaltens: L. Horowitz, K. Wilson, B. Turan, P. Zolotsev, M. Constantino und L. Henderson, ‚How interpersonal motives help clarify the meaning of an interpersonal behavior: a revised circumplex model', *Personality and Social Psychology Review,* 10 (2006), 67–86.

Danksagung

Besonderer Dank gilt Philip Zimbardo – dem Mentor, Kollegen, Freund und Kodirektor des Shyness Institute, unserer gemeinnützigen Organisation für Forschung und öffentliche Bildung. Seine Unterstützung und Begleitung als Mentor waren die Grundlage meiner Arbeit mit Schüchternheit, angefangen mit seiner leidenschaftlichen Vorlesung über die berühmte Gefängnisstudie in Stanford und seiner grundlegenden Forschung, die mein tiefes Interesse für die Behandlung chronischer und schmerzhafter Schüchternheit als Direktorin der Shyness Clinic geweckt hat, über seine originelle Behandlungsmethode von Schüchternheit, die ich in den folgenden Jahren entwickelte, bis zu unserer Zusammenarbeit in der Forschung an der Stanford University.

Er gab mir die Freiheit, mich unabhängig zu entwickeln, und unterstützte mich auch, wenn ich nicht mehr weiter kam, ob intellektuell oder emotional. Ich bin ihm tief dankbar dafür, dass er an mich glaubte und Vertrauen in mich hatte, und auch dafür, dass er einer der spannendsten Menschen war, mit dem ich Ideen und Vorstellungen über Schüchternheit frei entwickeln und erforschen konnte.

Dank gilt auch Paul Gilbert, der mir zutraute, dieses Buch zu schreiben und dabei seinen auf Mitgefühl basierenden Ansatz auf chronische Schüchternheit anzuwenden, und der mich ihn mit meinem Ansatz für Soziales Fitnesstraining kombinieren ließ.

Dank gilt Sally Reese, deren klinisches Wissen, Freundschaft und schriftstellerische Qualitäten beträchtlich zu den frühen Entwürfen dieses Manuskripts beitrugen, Fritha Saunders, meiner Lektorin bei Constable und

Robinson, die mir half, einen zugänglicheren Schreibstil zu entwickeln, und meinem Redakteur Gillian Somerscales.

Dank an meine Kinder, Kimberly, Mark und Brooke, die mich hinsichtlich dessen verankern, was im Leben wichtig ist, und deren Humor, Liebe und aufrichtiges Feedback für Lachen und Erdung gesorgt haben. Und meinem Mann, Austin, meinem besten Freund, meiner Liebe und meinem Forschungspartner, dem ich jeden Moment dankbar bin, dessen Leben um seine Neugier und seine Hingabe herum gewachsen ist, dafür zu sorgen, dass Computer ihren Benutzern dienen. Mit ihm teile ich die Überzeugung, dass Menschen, für die wir etwas entwerfen, gleichwertige Partner bei dieser Aufgabe sind.

Schließlich danke ich meinen schüchternen Klienten, deren Können und Weisheit mich geleitet haben und weiter leiten. Sie sind meine mächtigsten und stärksten Kollegen bei der Forschung.

Weitere Literatur aus dem Arbor Verlag

Steve Flowers
Der achtsame Weg durch die Schüchternheit

Schüchternheit kann uns vor den Urteilen und den Feindseligkeiten anderer schützen. Doch wenn wir uns zu sehr mit ihr identifizieren, passiert es leicht, dass wir in einen Teufelskreis aus Befangenheit, Hemmung und Selbstanklage geraten.
Sind Sie bereit, den eisernen Griff der Schüchternheit zu lockern und den Kreislauf des Vermeidens sozialer Interaktionen zu durchbrechen?
Der achtsame Weg durch die Schüchternheit zeigt Ihnen, wie das geht. Methoden der Achtsamkeitsbasierten Stressbewältigung (MBSR) und der Kognitiven Verhaltenstherapie machen es möglich, unseren gewohnten Gedankenmustern klarer zu begegnen, so dass wir mit der Zeit fähig werden, die „Trancen der Angst und Unzulänglichkeit" zu durchbrechen und mitfühlender uns selbst gegenüber zu handeln.
Wir können lernen, das direkt anzugehen, was uns wirklich wichtig ist – trotz und inmitten unserer Schüchternheit.

Mit Hilfe dieses Buches können Sie entdecken, ob Achtsamkeit dazu beitragen kann, Ihr Leben glücklicher und erfüllter zu machen, und ich empfehle Ihnen, es griffbereit zu halten. Genießen Sie die Lektüre und arbeiten Sie damit.

Jeffrey Brantley

ISBN 978-3-86781-043-2

Paul Gilbert
Mitgefühl

Wie wir Mitgefühl nutzen können, um Glück und Selbstakzeptanz zu entwickeln und es uns wohl sein zu lassen

Jeder, der mit seinem inneren Kritiker kämpft, sollte dieses Buch lesen. Paul Gilbert schreibt auf meisterhafte Weise über das Training mitfühlenden Denkens – ein innovativer Ansatz, der in den nächsten Jahren gravierend an Bedeutung gewinnen wird, nicht zuletzt, da es immer überzeugendere wissenschaftliche Belege für dessen Wirksamkeit gibt.

Paul Gilbert ist einer der brillantesten Wissenschaftler, die *Mitgefühl* derzeit erforschen. In Mitgefühl macht er uns seine Theorie lebendig und praktisch umsetzbar zugänglich.

ISBN 978-3-86781-055-5

Sue Patton Thoele
Das Abenteuer, du selbst zu sein

Ein sanfter Weg für Frauen zu Gelassenheit, innerem Frieden und einem offenen Herzen

Rund um Sie herum tobt das Chaos?
Kein Problem!
Auch dann ist es möglich, einen klaren Kopf zu bewahren und gelassen mit beiden Beinen fest im Leben zu stehen. Selbst den vielgefragtesten Frauen unter uns ist es möglich, Achtsamkeit im Alltag zu praktizieren und in den Genuss ihrer Vorzüge zu kommen.
„Das Abenteuer, du selbst zu sein" zeigt, wie Frauen „die Kraft der weichen Macht" in ihr geschäftiges, dynamisches Alltagsleben integrieren können. In mehr als 60 einfachen und wirkungsvollen praktischen Anleitungen begleitet uns Sue Patton Thoeles neuestes Buch sanft, einfühlsam und mit viel Humor auf jenem Weg, der uns wie von selbst zu einem offenen Herzen, zu innerem Frieden und zu größerer Lebensfreude führt.

ISBN 978-3-86781-007-4

Online.

Umfangreiche Informationen zu unseren Themen,
ausführliche Leseproben aller unserer Bücher,
einen versandkostenfreien Bestellservice und unseren
kostenlosen Newsletter. All das und mehr finden Sie auf
unserer Website.

www.arbor-verlag.de

Mehr von Lynne Henderson:

www.arbor-verlag.de/lynne-henderson